AF358305

LES

MAISONS CLOSES

IL A ÉTÉ TIRÉ

Cinq cent cinquante exemplaires numérotés, dont :

20 exemplaires sur Japon impérial (1 à 20).
Avec quatre états des eaux-fortes.

30 exemplaires sur Hollande Van Gelder (21 à 50).
Avec deux états des eaux-fortes.

500 exemplaires sur papier vergé (51 à 550).

Nº 

DU MÊME AUTEUR

LES PETITES MAISONS GALANTES DE PARIS au XVIIIe siècle, 1 vol. in-8°.

En Souscription
Les Théâtres clandestins au XVIIIe siècle.

BIBLIOTHÈQUE DU VIEUX PARIS

GASTON CAPON

LES
Maisons Closes
Au XVIIIᵉ Siècle

(Qui ne m'entent n'a suivy les bordaux.)
Villon, *Grand Testament.*

ACADÉMIES DE FILLES ET COURTIÈRES D'AMOUR
MAISONS CLANDESTINES
MATRONES, MÈRES-ABBESSES, APPAREILLEUSES ET PROXÉNÈTES

Rapports de Police, Documents secrets
Notes personnelles des Tenancières

ORNÉ DE DEUX EAUX-FORTES PAR A. ROBIDA

PARIS IXᵉ
H. DARAGON, LIBRAIRE
30, Rue Duperré, 30

M. D. CCCC. III

PREFACE

Le siècle de Louis XV nous apparaît comme l'époque de la galanterie gracieuse, où tout un monde poudré et musqué s'agite dans le lointain de nos évocations.

Glissant légèrement leurs souliers, rehaussés du talon rouge, sur les parquets cirés des palais ou des petites maisons, les nobles personnages, dignitaires ou protégés, vieilles souches ou nouveaux anoblis, sont pour nous, avec le recul d'un siècle et demi, de jolis pantins, coquets, parfumés, bichonnés, toujours courbés en de séduisantes révérences, le tricorne sous le bras, la canne haute et légère à la main, ils semblent incarner la grâce et la séduction.

Les femmes survivent en nous comme d'agréables poupées, aux coiffures savantes et fragiles, poudrées à frimas, la figure finement fardée, sur laquelle une mouche bien placée en augmente la joliesse et la coquetterie ; le costume lui-même, robes à falbalas, corsage baleiné, étroit, se prolongeant en pointe jusqu'à l'endroit suggestif où il fait place alors à l'ampleur des paniers ; tous ces atours vien-

nent ajouter à l'illusion que nous avons de cette époque. Il n'est pas jusqu'à la rue, que nous ne voyons encombrée de carrosses dorés et peints de fraîches couleurs, avec la majesté imposante des cochers et des laquais, rigides sous leurs tuniques à manteaux, ou de chaises à porteurs, boîtes mignonnes, satinées, ornées de dorures et décorées par les maîtres; véhicules lourds de richesse ou légers et coquets, circulant dans les rues sans trottoirs entre de vieux hôtels aux façades majestueuses.

Il n'est pas jusqu'à l'animation d'un quartier populaire que nous n'aimions à nous représenter, en évoquant l'inévitable garde française lutinant une ravaudeuse accorte, ou le jeune seigneur pinçant le menton d'une mignonne dentellière.

Et tous ces souvenirs nous reviennent en contemplant les œuvres de Nattier, de Moreau le Jeune, Watteau, Lancret, Boucher, etc., qui nous montrent ce règne comme l'ère d'une frivolité excessive et d'une naïveté charmante.

Poudre de riz, mouches, tabatières, miniatures, dorures, parfums, dentelles, voilà tout ce qu'il nous reste de cette vie futile évoquée dans un décor féerique.

Hélas! la réalité brutale surgit sitôt que l'on examine de près la vie et les mœurs du XVIIIᵉ siècle. On est de suite déçu lorsqu'on étudie en détail, les documents secrets, les dossiers, les comptes, les rapports qu'ont laissés les personnes approchant ou vivant au milieu des grands seigneurs, fréquentant les petits marquis, ayant commerce avec la bonne compagnie, recevant les confidences des dames de naissance et les secrets des filles du monde.

En fouillant tous ces papiers on s'aperçoit que cette société, perçue jusqu'alors comme le règne de la galanterie, cachait, sous la misèrerie de ses dehors, les vices honteux, la pire corruption, la débauche sale et basse des fins d'orgie.

Les jolis pantins poudrés ne sont plus que de vulgaires noceurs, le visage barbouillé de tabac, la roupie au nez, les mignons abbés de cour, des pervertis infâmes, quand ils ne sont pas d'affreux souteneurs; les Don Juan comme Richelieu, Fronsac, Grammont, achètent leurs conquêtes à prix d'or chez des proxénètes menteuses et voleuses qui leur donnent pour filles de haute volée, des prostituées que tout le monde peut se procurer pour quelques écus. Ils cachent leurs décorations sous de vieilles redingotes pour fréquenter librement chez les filles, trafiquant leurs croix de diamants pour assouvir des curiosités et des désirs malsains.

Ce sont aussi d'ignobles marchés, des enfants des deux sexes vendus et livrés à des satyres immondes à la recherche de fruits verts, les honteux marchandages d'un grand seigneur venant chercher chez l'entremetteuse un étalon pour suppléer à son impuissance auprès de sa femme afin de pouvoir perpétuer son nom.

Tous ces gentilshommes ignoraient que leurs démarches, leurs marchés, étaient consignés avec une rigoureuse exactitude par les courtiers d'amour, les appareilleuses sous le manteau, les tenancières d'académies de filles, qui enregistraient scrupuleusement les moindres offres qu'elles recevaient. Ce sont ces documents que je soumets aujourd'hui au public, tels que je les ai recueillis, avec leur naïveté

*ou leur cynisme selon la perversion du rédacteur ;
les commentaires, quand il y en a, sont très courts,
ayant voulu laisser le lecteur se renseigner et com-
menter lui-même les dessous de cette époque où l'on
peut retrouver le chancre qui devait ronger et
abattre, dans une révolution unique au monde, cette
société en décomposition.*

G. C.

LES
MAISONS CLOSES

I

LA POLICE ET LA DÉBAUCHE

PÉNALITÉS CONTRE LES FILLES DE JOIE
ET PROXÉNÈTES

Les Capitulaires de Charlemagne offrent, chez nous, le premier exemple d'une sévérité excessive contre la prostitution : la prison, le fouet, l'exposition au carcan, faisaient partie des peines infligées aux *Ribaudes* et à ceux qui leur donnaient asile ; mais tout ce formidable arsenal de pénalités fut abandonné pendant les trois ou quatre siècles qui suivirent, et les maisons de débauche se multiplièrent librement, jusqu'au moment où les ordonnances de Saint-Louis renouvelèrent les prohibitions (1).

En 1254, les femmes publiques devaient être chassées tant des villes que de la campagne, leurs biens étaient confisqués et ceux qui leur livraient asile risquaient fort de perdre leurs propriétés (2).

---

(1) *Intermédiaire des Chercheurs*, tome XXI, p. **244**.
(2) Isambert, *Recueil des anciennes lois françaises*, tome I, p. **273**.

Deux ans plus tard, autre ordonnance pour les femmes « folles et ribaudes qui seront expulsées de toutes les cités et ceux qui leur auront loué leurs maisons paieront le loyer d'une année » (1).

La rigueur même de ces textes, exécutés à la lettre, ne tarda pas à produire, contrairement à ce qu'on en attendait, des effets tout opposés au but poursuivi ; les filles, traquées et punies comme criminelles, quittèrent leur costume distinctif où les robes *à collet renversé et à queue*, ainsi que la ceinture dorée étaient prohibées ; enfreignant ces défenses, on les vit adopter les insignes des femmes honnêtes auxquelles elles parvinrent à se mêler et amenèrent ainsi une confusion qui gêna fort la police de l'époque ; quant aux dames, elles s'en consolèrent en répandant la phrase devenue proverbiale : « Bonne renommée vaut mieux que ceinture dorée ».

Le désordre fut tel, et en peu de temps le mal devint si grand, que le roi comprit la nécessité de rapporter ses propres édits, se résignant à permettre l'exercice de cette plaie honteuse dans des lieux spéciaux.

Saint Louis toléra la prostitution ne pouvant la détruire.

Deux asiles de *Ribaudes* furent alors autorisés dans la rue de l'Abreuvoir-Macon (2) et rue Froidmanteau (3), près le clos Bruneau. Il ressort de l'esprit des ordonnances de Saint Louis, que toute femme était libre de son corps et pouvait en faire trafic à son gré, pourvu qu'elle ne s'abandonnât au péché, que dans les « anciens *bordeaulx* et rues à ce ordonné d'ancienneté » (4).

(1) Isambert, tome I, p. 345,
(2) Rue supprimée pour la construction du quai Montebello.
(3) Cette voie aujourd'hui supprimée, commençait rue des Orties et finissait rue Saint-Honoré.
(4) *Intermédiaire des Chercheurs et Curieux*, tome XXI, p. 244.

En 1381, une lettre de Paris, datée du 3 août, porte, défense de louer à des femmes publiques dans des rues autres que celles de *Beaubourc*, *Gieffroy-l'Angevin*, des *Jongleurs* (1), de *Symon-le-Franc*, de *Saint-Denis* et *Maubuée* (2).

Dès lors, les lieux de débauche s'accrurent, restant, toutefois, cantonnés dans les voies sombres et fétides qui, du reste, n'ont jamais cessé d'être hantées ou habitées par les filles publiques.

Cependant, il arrivait parfois que, sur une plainte, on interdisait une maison. C'est ainsi que le 12 janvier 1565, Charles IX rendit un mandement contre le *bordeau* de la rue du Hulleu (3), avec défense aux propriétaires de louer à d'autres qu'à des gens de bien.

Au surplus, faisant droit sur la requête verbale des dicts gens du roy, que défenses sont faictes à tous manans et habitans de cette ville et faux bourgs de Paris et autres, de souffrir en leur maison bordeau secret ne public sur peine de 60 livres parisis d'amende pour la première fois, et de 6 livres parisis pour la seconde, et pour la troisième fois de privation de propriété de la maison (4).

Cette ordonnance qui fermait les portes de la maison du « Grand Huleu » eut un grand retentissement; la mère Cardine, tenancière de ce mauvais lieu, fut chantée et sa complainte déplore l'abolition de sa maison où

(1) Aujourd'hui rue Menetriers.
(2) ISAMBERT, *Recueil des anciennes lois françaises*, tome VI, p. 559.
(3) Rue du Grand-Hurleur supprimée par le percement de la rue Turbigo.
(4) ISAMBERT, *Recueil des anciennes lois françaises*, tome XIV. p. 176.

l'on prenait « l'amoureuse pâture », où

> on payoit selon la volunté ;
> On visitoit leurs corps pour estre en seureté ;
> On les trouvoit toujours prestes au rendez-vous ;
> On chantoit, on dansoit ; nully estoit jaloux.

Une autre facétie célébra aussi la Cardine, sous le titre de : *L'Enfer de la mère Cardine, traitant de la cruelle bataille qui fut aux enfers, entre les diables et les maquerelles de Paris, aux nopces du portier Cerberus et de Cardine.*

Cette longue pièce donne plus d'un renseignement curieux, entre autres le nom des matrones de l'époque : *La Passeuse*, du faubourg Saint-Michel, *Madelon*, *La Chaussée*, *Largerie*, *Marguerite Remy*, surnommée « aux gros yeux », la *Maquignonne* et sa fille boiteuse, *Paquette*, *La Picarde*, *Robillarde*, *Anne* au petit bonnet, la *Normande*, la *Ragouye*, l'*Englesche*, *Ivonne*, la grosse *Jacqueline*, la *Saintionne*, la *Chaperonnière*, *Gillette* la gaillarde et *Michelle*, sa sœur, et combien encore qui justifient les vers de la complainte de la mère Cardine :

> Les rues en Paris congnoistre on peult pavées,
> De garses sans recoy, folles et dépravées ;
> Tout y grouille à présent ; on y court, on travaille
> Partout à qui mieux mieux pour gagner la clicaille ;
> Femme de bien n'est pas ne pleine de valleurs
> Qui avec son mari ne s'accommode ailleurs (1).

---

(1) Montaiglon, *Poésies françaises des XVe et XVIe siècles*, tome III, p. 290-334. Rabelais cite en outre « les lupanares de Champgaillard, de Matcon, de Cul-de-Sac, de Bourbon, de Glatigny et de Huslieu », liv. II, chap. VI.

De tout temps, les tenancières de maisons servirent d'objet à la verve poétique des bardes, troubadours, bohêmes et autres poètes crottés; Gringoire, Villon, Marot, Régnier, Rabelais les tournèrent en ridicule, multipliant odes, ballades, priapées, stances, lais; chantant la maquerelle en rimes railleuses :

> Esprit errant, âme idolastre,
> Corps vérolé, couvert d'emplâstre,
> Aveuglé d'un lascif bandeau ;
> Grande nymphe à la harlequine,
> Qui s'est brisé toute l'échine
> Dessus le pavé du bordeau,
> Dis moy pourquoy, vieille maudite,
> Des rufiens la calamite
> As-tu si-tost quitté l'enfer, etc. (1) ?

Néanmoins on trouvait tout de même à utiliser les connaissances spéciales des matrones et des sages-femmes pour les affaires de viol et autres procès intimes ; pénétrées de leur importance, elles élaboraient gravement un procès-verbal de leur visite dont voici un curieux spécimen, véritable merveille de technique :

« Nous Marie Teste, Jane de Meaux, Jane de la Guingans et Madeleine la Lippue, matrones jurées de la ville de Paris, certifions à tous qu'il appartiendra que, le 14ᵉ jour de juin dernier (*1616*), par ordonnance de ladite ville, nous nous sommes transportées en la rue de Frépault (2), où pend pour enseigne la *Pantoufle*, où nous avons veu et visité Henriette Peliciere, jeune fille aagée de 18 ans environ, sur la plainte

____

(1) Math. Regnier, *Ode sur une vieille Maquerelle*.
(2) Rue Phelipeaux, appelée rue *Frepault* en 1397, *Frapault* au xvᵉ siècle, *Fripaux* au xviiᵉ, *Philipot* au xviiiᵉ et enfin rue Phelipaux, qui se trouvait entre les rues du Temple et Volta, supp. pour la rue Réaumur.

par elle faicte a justice, contre Simon le Bragard, duquel elle dict avoir été forcée et déflorée, et le tout veu et visité au doigt et à l'œil, nous trouvons, la babole estoit abatue, l'arrière-fosse ouverte, l'entre-fesson ridé, le guillevart eslargy, le braquemart escrouté, la babaude relancée, le ponnant débiffé, le halleron demis, le quilbuquet fendu, le lipion recoquillé, la dame du milieu retirée, les toutons devoyéz, le lipondis pilé, les barres froissées, l'enchenard retourné ; bref pour le faire court, qu'il y avoit trace de v..; d'où vient que toute la curée que j'y aye pu apporter et nonobstant la peine que j'aye prise à recoudre son canipani brodimaujoin, elle est demeurée despucellée (1). »

A la fin du xviie siècle, Louis XIV, sous l'influence hypocrite de Mme de Maintenon redoubla de sévérité. Une ordonnance du 20 avril 1684, spécifie que :

« Les femmes de débauche et prostitution publique et scandaleuse ou qui en prostituent d'autres seront renfermées dans un lieu particulier, destiné pour cet effet dans la maison de la Salpêtrière. Elles entendront la messe, les dimanches et fêtes et seront traitées des maladies qui leur pourront survenir, sans sortir du lieu où elles seront enfermées qu'en cas d'une nécessité indispensable. Elles prieront Dieu toutes ensemble un quart d'heure le matin et autant le soir. »

Toute la journée on leur faisait la lecture soit du catéchisme ou d'autres livres de piété pendant le travail qu'on leur donnait à faire ; travail toujours pénible. Elles étaient habillées de *tiretaine* et chaussées de sabots ; pour nourriture : du pain, du potage et de l'eau ; une paillasse, des draps et une couverture formaient toute

(1) Ed. FOURNIER, *Variétés historiques et littéraires*, 1855, tome VII, p. 259.

leur literie. Quand elles manquaient aux règlements on leur supprimait le potage et en aggravation elles étaient mises au carcan (1).

A la fin de la même année il est ordonné que les filles trouvées en compagnie de soldats auront le nez et les oreilles coupés (2), ces ordres barbares furent exécutés strictement.

Ainsi le lundi 7 juillet 1687, le sieur Duplessis apportait à la Salpêtrière une lettre de cachet du roi pour y recevoir les nommées Catherine Carbon et Antoinette de Cambron lesquelles avaient eu le nez coupé par jugement du *Conseil de guerre* à cause de leur mauvaise vie (3).

Au commencement du XVIIIe siècle, la police pourchasse activement les filles d'amour, « celles qui scandalisent le public, font gloire de leur dérèglement et non contentes de s'abandonner au premier venu, engagent les maris à quitter leurs femmes et à oublier leur famille, et aussi celles qui poussent les jeunes gens au déshonneur ».

Une simple liaison pouvait entraîner pour la femme un châtiment dont le plus doux était l'exil ; les filles entretenues et les prostituées se trouvaient traitées sur le même pied dès qu'il y avait scandale.

Les dénonciations étaient suivies des précautions habituelles : transport du commissaire de police au domicile de l'inculpée, interrogatoire des voisins et des domestiques.

Celles qui, au contraire, cachaient leur prostitution,

(1) Isambert, *Recueil des anciennes lois françaises*, tome XIX, p. 44.
(2) Isambert, tome XX, p. 47.
(3) *Arch. de l'Hôpital général (Salpêtrière)*, cf. *Archives Hospitalières de Paris*, tome III, p. 255.

pouvaient vivre en paix, à condition de ne point abuser de leur influence sur leurs amants (1).

Après la mort de Louis XIV, le monde galant respira ; le Régent, roi des roués, sut fermer les yeux sur tous les scandales et même utiliser les renseignements que pouvait lui fournir la Fillon, proxénète, sur les étrangers fréquentant chez elle.

Avec Louis XV, malgré les mœurs déréglées de son époque, on retrouve de nombreuses investigations policières, plutôt pour la curiosité vicieuse du monarque que pour sa sévérité. Cependant, quelques exécutions eurent lieu, comme celle de Marie Drouïn, femme de François Laurent, déjà bannie de Paris pour vol et pour « lieux de prostitution qu'elle y tenoit ».

Revenue, on l'arrêta de nouveau le 5 juin 1736 (2).

En 1750, l'avocat Barbier nous donne une idée de la la police des mœurs dans notre bonne ville de Paris.

« Il y a eu de tout temps, [dans la ville de Paris, des putains et des mauvais lieux, les uns plus fameux que les autres, et cela est absolument nécessaire dans une aussi grande ville. Tant qu'il n'y a pas de désordre et de tapage, cela est toléré par la police. De temps en temps, les commissaires font des visites dans leur quartier et enlèvent les filles de petits bordels du commun, pour faire conduire ces filles qui sont gâtées à l'hôpital pour les faire guérir, ensuite on les relâche.

« Mais des filles seules dans leur chambre, qui ne font ni bruit ni scandale, ne sont guère inquiétées ; et, à l'égard des filles entretenues par des particuliers, dont la police est instruite, on ne leur fait aucun incident. A l'égard des filles de

(1) COTTIN, *Rapports inédits d'Argenson*, 1891, p. CXXI.
(2) Bib. de l'Arsenal, *Arch. de la Bastille*, 11.326 (*Dossier Douïn*).

spectacles, elles ont un état qui les met à couvert de toute recherche de la police, quelque libertinage qu'il y ait (1). »

Le même Barbier raconte aussi qu'une femme nommée Jeanne Moyon, maquerelle publique, ayant été sollicitée par un « homme comme il faut, chevalier de Saint-Louis » pour lui fournir une petite fille de onze ans environ, rôda autour de Saint-Germain-l'Auxerrois pendant le catéchisme, y aperçut une fille assez jolie dont elle entendit le nom. Quelques jours après, elle s'y transporta de nouveau et demanda la jeune fille, prétendant, disait-elle, la venir chercher de la part de sa mère ; on lui confia l'enfant tout simplement ; elle la mit dans un fiacre et la conduisit chez elle, où se trouvait déjà l'amateur éhonté.

« Elle l'a déshabillée en chemise et fait passer dans sa chambre, où était l'homme, et l'a engagée à faire ce qu'il vouloit... Qu'il ne s'est rien passé, n'ayant peut-être pas pu en venir à bout, qu'elle l'a ensuite remise dans un fiacre et ramenée dans son quartier ; la petite fille, arrivée, a conté tout à sa mère, laquelle a rendu plainte sur l'indication qu'elle a dressée à peu près du quartier où elle avoit été menée, on l'y a promenée et fait des perquisitions ; on a découvert la dame Moyon, près la porte Saint-Michel, qui a été arrêtée (2). »

Le 11 juillet 1750, Jeanne Moyon fut exécutée ; c'est-à-dire qu'elle fut conduite depuis le Grand-Châtelet jusqu'à la porte Saint-Michel, sur un âne, coiffée d'un

(1) Barbier, *Journal*, édit. 1851, tome III, p. 122.
(2) Les éditeurs du *Journal* de Barbier ne relatent qu'une partie de cette aventure qui se trouve entière dans le manuscrit BN. mss. fr. 10.289, p. 323.

chapeau de paille, la tête tournée vers la queue de l'animal, portant un écriteau où on lisait cette inscription : MAQUERELLE PUBLIQUE.

Elle suivit, au milieu des huées, le Pont-Neuf, la rue de la Comédie et les Fossés-Monsieur-le-Prince. A la porte Saint-Michel, elle fut fouettée et marquée de la fleur de lys. Après l'exécution, on la mit dans un fiacre pour être conduite hors Paris pour le bannissement auquel elle était condamnée. Ces exécutions divertissaient, paraît-il, beaucoup le peuple (1).

Ordinairement, les femmes arrêtées pour prostitution ou pour trafic de filles étaient conduites à l'Hôpital Général.

L'Hôpital ! ce mot avait la même signification qu'aujourd'hui Saint-Lazare ; l'Hôpital, c'était la Salpêtrière, Bicêtre et Saint-Martin.

Souvent l'arrestation avait lieu sur un simple rapport de l'inspecteur conçu de cette façon :

« C'est avec justice que M. le commissaire Langlois a donné avis qu'il y a dans une maison rue Pagevin (2) occupée par le bas par un marchand de vins, des filles de débauche qui causent même beaucoup de scandale et qu'il y arrive assez souvent du bruit et dans le cas qu'on ordonne au commissaire d'y faire une visite, il n'y a pas grand choix à faire dans cette maison (3). »

L'inspecteur et le commissaire se rendaient alors en carrosse au domicile signalé, faisaient sortir les demoiselles et les embarquaient pour Saint-Martin. Cette

(1) BARBIER, *Journal*, édit. 1848, tome III, p. 149.
(2) Supprimée par l'ouverture de la rue Étienne-Marcel ; la rue Pagevin donnait sur la place des Victoires.
(3) Arsenal, *Arch. de la Bastille*, 10.137. *Notes de l'Inspecteur Roussel.*

prison située dans l'abbaye Saint-Martin (1) était composée de six chambres et deux espèces d'écuries, appelées
communément *corps-de-garde*, donnant sur une cour ;
les captives restaient sous la surveillance d'un concierge
et d'un guichetier ; là, celles possédant un peu d'argent
se trouvaient assez bien traitées, autrement les malheureuses sans ressources, couchaient dans des auges
garnies de paille puante, n'ayant pour toute nourriture
qu'une mauvaise livre de pain par jour et de la soupe
une fois par semaine (2).

Naturellement, matrones et filles laissaient des greluchons qui s'ingéniaient souvent l'esprit pour communiquer avec les prisonnières ; différents moyens étaient
employés dont le plus simple, consistant à introduire
des lettres dans des petits pains, n'offrait que peu de
sécurité ; le concierge habituellement retors flairait la
supercherie et interceptait sans scrupule la communication ; mais l'ingéniosité, que l'on trouve chez tout
prisonnier, ne s'arrêtait pas devant un échec et les
captives utilisaient une gargouille donnant dans la rue
du Vertbois ; celui qui était en liberté mettait son billet
à l'extrémité d'une baguette d'osier de trois pieds et
demi puis il introduisait cette badine dans le tuyau et la
correspondance arrivait à destination par l'évier de la
prison, apportant des nouvelles du dehors ; la détenue
rendait réponse par la même voie (3).

Saint-Martin, comme beaucoup d'abbayes du reste,

---

(1) Le corps de bâtiment destiné aux prisonnières, occupait
l'emplacement allant aujourd'hui de la rue Saint-Martin à la
rue du Vert-Bois, on en voit encore quelques vestiges dans la
rue Cunin-Gridaine.
(2) Les sérails de Paris, 1802, in-8, réimpr. 1885, p. 89.
(3) Arsenal, *Arch. de la Bastille*, 11.688. (*Dossier Savonet*).

recevait aussi les enfants dont les parents avaient à se plaindre, on remettait les mauvais sujets au concierge et moyennant 30 livres par mois, le portier ou sa femme se chargeaient de les nourrir, généralement très mal, et de leur *donner la correction,* ce dont ils s'acquittaient probablement très bien (1).

Le dernier vendredi du mois les prisonnières, tenancières et filles, passaient *à la police,* c'est-à-dire qu'elles recevaient à genoux la sentence qui les condamnait à être transférées à la Salpêtrière pour des motifs ordinairement libellés de la sorte : *Commerce de filles — fameuse trafiqueuse de filles.* Nota : *a une fleur de lys — accusée de maquerellage — débauche avec un seul homme — débauche avec un homme marié — débauche et prostitution publique et très scandaleuse — prostitution scandaleuse dans les rues...* etc. (2).

Le lendemain, on les chargeait dans un long chariot découvert. Elles se tenaient debout et pressées l'une contre l'autre ; le véhicule se mettait alors péniblement en marche, allant au pas de promenade jusqu'à la Salpêtrière. Au passage les malheureuses étaient huées par les gamins qui leur faisaient la conduite au milieu d'un charivari infernal. Les unes pleuraient, les autres plus sceptiques bravaient crânement les cris et les sifflets.

Les plus huppées obtenaient, toujours moyennant finance, la permission de faire ce trajet dans une voiture fermée, échappant ainsi à la promenade infamante. Arrivées à l'Hôpital on les visitait soigneusement ; puis on les séparait, conservant celles qu'on reconnais-

(1) *Ibid.,* 10.137. *Notes de l'Inspecteur Roussel* (13 déc. 1747).
(2) Arsenal, *Arch. de la Bastille,* 12.692. *Écrou de la Salpêtrière.*

sait de bonne santé pour rester à la Salpêtrière ; quant aux autres, reconnues pour être infectées d'un mal vénérien, on les envoyait à Bicêtre, passer ce qu'on appelait alors : *les Grands Remèdes*. Bicêtre sous l'ancien régime était à la fois hospice, hôpital, pensionnat, maison de force et de correction. Les *galanteries* ou, autrement dit, tous *les coups de pied de Vénus* depuis les pires jusqu'aux anodins y recevaient les soins en usage à l'époque ; consistant en un traitement spécial et de quelque durée désigné sous le nom de *Grands Remèdes*.

« La malade étant bien préparée, saignée, baignée, évacuée, quarante huit heures après le purgatif, on lui faisait prendre un bain dans la matinée, et le soir avant de se coucher, elle se frottait avec de l'onguent mercuriel la partie interne de l'une des deux jambes depuis la malléole jusqu'au genou ; le lendemain elle prenait un bain, et le surlendemain elle faisait une friction semblable sur l'autre jambe ; deux jours après elle en pratiquait une autre sur un avant-bras, puis au bout du même laps de temps, une quatrième sur un bras. Elle passait ensuite au membre pectoral du côté opposé et revenait à la jambe par laquelle elle avait commencé, procédant suivant le même ordre pendant tout le traitement et laissant toujours entre les frictions un jour d'intervalle, durant lequel elle prenait un bain. Cependant lorsqu'elle était arrivée à la moitié du traitement, elle ne prenait des bains que tous les quatre jours. Dès que chaque friction était terminée, on couvrait la partie enduite d'un bas, d'un caleçon ou d'un gilet de toile qu'il fallait conserver jour et nuit, tant pour ne pas salir les draps que pour ne pas perdre d'onguent. Les parties sur lesquelles on appliquait la poudre devaient être rosées et on devait suivre surtout l'ordre indiqué. On n'épargnait aucune partie du corps si ce n'est le dos et la poitrine ; et l'on terminait par une applicatios à la région lombaire appelée le *coup de grâce* parce que la salivation devenait plus abondante. Dans l'intervalle on donnait des boissons délayantes et adoucissantes, puis l'usage voulait que l'on purgeât les malades avant de cesser complètement les frictions (1). »

Après quoi on les soumettait au régime pénitentiaire de la prison, jusqu'à l'expiration de leur peine ou bien elles étaient envoyées aux *Iles* si l'incarcération devait être de longue durée.

LES INSPECTEURS DE POLICE

Lorsque Berryer de Renonville succéda au lieutenant général de police Feydeau de Marville, en 1747, il innova, en habile artisan, une nouvelle façon d'intéresser le roi et de l'amuser en lui rendant un compte fidèle, agréablement rédigé, des escapades, des relations intimes, de la vie secrète des gentilshommes plus ou moins de son entourage ; les filles cotées, les demoiselles ayant de nobles entreteneurs furent alors activement surveillées. Il s'adjoignit pour cette besogne un inspecteur tout à fait digne de cet emploi dont les premiers rapports datent de 1748 ; ce policier, nommé Meusnier (2), avait toutes les qualités nécessaires pour se rendre en peu de temps indispensable à ce genre de besogne. En quête de tous les scandales intimes ou

(1) Dr. Louis Boucher, *La Salpérière*, 1883, p. 131.
(2) Pour Meusnier, voir l'article de M. Paul d'Estrée dans la *Revue Retrospective* 1892, in-8, p. 277. *Un policier homme de lettres* et la préface de M. Y. Plessis dans les *Petites maisons galantes*, par G. Capon.

publics, il obligea les tenancières de maisons à lui fournir un journal détaillé, jour par jour, et même heure par heure, de tout ce qui se passait dans leur entourage, de tous les marchés passés chez elles et par leur intermédiaire, insistant sur les détails les plus intimes, les plus secrets, les obligeant à dévoiler les passions de chacun de leurs clients. Muni de ces notes précieuses, Meusnier les agrémentait, enjolivant leur brutalité souvent obscène, d'un tour de phrase ingénieux, trouvant toujours le mot juste ; puis ses bulletins journaliers étaient revus par Berryer, qui se chargeait d'en donner connaissance à Louis XV. Bien qu'affectant un profond mépris pour les femmes, Meusnier ne négligeait pas les nombreuses occasions qui lui étaient offertes, choisissant de préférence les primeurs comme en témoigne cette note de la Lafosse, courte, mais claire : « Meusnier a b.... (1) la petite Perrin pour un louis (2) ».

Après la mort de Meusnier en 1757, Louis Marais fut chargé de prendre la suite de ces rapports ; il se montra digne en tous points de son prédécesseur, sous les ordres duquel il avait fait son apprentissage. Il connaissait à fond tout le monde galant, aussi fut-ce sans embarras qu'il entra en fonction. A son tour il devint la terreur des petits maîtres et des débauchés de toute espèce ; lui-même écrit : « Tous nos jeunes seigneurs ont dit qu'ils craignoient le lever du roi parce que

---

(1) Dans le dossier, les mots se trouvent écrits en toutes lettres, le lecteur comprendra le sentiment qui nous a porté à remplacer par des points certaines expressions trop brutales. (Note de l'auteur.)

(2) Bib. de l'Arsenal, arch. de la Bastille, 10.252. Note dans le dossier.

toutes leurs démarches, dans le chemin couvert de la galanterie, étoient connues (1). »

Toutefois, à son début, il eut à lutter contre quelques matrones rebelles, en correspondance directe avec le lieutenant général de police, et la dame Payen qui tenait maison, raconte ainsi sa première entrevue avec le nouvel inspecteur.

« Le 20 mars 1757. — J'ai été chercher M. Marais, officier de police, rue Saint-Honoré, vis-à-vis le cul-de-sac de l'Orangerie, chez un parfumeur au 2ᵉ à 9 h. 1/2, suivant l'avis qu'il m'en avoit donné la veille, et c'étoit pour me dire qu'il remplissoit la place de feu M. Meusnier, je ne le connois pas, néanmoins j'ai répondu à ses questions suivant que l'occasion le requeroit ; mais sans le mettre au fait de la vérité ; il m'a ajouté que s'il venoit des moines ou abbés chés moi qu'il falloit que je l'en fasse avertir sur le champ. Je lui ay dit que je n'en voyoit pas, il a ajouté à cela qu'il donneroit 6 livres à la personne que j'enverrois à cet effet, je ne lui ai pas fait connoître le fond de ma répugnance à ce sujet mais je crois qu'il n'est pas naturel d'attirer chés soi des gens qui n'auroient fait d'autre mal que de b..... des filles; pour après leur causer de grands chagrins

L'appareilleuse qui tenait ce langage ne devait pas être quitte sitôt des exigeances du nouvel inspecteur de police, lequel du reste ne mettait tant d'insistance que pour plaire à Berryer qui attachait sur les pas de tous ecclésiastiques toutes ses troupes de commissaires, d'inspecteurs et de mouchards ; ces agents suivaient leur proie jusque dans des maisons de débauche ; là, se présentant la plume et l'écritoire à la main, ils faisaient

(1) MANUEL, *La police dévoilée*, 1791, in-8, p. 359.
(2) Bibl. de l'Arsenal, arch. de la Bastille, 10.253. *Rapports de la Payen.*

au prêtre surpris les questions les plus indiscrètes et
dressaient séance tenante procès-verbal des faits et
actions dans lesquels les hommes, même ceux qui n'ont
pas fait de vœux, aiment le moins à être troublés.

Quelques mois après Marais renouvelle ses tentatives
près de la Payen pour avoir sa confiance et obtenir des
renseignements sur les moines paillards et les religieux en partie galante.

La matrone reprend alors ses doléances.

« Le 19 mai 1757, j'ai été sur les 5 heures chez M. Marais,
pour lui dire que je ne savois rien de nouveau, je l'ay trouvé
plus doux et plus poli que cy-devant mais toujours dans l'intention que je lui fasse faire capturer des moines, je lui ay
dit que je verrois comme je pourrais m'y prendre avec le
temps (1).

Mais au mois d'octobre la brouille est tout à fait
complète et la Payen dévoile positivement les intrigues
de Marais dans une lettre au lieutenant général de
Police, Berryer.

12 octobre 1757.

« Monseigneur.

« Monsieur Marais mange quelquefois chez Mme Deshongrais, rue du Coq et cela fait mauvais effet car les filles
en parlent désavantageusement. Il ne devrait aller chez les
femmes du monde qu'incognito, surtout quand il veut passer
une heure d'amusement, les toupies ont des langues de
vipère, l'on ne sauroit trop se cacher d'elles en toutes choses.
Il va aussi chez Mme Millet, il n'y mange pas mais il b.…
les filles lorsqu'il en trouve une de son goût, aussi bien que
M. son commis qui est d'une jolie figure, ils ne donnent tous
deux que trente-six sols, il y a apparemment, que l'état de

(1) Bibl. de l'Arsenal. *Arch. de la Bast.*, 10253 (*id.*).

l'un et la beauté de l'autre doivent les dispenser de bien payer ; à l'égard de la santé des filles, M. Marais s'en rapporte à sa connaissance, car il les visite lui-même, avant que de s'en servir ; et à l'égard des abbés qu'il arrête chez ces dames, c'est fort bien fait : mais ce n'est pas conduit assez adroitement, ni assez secrètement, M. Meunier n'en arrêtoit pas moins mais cela n'éclatoit pas tant, ainsy que M. de la Villegaudin qui prenoit plus de mesure, il semble que l'avidité que le sieur Marais a de gagner promptement de l'argent luy fait manquer d'attention en choses essentielles. S'il vient quelque jour chez moi des moines ou abbés je leur servirai de toupie ou au moins je leur en donnerai une dont je suis sûre de la discrétiou de ce côté-là. La dernière fille que M. Marais a eue chez Mme Millet, n'avoit que 16 ans, elle est brune, les yeux bleus, assez bien faite, de belles dents, mais la bouche un peu grande ; autrefois il étoit moins délicat et payoit mieux ; car quand il demeuroit chez M. de Saint-Séverin, il b...... une fille, négresse, et lui donnoit souvent 9 liv. et quelquefois il n'en donnoit que six. Il faut, suivant les apparences, devenir inspecteur de police pour désirer de s'enrichir et dépenser moins pour les filles. Il n'aime pas les femmes qui ne lui procurent pas de gagner de l'argent, à mon particulier si j'en avois l'occasion je le ferois, et peut-être ne se le persuade-t-il pas ; c'est cependant mon intention (1). »

L'inintimité entre la matrone et l'inspecteur continua, même après le départ de Berryer et l'on voit la Payen se lamenter toujours auprès de son successeur, relatant dans ses rapports :

« Il m'a paru que M. Marais continuoit de me haïr et je crois que c'est à la recommandation de Mme Renault et peut-être de celle de Mme Lefebvre, de la Barrière Sainte-

(1) Bibl. de l'Arsenal *Arch. de la Bastille*, 10.253. (Lettre non signée qui se trouve dans les rapports de la Payen).

Anne, à cause qu'elles sont amies elles disent l'une comme l'autre. Mme Renault s'est mis dans la tête que j'avois débauché sa servante pour me venir servir et cela n'a jamais été vrai, mais elle se le persuade et malgré tout ce que j'ai pu lui dire de vrai ; elle m'a dit que j'étois une garce, une f..... b..... et si et cela, et qu'elle me serviroit sur les deux toi (?). M. Marais m'a dit que j'avois mené une fille habillée en garçon chez des moines. Je luy ai dit que non ; cependant il m'a semblé le croire, je ne lui ai pas dit ma pensée, mais je crois qu'il fait et qu'il pourra faire des rapports contre moi à la police, qui sûrement, seront composés de plus de la moitié de mensonges et de calomnies ; le premier mobile de sa haine est venu sûrement de ce qu'il ne m'a pas trouvée aussi souple qu'il aurait pu se l'imaginer, le jour qu'il est venu chez moi avec le nommé Grondar, je n'ai cependant pas manqué de politesse, quoiqu'il ne m'ait pas dit trois paroles sans jurer ; il a été sans doute surpris de voir que son mauvais ton ne me déconcertoit pas et encore plus de me trouver des sentiments qui ne cadroient pas à ses instructions. Aussi, m'a-t-il dit : Votre façon de penser ne vous enrichira pas. Je lui ay dit : Cela est vray, mais je ne peux pas penser autrement ; ces Messieurs là ne mettent point de distance d'une femme à une autre, mais ils en mettent une très grande entre une femme et eux (1). »

Les plaintes de la Payen contre Marais n'empêchaient nullement celui-ci de poursuivre la débauche et le vice, avec, semble-t-il, un malicieux plaisir à détailler les aveux qu'il recevait ou les racontars qu'il écoutait ; les ecclésiastiques surtout le trouvaient inflexible ; à toute heure du jour ou de la nuit, on le voyait surgir dans les maisons louches, flanqué du commissaire du quartier ; surprenant un bon père dans la besogne amou-

(1) Bibl. de l'arsenal, *arch. de la Bastille*, 10.253. *Rapports de la Payen.*

reuse ; alors, avec joie il rédigeait un rapport dans le genre du suivant que M. de Sartine savourait le matin à sa toilette.

« 22 octobre 1759, 6 h. 1/2 du soir.

« Est arrivé cejourd'hui une aventure au sieur abbé Berthier, et Jacques est son nom de baptême, âgé de quarante ans, natif d'Avalon en Bourgogne, diocèse d'Autun, prêtre et doyen des chanoines de la collégiale de Vézelas, y demeurant ordinairement, mais à présent à Paris, logeant chez M. de Sauvigny (1), l'intendant, son parent.

« Voici en bref le récit de la chose :

« Le sieur Marais, inspecteur de la police, venant d'apprendre qu'il y avait un ecclésiastique chez la dame Soret, femme du monde, tenant une académie de filles d'amour, rue Saint-Honoré, à l'hôtel d'Angleterre ; il a été avertir le commissaire Sirebeau (2), rue de l'Echelle, de venir avec lui pour surprendre ledit ecclésiastique et voir ce que c'est.

« Etant arrivés chez la dame Soret, on les a introduits tout de suite dans la chambre, où ils ont trouvé l'ecclésiastique ; et le commissaire lui ayant dit le sujet de son transport, l'abbé lui a déclaré ses noms et qualités comme ci-dessus en présence d'une demoiselle appelée mademoiselle Grozellier, grande et bien faite et qui avoit la gorge entièrement nue ; et il a dit être venu de son propre mouvement dans l'endroit pour s'y faire manualiser, pendant lequel temps il avoit une autre demoiselle qui l'a fouetté avec des verges, ce qui l'a fait éjaculer un instant avant l'arrivée de M. le commissaire, sur quoy, la demoiselle Soret a déclaré que mondit sieur l'abbé commençoit toujours comme cela pour après, avoir communication charnelle avec ladite Grozellier ; laquelle de

(1) M. Bertier de Sauvigny, *intendant des généralités et provinces du royaume, conseiller d'Etat*, rue Neuve des Petits-Champs, nommé à Moulins en 1734. (*Almanach royal*).

(2) Sirebeau, commissaire au Châtelelt depuis 1753. (*Almanach royal*).

son côté est convenue des faits ; et quant à l'autre demoiselle à la poignée de verges que mondit sieur commissaire a voulu se faire représenter, on l'a cherchée par tout l'appartement sans pouvoir la trouver, et une petite fille d'environ onze ans, qui fut trouvée là, a dit qu'elle étoit aller souper parce qu'elle devoit partir la nuit par le coche, dont et de ce que dessus, a été dressé procès-verbal par le dit commissaire Sirebeau, qui a fait relaxer M. l'abbé après lui avoir fait signer le procès-verbal (1). »

Marais s'attachait, ainsi que son prédécesseur, à argumenter ses rapports de licences qui devaient produire un effet sûr pour les auditeurs connaissant les personnalités dont il était question ; et quand, par hasard, les glanes de notre policier ne sont pas abondantes, on le voit se lamenter :

« On ne sçait absolument ce que devient le monde qui avoit coutume de fréquenter les spectacles ; jamais les femmes qui tiennent maison n'ont si peu fait et toutes nos demoiselles meurent de faim. Je m'en suis fait informer par les femmes ; les hommes leur répondent que comme il n'y a point de spectacles, ils ne peuvent se dispenser de faire la partie de jeu dans les maisons où ils vont manger, et, qu'en outre, ils n'osent pas sortir avec leurs chevaux par le temps qu'il fait ; et, effectivement, le peu de personnes qu'ils voient viennent en fiacre et sont transis de froid (2). »

(1) Bibl. Nat. Mss. fr. 11.357, p. 1-3. (*Rapport inédit*). Une grande quantité des rapports de Marais contre les ecclésiastiques a été publiée sous le titre : *La chasteté du clergé dévoilée*, 1790, in-8, 2 vol. (On en trouvera quelques-uns dans le courant du volume.)

(2) Bibl. Nat., Mss. fr. 11.360, p. 2. *Rapports de Marais.*

LA VIE DES FILLES AU LUPANAR

Dans le prostibule où vivaient en communauté nombre de filles, leur existence peut se généraliser de la façon suivante :

Le matin, vers 8 heures, ces dames se levaient, passaient à la salle de bains et procédaient à l'immersion exigée par l'hygiène. Vers 9 heures, une collation les attendait, qu'elles prenaient toutes ensemble. A 10 heures, elles livraient leurs têtes au talent de leurs coiffeurs, et cette partie de la toilette n'était pas la moindre. Ensuite elles se revêtaient d'étoffes légères, transparentes ; leurs extrémités étaient soigneusement entretenues ; les bras, les épaules, la gorge, la jambe, les pieds paraissaient entièrement nus. Un corset de soie, un maillot léger, souple, adhérent, de couleur chair, venait caresser, mouler et dessiner leurs formes. Une gaze cristalline les enveloppait complètement, se balançant avec amour et mollesse en des torsions qui semblaient venir baiser les charmants contours de ces prêtresses de Vénus, laissant apercevoir par instants juste ce qu'il fallait pour exciter les désirs.

Dans le superbe salon où elles se rendaient une fois leur toilette terminée, elles s'occupaient à divers travaux de femmes, quelquefois aussi à chanter, en s'accompagnant de la harpe ou de la guitare. Jusqu'à ce moment, on n'admettait auprès de ces dames que les assidus de la maison, en général les greluchons inévitables dans ces sortes d'établissements.

Après le dîner, le monde, gens de cour, jeunes seigneurs, vieux libertins, affluaient pour les glaces et rafraîchissements ; chacun choisissait librement sa favorite, et, dès qu'on avait compté à la mère abbesse trois louis pour le souper et le coucher, la fille ne devait voir ni recevoir personne jusqu'au lendemain.

Dès ce moment, elle devait satisfaire son seigneur et maître dans tous ses caprices, toutes ses fantaisies, et même les extravagances que peuvent suggérer les accès passionnels, en un mot elle devenait la chose dont le possesseur pouvait disposer à sa volonté.

Bien souvent, le soir, quelques-unes de ces filles, non retenues, se rendaient à tour de rôle, dans les différents spectacles de la capitale, afin de trouver une bonne occasion et de faire un peu de réclame à la maison.

D'autres fois même, la matrone sortait avec elles, les conduisant au bal ou dans les jardins publics pour attirer les galants; en ce cas, elles ne paraissaient plus dans les salons après dîner.

Lorsque quelqu'un voulait fréquenter ces maisons incognito pour des raisons quelconques, il s'engageait dans un escalier dérobé que possédaient et que possèdent encore les lieux de débauche, la mère abbesse allait au devant du personnage et le recevait dans une espèce de parloir réservé, dont les murs étaient garnis de cordons de sonnettes correspondant avec chaque demoiselle. Après les compliments d'usage, la matrone lui remettait un gros *in-folio*, relié en maroquin et doré sur tranches, ayant pour titre : *Livre des beautés.*

Il contenait le portrait moral et physique de chaque pensionnaire, car chaque maison sérieuse possédait un spécimen du tempérament et de la beauté féminine sous tous ses aspects d'esthétique et de luxure; on y voyait : la *façonnée*, l'*artificielle*, la *niaise*, l'*alerte*, l'*éveillée*, l'*achalandée*, l'*émerillonnée*, l'*éventée*, la *superbe*, la *follette*, la *fringante*, l'*attisée*, la *pimpante*, la *mignonne*, la *grasse*, la *maigre*, la *pâle*, la *tendre*, la *mutine* et jusqu'à la *boiteuse*.

Le client discret choisissait celle qui lui agréait le plus ; alors, la matrone recevait d'avance l'offrande, qui était ordinairement d'un louis pour la passe, *y compris le bouillon-restaurant* ou des rafraîchissements. Pour un petit supplément, le paillard qui avait besoin d'excitants pouvait consulter le *registre des passions*, lequel contenait, en images et en texte, les différentes jouissances connues et usitées en ces lieux ; comme chacune comportait certains ustensiles de détail, tous les boudoirs étaient arrangés en conséquence. Une fois que la mère abbesse connaissait le goût de son client, elle tirait le cordon de la sonnette avertissant la demoiselle désirée et une autre indiquant la passion du visiteur. A ce signal, la préférée se rendait sur le champ, par un couloir secret, dans le boudoir désigné ; et, couchée négligemment sur un sopha, elle attendait l'amateur qui ne tardait pas à la rejoindre (1).

Quelquefois les enragés débauchés usaient le matériel comme le constata un jour l'inspecteur Marais :

« Aujourd'hui, dit-il, il n'y a point de maisons publiques où on ne trouve pas force pognée de verges toutes prêtes pour donner aux paillards refroidis ; la cérémonie, c'est-à-dire le terme ; et cette passion domine singulièrement les gens d'Eglise ; j'en ai trouvé dans ces sortes de maisons nombre qui se faisoient étriller de la bonne façon, entre autres le bibliothéquaire des Petits Pères de la place des Victoires, du règne de M. Berryer, sur lequel deux femmes, après avoir usé

(1) Les Sérails de Paris, 1802, in-8, réimpr. 1885, p. 16-18.

sur son corps deux ballets entiers, furent encore obligées, faute de verges (de prendre) un paillasson de jonc qu'elles avoient déficelé; quand j'entrai dans ce lieu, tout son corps ruisseloit de sang (1). »

Heureusement ces cas, sans être rares, n'étaient pas toujours poussés à cet excès et on les surprenait généralement en des postures plus naturelles.

(1) B. N. Mss. fr., 11.359. *Rapports de Marais*, p. 440.

II

LES COURTIÈRES D'AMOUR

LES COURTIÈRES D'AMOUR

LA FILLON

(Dite la « PRÉSIDENTE »)

Malgré la sévérité de Louis XIV et l'austérité affectée
de Mme de Maintenon, vers la fin du règne du Roi-
Soleil, une proxénète habile réussit à monter une
maison de débauche connue de toute la cour.

Anne Fillon, fille d'un porteur de chaises, fut la première qui mêla son commerce avec la politique, en
faisant l'espionnage pour le compte du cardinal Dubois.
On la connaissait sous le nom de *Présidente*, qui lui
fut donné à la suite d'une aventure assez amusante.

Vers 1710, le président Fillon, magistrat à Alençon,
vint à Paris avec sa femme; que l'on appelait Mme la
Présidente ; une de ses amies, femme d'un autre président au Parlement, ayant appris son arrivée, demanda
son adresse ; les gens à qui elle s'adressa l'envoyèrent,
par malice ou par ignorance, chez l'entremetteuse, qui
la reçut à merveille, croyant avoir affaire à une de ces
galantes femmes du monde qui venaient chercher chez
elle, soit par désir ou besoin, des plaisirs luxurieux,
soit pour augmenter leur bien-être ; ce qu'on appelait
alors des passades.

On juge de la colère de la visiteuse quand elle connut
l'endroit où elle se trouvait et qu'elle eut compris ce que

la Fillon lui demandait ; aussi son départ fut-il quelque peu précipité. L'histoire courut bientôt et devint publique à la cour ; le duc d'Orléans, qui se servait beaucoup de la Fillon pour ses nombreux caprices amoureux, en était ravi ; Louis XIV et Mme de Maintenon, ordinairement si rigides sur le scandale, s'en soucièrent fort peu, mais les Présidentes de Paris en furent indignées et se plaignirent au lieutenant général de police, d'Argenson ; celui-ci, à qui l'entremetteuse était utile par ses rapports, leur répondit : « Ne troublez pas cette présidente dans ses fonctions, elle ne vous troublera jamais dans les vôtres. »

C'est ainsi que le surnom de *Présidente* resta désormais accolé à celui de la Fillon.

Quant au président Fillon il crut devoir, désormais, changer de nom, pour prendre celui de Villemur (1).

Du reste, les mœurs de la Cour, sous le vernis de la pudeur, étaient tout aussi déréglées qu'elles le furent depuis, seulement on se cachait davantage ; voilà tout. On peut voir dans les couplets qu'on murmurait tout bas, ce qu'on pensait à l'époque même de ces dehors remplis de simagrées hypocrites.

> Ils vivent dans leur maison
> Comme on vit au bordel,
> Ils ont pris pour modèle
> Celle de la Fillon
> Pour vivre en leur maison (2).

(1) Buvat, *Journal de la Régence*, 1865, in-8, tome II. p. 343-4.

(2) B. N. Mss. fr., *Chansonnier historique*, 12.626, p. 318 ; année 1709.

Le commerce du lieutenant général de Police avec la matrone, bien dissimulé cependant, ne furt pas non plus épargné par la chanson :

> René de Voyer d'Argenson (*bis*)
> A dit à Madame Fillon :
> Allez, partez, dépêchez-vous donc
> D'apporter au grand Bourbon
> Le dixième des C..... (*bis*)

*
* *

> La Fillon lui a répondu (*bis*) :
> Ma foi, Monsieur, tout est f....
> Les officiers n'ont plus d'argent
> Et les bourgeois d'à présent
> Ne bandent pas souvent (*bis*) (1).

La fameuse proxénète servait à toutes les comparaisons *rosses* de l'époque et les chansonniers qui, sans être Montmartrois, existaient déjà, se plurent fort à cet exercice dont voici quelques échantillons :

Sur les Comédiennes (1713).

> On vit de la même facon
> Chez la des Mares (2) que chez Fillon
> Oh ! reguingué. Oh ! lan, lan, là !
> Plus chaude du c-l qu'une louve
> Elle en prend par où elle en trouve (3).

(1) B. N. Mss. fr., *Chansonnier historique*, 12.645, p. 27 : année 1711.

(2) DESMARES (Christine-Antoinette-Charlotte), actrice française née en 1682, morte le 12 septembre 1753, nièce de la Champmeslée, elle lui succéda à la Comédie-Française. Elle débuta le 30 janvier 1699. Prit sa retraite en 1721, dans tout l'éclat de sa jeunesse et de son talent.

(3) B. B. Mss. fr., *Chansonnier historique*, 12.645, p. 91.

Sur le Cardinal de Rohan (1) (1714).

Est-ce un rhumatisme goutteux ?
Ou le mal de sa mère ? (2)
Est-ce celui que jeunes ou vieux
Rapportent de Cithère ?
Bien des gens l'ont priz chez Fillon
La faridondaine, la faridondon,
Moy, je crois qu'il l'a pris chez lui
Biribi
A la façon de Barbari (3).

*
* *

Sur Madame Monasterol (4) (1716).

Madame Fillon dans son rolle
Pourra trouver une putain
Comparable à la Monasterolle
Quand je cesserai d'aimer le vin (5).

*
* *

Sur le grand monde (1716).

Rien n'est plus doux, plus familier,
Que nos dames au grand collier,
Vulgairement dites princesses ;
Elles remuent croupières et fesses
Mieux qu'oncques ne fit la Fillon
Et donnent encore pension (6).

(1) ROHAN (Armand-Gaston-Maximilien de), né le 26 juin 1674,
à Paris où il mourut le 19 juillet 1749.
(2) Les écrouelles.
(3) B. N. Mss. fr., *Chansonnier historique*, 12.627, p. 359.
(4) Femme de l'envoyé de l'électeur de Bavière.
(5) B. N. Mss. fr., *Chansonnier historique*, 12,628, p. 269.
(6) B. N. Mss. fr. *Chansonnier historique*, 12.628, p. 413.

Chanson (1718).

Ce grand borgne de Bourbon (1),
Ce dit-on,
Envoye la Faye (2) à la Fillon
Chercher quelques gourgandines
Puis leur fait
Puis leur fait à la sourdine (3).

* *

Sur la duchesse douarière. (5) (1718)

Pauvre bougresse que ton renom
Auprès de la Fillon figure !
Berry (5) chez toy mène Rion (6)
D'Arétin faire toutes les postures,
Le conseil à présent, est ce qui te convient :
Ne leur cache donc rien (7).

CHANSON (1718)

La Présidente Fillon
La Coulon (8)
Sont putains de grand renom.
Mais n'ayant plus qui les b....
Elles sont, elles sont mal à leur aise.

(1) Le Régent Philippe duc d'Orléans.
(2) La Faye, secrétaire du régent.
(3) B. N. Mss. fr., *Chansonnier historique*, 12.629, p. 264.
On soupçonne que c'est Mme de Martel (ou Coulon), qui fit ce
couplet. Le duc d'Orléans lui avait envoyé La Faye pour la préparer à le recevoir, ce qui fut, paraît-il, assez facile. Le régent
la vit, se satisfit, et la laissa là.)
(4) La duchesse d'Orléans, mère du régent.
(5) Sœur du régent.
(6) Armand-Auguste-Nicolas d'Aydie, comte de Rion, lieutenant des gardes et amant de la duchesse de Berry.
(7) B. N. Mss. fr., *Chansonnier historique*, 12.629. p. 264.
(8) Mme de Martel, fille d'un avocat de Vienne, avait été la
maîtresse du régent.

Quand on va de la Coulon
   Chez Fillon
C'est qu'on trouve, ce dit-on,
Le devant de la première
Plus puant, plus puant, que son derrière (1).

*
* *

Fillon et Dubois (1721).

Les mœurs de notre Eminence,
Son esprit, sa probité,
Sont aussi connus en France
Que sa grande qualité :
On sait d'ailleurs les offices
Qu'il a rendus au Régent,
Aussi pour pareils services
Fillon au chapeau prétend (2).

*
* *

Sur M. Languet (3) (1730).

Pour exprimer le feu divin
   Dont brûle ta Marie,
Tu la fais parler en catin,
   Qui pâme et s'extasie.
Si tu ne sais pas le jargon
   Des nonnes de Cithère,
Vois le chalan de la Fillon,
   Saint-Aignan ton confrère (4).

(1) B. N. Mss. fr., *Chansonnier historique*, 12.629, p. 365.
(2) B. N. Mss. fr., *Chansonnier historique*, 12.630, p. 355.
(3) Jean-Joseph Languet, évêque de Soissons.
(4) François-Honoré de Saint-Aignan, évêque de Beauvais.
B. N. Mss. fr., *Chansonnier historique*, 12.632.

Les circonstances qui firent de la Fillon un personnage historique sont surtout dues au hasard. Son nom se rattache en effet à l'un des événements les plus remarquables du commencement du XVIIIe siècle, la conspiration de Cellamare. Un des commis de l'ambassade d'Espagne, qui vivait avec une des filles de la Fillon, s'étant un jour attardé à un rendez-vous pris, dit pour s'excuser, à ce que l'on raconte, qu'il avait été retenu afin de rédiger d'importantes dépêches pour l'Espagne, qu'attendaient deux courriers qui devaient en être chargés. La Fillon, qui avait ses grandes entrées chez le cardinal Dubois, alors premier ministre, se hâta d'aller prévenir de ce fait Son Eminence ; le régent était à ce moment à l'Opéra. Dubois ne perdit pas un instant et envoya ses meilleurs limiers aux trousses des voyageurs. On parvint à les arrêter à Poitiers, les dépêches furent saisies et renvoyées à Paris. Le plan de la conjuration, la liste des conspirateurs, leur correspondance, tout était là. Le régent, en fête toute la nuit, n'apprit cet événement que le lendemain à son lever, lorsque déjà, les papiers de l'ambassade étaient entre les mains de Dubois ; et, Cellamare même, consigné dans son hôtel.

Dès lors, la Fillon fut célèbre. C'était le couronnement d'une vie mouvementée dont l'histoire est le tableau le plus vrai et le plus varié des mœurs de la régence.

Mise en apprentissage chez une blanchisseuse, la Fillon avait été mère à quinze ans. Après sa sortie de l'hospice où elle avait fait ses couches, son père lui ayant proposé la main d'un porteur d'eau bien achalandé et à son aise, elle refusa et prit la fuite avec un clerc de procureur. Délaissée bientôt par cet amant, elle revint à Paris avec un nouveau compagnon de voyage, commis marchand, qui avait abandonné pour elle, épouse et enfants. C'est alors qu'elle fonda une maison clandestine. Peu après, elle épousa le beau suisse de l'hôtel Mazarin qui n'en garda pas moins son baudrier et sa hallebarde. Jaloux et méchant, il ne put décider, malgré les coups, sa femme à abandonner son état. Sa mort laissa de nouveau la Fillon libre de son sort et elle profita de cette liberté pour épouser le cocher du comte de Saxe, Mathurin Navier, qui se montra plus jaloux et plus exigeant que le beau suisse et réussit à lui faire quitter son commerce. Elle céda, ou plutôt parut céder, son fonds à une parente, et quelque temps après, la vie conjugale lui pesant, elle parvint, grâce à ses hautes relations, à se débarrasser de son nouvel époux, qu'elle fit jeter dans ce que l'on appelait alors *un four*; c'est-à-dire, qu'engagé malgré lui à la suite de trop nombreuses et perfides libations, le pauvre diable dut partir pour un régiment. Libre, la Fillon reprit la direction de sa maison, rendez-vous habituel des plus grands seigneurs et des bourgeois les plus huppés, leur fournissant, moyennant un louis, le lit garni, repas non compris. La table, toujours très bien servie, était rarement négligée et son prix venait augmenter la dépense du client (1).

Une petite maison, située *aux carrières* (celle qu'elle laissa à son fils M. de la Roncière, située au n° 3 de la rue Blanche), qu'elle avait acquise le 5 octobre 1711 en qualité de femme séparée de Navier et qui se trouvait un peu plus haut que le Casino de Paris (2), servait

(1) BOISJOURDAIN, *Mélanges historiques*, 1807, in-8, tome I, p. 426-436.
(2) Arsenal, *Arch. de la Bast.* 10.252. (Etat des petites maisons.) Ch. G. Capon, *Les petites maisons galantes de Paris*, 1902, in-8. *Arch. Nat.* S. 236.

aussi aux multiples intrigues de la Fillon. Son usage nous est connu par cette lettre de la proxénète :

« Au baron de ***

« M'étant offerte de vous rassembler, je me suis aussi chargée du soin de vous faire savoir le lieu de rendez-vous : ce sera à ma petite maison des Carrières ; j'aurai soin que vous y trouviez un petit souper galant. Un seul domestique qui ne vous connoit ni l'un ni l'autre, prendra soin de tout. C'est pour demain, la comtesse s'y rendra à la chute du jour ; vous êtes trop galant. Vous seriez content de cet arrangement, mais je suis plus votre amie que vous le pensez. La comtesse, tout aimable qu'elle est, ne peut pas seule prendre le soin de vos plaisirs, je la connois : le premier instant chez elle est flatteur, la plus tendre volupté y préside, le second perd beaucoup et l'indolence annonce le troisième. Sortis de table il faut qu'elle se retire, vous ne pouvez la reconduire sans l'exposer. Que ferez-vous après son départ ? Plein de désirs coucherez-vous à la petite maison, tout seul ? Ce seroit vous jouer un vilain tour. Vous laisser revenir à Paris, vous ne trouveriez pas aisément à passer le reste de la nuit.

« Admirez mon zèle pour vous, je donnerai mes ordres, pour que vous ne restiez pas longtemps seul. Une jeune personne viendra remplacer la comtesse. Plus vive et plus spirituelle, vous pousserez la conversation avec elle aussi loin qu'il vous plaira. J'irai le lendemain vous demander à déjeuner. Adieu : que vous me devez de reconnoissance (1) ! »

Ces petits soins, ces petites attentions envers ses bons clients ne firent qu'accroître la vogue de la Fillon.

(3) Coustellier, *Lettres de la Fillon*, 1750, p. 30.

Avec l'âge, son tempérament amoureux, ses appétits sensuels persistèrent ; aussi la voyons-nous à l'âge de 60 ans, terminer une lettre adressée au chevalier de ***, qu'elle appelle son vieux et cher ami par ces mots :

« Aimez-moi toujours, votre souvenir m'est cher, vous devriez bien quitter votre solitude et me venir voir ; je vous offre ma maison et si dans ce moment la goutte vous laisse tranquille, vous pouvez compter sur quelque chose de plus. Adieu, chevalier, je vieillis, et suis toujours folle. »

Le chevalier, accepta cette gracieuse invitation, ce qui enchanta la matrone qui témoigna de sa joie par un autre billet :

« Il me passe au moment où je vous écris, mille folies par la tête, vous les faites naître. Que j'ai de choses à vous dire ! nos conversations ne languiront sûrement pas : qui scait où elles nous conduiront ? Ayez la goutte en arrivant, j'aime mieux souffrir avec vous qu'être exposée à vos galanteries ; oui, je l'avoue, je vous redoute, vous seriez bien capable de me faire faire une folie. A soixante ans la chose seroit plaisante ; encore un coup cela pourroit arriver ; et si vous me secondiez, cela iroit loin. Adieu, j'en courrai les risques avec plaisir. Marquez-moi le jour de votre arrivée (1). »

Enfin, grâce à la petite fortune que ses années de labeur lui avaient permis d'amasser, elle put se remarier une troisième fois, avec un comte authentique, paraît-il, qui l'emmena dans son castel en Auvergne où elle finit ses jours en grande dame haute et puissante, voire même en odeur de sainteté (2).

---

(1) COUSTELLIER, *Lettres de la Fillon*, 1750, p. 54.
(2) DUFEY, Article sur la Fillon dans le *Dict. de la Conversa tion*, tome IX, p. 440.

Combien furent moins heureux que la Fillon, les époux Montrival (1), de bonne noblesse s'il vous plaît, qui tenaient maison de femmes. Logés magnifiquement dans le faubourg Saint-Martin, ils achalandèrent leur sérail des demoiselles Reine Dupré, âgée de 17 ans, Thérèse Fournier, 19 ans, Marguerite Rusé, 20 ans, Elisabeth Chamard, 18 ans, Nicole Desprée, 18 ans et Marie Beaurepaire, 17 ans. Malgré l'extrême jeunesse de ces filles, il arriva au prince de Conti une aventure qui causa la ruine de la Maison Montrival. Ce seigneur de mœurs dissolues eut un jour la curiosité de visiter le *couvent* du faubourg Saint-Martin. La vue des belles filles, de leurs charmants appas excita le prince au point que ses désirs voulurent se satisfaire sur le champ. Malgré les remontrances de la marquise qui lui représenta tous les risques que sa santé pouvait courir avec ses pensionnaires, il ne tint aucun compte de ces avis et gagna ce que les satiriques nommaient plaisamment un *clou de saint Côme* (2), dont il gratifia généreusement sa femme, ce fut le début de la querelle des deux époux (3). Le prince pour se venger de celle qui lui avait fait présent de cette *pomme de discorde*, après lui avoir

(1) Pierre-Alexandre Berlier de Montrival ou Morival et sa femme Elisabeth le Boucher.

(2) A Isernia, près de Naples, le culte de Priape subsista long-temps et on venait prier Saint Côme en lui offrant des ex-voto en forme de « membre affligé ». On vendait également dans cette église de l'huile de saint Côme pour guérir les malades qui venaient se présenter à l'autel, mettant sans honte à découvert la partie malade, laquelle était toujours l'original de la figure en cire qu'ils avaient offerte. (DULAURE, *Hist. des différents cultes*, 1822, in-8, tome II, p. 294.

(3) Louis-Armand de Bourbon, prince de Conti, né en 1695, mort en 1727, avait épousé en 1713 la princesse de Bourbon Condé. Les deux époux firent mauvais ménage, le prince, brutal et soupçonneux, l'accusait constamment de coucher avec ses amis et un soir, rentrant pris de vin, il lui fit une telle scène que la princesse partit le lendemain du domicile conjugal.

fait souffrir mille cruautés, la fit souffler avec un soufflet de boucher, opération qui coûta la vie à la malheureuse fille (1). L'aventure fit du bruit et le lieutenant général de police fit arrêter les époux Montrival, qui furent condamnés par arrêt de la Chambre criminelle de la Tournelle, « pour avoir fait de leur maison un lieu de débauche, en corrompant des jeunes filles pour y attirer des jeunes gens de qualité et autres afin de s'en divertir. » Le 12 mars 1714, attachés tous deux à côté l'un de l'autre au cul d'une charrette, dépouillés jusqu'à la ceinture de leurs vêtements et coiffés d'un chapeau de paille, ils furent conduits en cet état de la prison de la Conciergerie jusqu'en face de leur maison, faubourg Saint-Martin, où le bourreau les fustigea publiquement ; après quoi, étant bannis de Paris, ils se retirèrent à Rouen où ils continuèrent le métier, dédaigneux de la leçon qu'ils venaient de recevoir (2).

LA PARIS

(Dite « BONNE-MAMAM »)

« Une Mme Paris, femme âgée de cinquante ans, fille d'un parfumeur de Paris, qui a été putain dans sa jeunesse et maquerelle ensuite, comme bien d'autres, a raffiné sur ce métier. Elle a loué une grande maison rue de Bagneux, faubourg Saint-Germain, où elle a douze jeunes filles depuis seize jusqu'à vingt ans, dont la plupart jolies, pour recevoir et amuser les honnêtes gens.

(1) Boisjourdain, *Mélanges historiques,* 1807, in-8, tome II, p. 305.
(2) Buvat, *Journal de la Régence* 1865, in-8, tome I, p. 126.

« Cet établissement est d'autant plus singulier qu'il y a un portier, un cuisinier, quatre femmes de chambre pour les filles, des maîtres à écrire, de danse et de musique pour leur donner une éducation, et un chirurgien attitré pour venir les visiter tous les deux jours.

« Le prix des gens de bonne volonté est fixé par un tarif. On donne douze livres pour s'amuser dans la journée avec une de ces demoiselles, et vingt-quatre livres par tête d'homme pour y souper. Pour chacun son louis, on a bien à souper et une jolie fille. On dit que le prix est augmenté à trente-six livres et qu'il y aura des carrosses de remise pour reconduire ces messieurs.

« Cet endroit, rare dans le tout de son arrangement et qui subsiste depuis quelque temps, a fait du bruit dans Paris, par le concours de jeunes gens qui y ont été, et principalement des étrangers qui y vont souper au sortir du spectacle. On écrit à Mme Paris qu'on doit aller trois ou quatre, plus ou moins, on laisse des arrhes d'avance, et elle fait répondre par sa nièce, qui lui tient lieu de secrétaire, si elle peut recevoir ou non (1). »

La Paris, qui montait si magnifiquement son sérail, commença par végéter avant d'arriver à cette situation et d'acquérir la renommée qu'elle eut au milieu du XVIIIe siècle. En 1743, son train de maison laissait à désirer, et, bien que n'ayant rien à se reprocher pour le confortable des clients, la Paris eut à subir une crise, due aux affaires extérieures et à la concurrence des comédiennes, qui éloignaient les grands seigneurs de son hôtel. Quelques joyeux poètes prirent en main la cause de la Paris et firent l'amusante requête intitulée :

(1) *Journal de Barbier*, éd. 1851, tome III, p. 122.

Requeste

de la Paris, *maquerelle,* à M. de Marville,

lieutenant général de police (1743).

O toy ! qui dans Paris, fais régner l'équité,
Des crocs et des putains, magistrat redouté,
Marville, sur Paris, jette un œil favorable.
Si dans tes jeunes ans, je te fus favorable,
Et toujours á la füe, des plus jeunes tendrons,
Je te fis de Vénus éviter les affronts,
Preste à ma triste voix, une oreille attentive,
Ce n'est plus ton amie, ingrat, c'est ta captive
Qui vient en ce moment réclamer ton secours.
Prends pitié de mon sort et protège mes jours ;
Pour la dernière fois je t'en parle peut-être.
Dans un mois, voisine de Bicestre,
Mon honneur, étranger dans ces murs criminels,
N'aura plus de recours qu'a des cris éternels.
Je n'ay, dans mon malheur, que toy seul **pour ressource,**
Toy seul en son principe en peut tarir la source.
Un régiment fameux et mon plus ferme appuy
Vient de m'abandonner. Puis-je vivre sans toy ?
L'altière Frétillon (1) en ce jour le débauche.
Enseignes, lieutenans, majors, tous la chevauchent,
La garce les poursuit jusque dans leurs foyers.
J'espérois en secret et j'avois beau le croire :
Que le retour enfin affermiroit ma gloire ;
Que rentrés dans ces murs, affamés de plaisir,
Ils reviendraient chez moi contenter leurs désirs,
J'avois pour rassembler l'agréable et l'utile,
Fait meubler deux maisons, l'une aux champs, l'autre à la
[Ville,

A grand frais rassemblé ce qu'ont de plus exquis,
La France, l'Allemagne et les pays conquis ;

(1) La Clairon, actrice de la Comédie-Française.

Projet déconcerté ! Espérance trompée !
La troupe de putains que j'avais équipée,
Malgré tous mes efforts, ne peut les rappeler ;
Cléron, sans doute, a l'art de les ensorceler.
A ces maux j'entrevois un remède.
Tu peux faire enfermer ce lutin qui m'obsède.
De ses traits dangereux ce coup m'affranchira.
Ah ! lasche, tu pâlis. Elle est à l'Opéra.
Ainsi donc en ce lieu, sans craindre la censure,
Le coït désormais n'aura plus de mesure.
Et donnant libre cours à son tempérament,
Toute fille à son gré peut f..tre impunément
Telle nous avons veu l'incontinente actrice
Prise en flagrant délit derrière une coulisse (1),
N'en porter que plus haut son front audacieux
Et narguer ton pouvoir, le public et les cieux.
Souffriras-tu longtemps que ce peuple impudique,
Au mépris de tes lois forme une République ?
Et que distribuant le virus à grands flots,
Il ôte à la jeunesse, santé et repos ?
Les Fermiers généraux ne sont pas plus avides,
Et des Bigots de cour les cœurs sont moins perfides.
A l'abry d'un talent que les trois quarts n'ont pas,
Tous vers la fortune avancent à grands pas.
Tandis que les amants qui furent leurs victimes
Vont souffrir chez Petit (2) des tourmens légitimes.
Heureux à qui l'objet dont son cœur est blessé,
Laisse de quoi payer la main qui l'a graissé !
D'un frivole respect cesse d'être l'esclave ;
Soumets à ton Empire, un Bordel qui te brave ;
Qu'en proye à tes Exempts, il tremble sous leurs loix,
Et que du commissaire il achepte la voix,
Qu'on n'y réçoive plus que des sujets utiles,

(1) Allusion à Mlle Martin qu'on surprit en galante posture
dans les coulisses de l'Opéra.
(2) Chirurgien spécialiste.

Que Thiéry (1), Saint-Huray n'y trouvent plus d'aziles ;
Que Minot (2), du métier, cours tous les dangers ;
Qu'à ne plus chanter faux Gontré (3) soit condamnée,
Et reste dans les chœurs pour jamais confinée ;
Que moins insatiable dans ses prétentions,
Saint-Germain (4) soit taxée à douze greluchons ;
Que Corton (5) règle mieux sa langue téméraire,
Et lise quelquefois son extrait baptistère.
Fais surtout à Cléron, éprouver ta rigueur ;
Sauve à mon régiment un reste de vigueur,
Et de cette héroïne à mes dépens trop fière,
Termine le roman à la Salpêtrière.
Puisse son châtiment à jamais effrayer
Quiconque en monopole érige le métier !
Frétillon gobe tout et jamais ne recule.
Pour le bon ordre il faut que le f..tre circule,
Qu'avec l'or qui toujours le précède et le suit,
De putains en putains il coure jour et nuit.
Au reste, je ne crains pas que pour cette harpie
Le public enchanté te prese et te supplie.
Il se plaint hautement de son aigre fausset
Et de ses faibles tons terminés en fausset ;
Son maintien effronté le défie et le blesse,
Ah ! si quelque paillard pour elle s'intéresse,
Son suffrage suspect ne doit point t'arrêter ;
Je la vois pour f...tre et non pour l'écouter ;
Enfin pour l'Opéra sa perte n'est pas grande.

. . . .

(1) Mlle Thierry, danseuse à l'Opéra.
(2) Minaut, danseuse à l'Opéra, attachée à l'Opéra-Comique, en 1737, elle entra à l'Académie Royale de Musique en 1741.
(3) Louise Gondré, chanteuse à l'Opéra, elle quitta ce théâtre en 1755 avec une pension de 250 livres.
(4) Saint-Germain, danseuse à l'Opéra, âgée au moins de 40 ans, blonde avec extrêmement d'embonpoint. On disait que c'était « la plus riche catin de Paris ». Arsenal, *Arch. de la Bast.*, 10.237.
(5) La Carton, conseillère des demoiselles de l'Opéra, elle avait d'abord été artiste ; (voir le chapitre spécial qui la concerne).

Témoins tous ces guerriers qu'elle vient d'empester
Qu'on verra, mais trop tard, la fuir, la détester
Et traîner languissant dans les plaines de Belgique
Le cuisant souvenir de ses transports lubriques.
Ce n'est pas tout ; si tu n'y pourvois promptement,
Elle peut infecter Conseil et Parlement.
Empesche d'un seul mot que la Robe trompée
Ne suive ce printemps le destin de l'Espée,
Et que les magistrats désertant à leur tour,
Les courtauts, les commis ne composent ma cour,
Détourne loin de moy ce présage funeste,
Immole au bien public cette fatale peste
C'est ce qu'à tes genoux j'espère d'obtenir.
Ainsi puisse toujours Priape te bénir.
Qu'il te fasse éprouver jusque dans ta vieillesse
Les faveurs qu'il accorde à peine à la jeunesse
Mais que surtout jamais au mépris de ton rang
Vénus n'ose glisser son poison dans ton sang (1). »

Comme on le pense, Mlle Clairon se souciait fort peu
de ces revendications versifiées, en ayant, d'ailleurs,
bien d'autres plus cinglantes à s'occuper et sa concurrence n'était pas trop à craindre pour la Paris qui vit
revenir de beaux jours.

Le curé de Saint-Sulpice (2) instruit de cette retraite
de plaisirs, dans sa paroisse, en porta plainte à
M. Berryer qui avait succédé à la lieutenance de police
M. de Marville, celui-ci répondit que du moment
qu'il n'y avait ni bruit ni tapage dans cette maison, il
n'y avait pas lieu de poursuivre, qu'au surplus il n'avait
qu'à se plaindre à M. le comte d'Argenson, secrétaire
d'Etat. Le curé ne se tint pas pour battu et en parla à

(1) B. N. Mss. fr. *Chansonnier historique*, 12.646, p. 237-241.
(2) Jean du Lau de la Coste, curé de Saint-Sulpice, il fut rem-
placé en 1751 par Jean du Lau Dallemans.

l'archevêque (1), qui se plaignit à d'Argenson, lequel lui répondit qu'il n'était pas bien informé, que rien n'était plus rangé que cette maison ; « cela se passe, monseigneur, lui dit-il, que vous et moi pourrions y aller ».

Ces démêlés avaient attiré l'attention des habitués de la maison publique et lui valurent cette action de grâce :

CANTIQUE SPIRITUEL

à l'usage des Dames hospitalières de la rue de Bagneux.

(*Sur l'air du* MENUET D'ISIS.)

Le couvent le plus doux de Paris,
Est celui de Madame Paris :
On y voit fourmiller des novices
Suivant la règle avec docilité
Au prochain rendant plus de services
Que trois cens sœurs de charité.

*
* *

Toute abbesse est un facheux tyran :
Celle-ci, c'est la *bonne maman.*
Son troupeau se trouve si facile !...
Mais une part demeure en faction ;
L'autre va répandre dans la ville
La bonne odeur de la dévotion.

*
* *

L'étranger comme le citoyen,
Le seigneur, et l'obscur plébeien,
Sont reçus chez ces hospitalières.
Dans le chapitre aucune faction
Et les sœurs ainsi que les tourières
Laissent en paix la constitution.

(1) Christophe de Beaumont.

D'un beau zèle un moliniste épris,
Fit querelle à Madame Paris :
Sur son nom il la crut janséniste ;
Mais il revint de ses préventions
Quand il vit que la maison subsiste
Sans fanatisme et sans convulsions.

*
* *

La jeunesse à cet ordre fameux,
Ne tient pas par le lien des vœux.
Qu'un richard en séquestre quelqu'une,
La prenne en propre, on va la lui lâcher
Elle tend les bras à la fortune
Sauf parfois, à revoir le clocher.

*
* *

Jeunes gens, n'allez en station
Qu'en prenant quelques précautions :
On vous offre un secours salutaire
Des surtouts (1) légers comme le vent,
Faute d'eux une ardeur téméraire
Vous pourrait emporter trop avant. (2)

Néanmoins la Paris recevait dans son gynécée, outre les gens de la Cour, les étrangers de conséquence et les ambassadeurs qui, quelquefois, laissaient échapper un secret profitable à l'Etat, secret aussitôt recueilli par un des domestiques de la maison, polyglotte, placé là, exprès, pour surprendre les conversations.

La matrone avait d'ailleurs d'excellentes relations ; ainsi le 2 mars 1750, on la rencontre au Palais Royal,

(1) On donne pour douze sols un *cordon* d'Angleterre à ceux qui craignent de gagner du mal.
(2) *Journal de Barbier*, édit. 1851, tome III, p. 122. B. N. Mss. fr., *Chansonnier Clairambault*, 12.720, p. 59.

avec deux de ses filles, accompagnées du comte de
Charolais (1) « ce que ce prince exécutait avec une
dignité non pareille » (2).

Elle avait un carrosse à quatre laquais pour promener ses demoiselles ; et, en grande dame elle fréquentait les promenades publiques avec toute sa suite. Le
marquis d'Argenson en conclut :

« On n'a jamais vu tolérer avec tant de honte un établissement si triomphant que ce fameux bordel, on crie avec
raison « oh ! mœurs ! » dans un Etat chrétien et policé (3). »

Berryer, lieutenant de police, passait pour la couvrir
de sa haute protection et on le voit (dans *Le Cosmo-
polite* ou *le Citoyen*, 1753, pet. in-8°) se déclarer le
souteneur et le protecteur de la Paris (4).

Comme toutes ses pareilles, Justine Paris se mêlait
d'intrigues plus ou moins mystérieuses, la lettre suivante ne nous renseigne malheureusement pas sur ses
agissements secrets, mais nous montre les précautions
prises par la correspondante de la Matrone, Mme de
la Foresterie (5).

12 août 1750

    « Madame Paris

        rue de Bayeux, à Paris.

« Les choses de grande conséquence que j'ai à vous communiquer m'obligent, Madame, de vous dire qu'il faut que
vous vous rendiez au couvent du Grand St-Chammont par
la porte St-Denis, vous demanderez la sœur Le Blanc qui

---

(1) Charles de Bourbon, comte de Charolais.
(2) *Mémoires du marquis d'Argenson*, édit. 1865, in-8, tome VI,
p. 160.
(3) *Mémoires du marquis d'Argenson*, édit. 1865, in-8, tome VI,
p. 182.
(4) Drujon, *Les livres à clef*, 1888, tome I, p. 238.
(5) La Foresterie, seigneurie près de Dinan.

vous instruira de ce qu'il faudra faire, je vous envoie mon cachet que vous lui donnerai, afin qu'elle vous reconnaisse, ne balancez pas un instant, vous y perdriez trop et je vous donne ma parole que vous serai satisfaite de tout ce que j'ai a vous apprendre, tachez de vous déguiser a seule fin de n'être pas reconnue, rendez vous ce soir à sept heures et si vous ne pouvez pas, je vous donne demain et mercredi la même heur, si vous ne voulez pas du tout, renvoyez moi ma lettre par le porteur, cela me servira de signal, mais surtout ne négligez pas l'avis que je vous donne, vous en serez trop punie par la privation ou vous serez d'une chose pour laquelle vous donnerai tout au monde, mais surtout déguisez vous de façon à n'être pas reconnue (1) ».

Vers le mois de juillet 1750, la Paris eut d'abord l'intention de se retirer, trouvant qu'elle avait assez gagné d'argent dans ce trafic (2). Soit en raison des tracasseries du curé de St-Sulpice, soit pour toute autre cause ; mais elle se contenta, sans donner suite à sa première idée, de changer de quartier et monta dans le haut du faubourg Saint-Honoré, en sortant de la grille des Champs-Elysées (3), le fameux *Hôtel du Roule* qui fut le char triomphal de la Matrone renommée.

L'ancienne maison de Bagneux fut vite oubliée et la cohue dorée, la foule en dentelles vint se bousculer de nouveau chez la Paris.

« Il n'est fils de maison qui ne s'y fasse présenter ; il n'est cercle de bonne compagnie où l'on n'en parle : il n'est surtout de nom étranger à Paris qui n'y aille acheter à beaux deniers comptants des dispenses de soupirer.

(1) Arsenal. *Arch. de la Bast.*, 10.252-10.253. (*Lettre originale*).
(2) *Mémoires du marquis d'Argenson*, édit. 1865, in-8, tome VI, p. 236.
(3) *Journal de Barbier*, édit. 1851, in-8, tome III, p. 122. Note.

« C'est dans ce *Kiosque* perpétuel qu'une douzaine de jeunes cythériennes s'occupent jour et nuit à entretenir ou à rallumer le goût de la plus simple nature.

« Vous les voyez quelque fois rassemblées dans une espèce de réfectoire, appelé le sérail, assises autour d'une table longue, proprement mises, légèrement vêtues ; jouant, chantant, babillant ou riant un peu fort à propos de rien. De là, elles se dispersent dans diverses cellules du cloître et même dans les différents quartiers de la ville, au gré du mouchoir qui les appelle. On prend 12 francs au parterre, un louis aux secondes loges et deux louis aux premières ; ou pour parler sans figure, 12 francs pour la visite de passage, un louis pour le souper simple, et deux louis pour le souper coucher.

« Des maîtres de toutes sortes sont employés à l'éducation de cette brillante jeunesse, maîtres à danser, à chanter, de clavecin et surtout à lire.

« La sage fondatrice, l'illustre Mme Paris, à peine âgée de 50 ans avec un visage riant, maigre et long, un teint couperosé, un œil louche et l'autre de moins, beaucoup d'esprit et de dignité, fait les honneurs du lieu, y reçoit, y conduit, y commande de son sopha et maintient l'ordre et la bienséance. C'est la bonne maman, elle ne veut point d'autres titres (1). »

On accédait dans ce harem par une première porte donnant sur une avenue qui conduisait à l'habitation. Au-dessus d'une seconde porte, apostée comme par mesure de précaution à l'extrémité de cette allée, une plaque de marbre noir portait en lettres d'or cette inscription :

Sunt mihi bis septem præstanti corpore nymphæ.

(1) M. Clément, *Nouvelles Littéraires*, 1755, in-8, tome I, p. 368.

L'idée de cette épigraphe était due à **Voltaire** un jour qu'il vint visiter furtivement la Paris (1).

Chez l'appareilleuse renommée, un seigneur pouvait envoyer chercher la beauté qui lui plaisait ; le duc un tel, voulait-il coucher avec telle autre ? de suite il était servi ; un vieux financier désirait-il admirer à loisir la nudité et la beauté de corps d'une célébrité féminine, son désir se trouvait exaucé aussitôt, et la forte somme rentrait dans la poche de Justine Paris (2). Elle vécut ainsi dans cette maison, où l'on rencontrait plutôt des lits que des pendules, pendant deux années, puis on apprit soudain, le 12 février 1752, que :

« La m..... Paris et celle à qui elle avait vendu ses pratiques, vient d'être mise au Châtelet, pour avoir séduit une jeune personne de famille, âgée de 12 ans. Sans être ennemi de nature, j'ai toujours pensé que les p..... pouvant être tolérées, les m..... devaient essuyer la plus grande rigueur des lois (3) ».

(1) Voltaire n'était pas le seule philosophe qui y fréquentât et d'autres en ont gardé quelques souvenirs. Diderot écrivait à l'impératrice de Russie : « Quand nous étions jeunes, nous allions quelquefois au bordel, Montesquieu, Buffon, le président de la Brosse et moi. De nous tous, lorsqu'il s'étoit bien préparé, le président de la Brosse étoit celui qui présentoit la figure la plus imposante ; et le mérite ne laissoît de contraster avec sa petite taille de quatre pieds et demi, mince et fluette ; or, comme tout petit homme est vaniteux, il se vantoit auprès des nymphes du lieu du seul bout qui lui donnât quelque supériorité sur nous autres. Une d'entr'elles le tourne et lui dit : « Cela est beau mais où est le cul qui poussera cela ? » Quand je vois de même une esquisse de tableau, un sujet de poème, un plan de tragédie, une entreprise politique, je me rappelle toujours cette diable de fille ; je regarde l'homme et je dis : « Cela est beau, mais où est le cul ? » L'*Espion dévalisé*, 1784, in-8. p. 135.

(2) MOUFLE D'ANGERVILLE, *Le canevas de la Paris* ou *Mémoires pour servir à l'histoire de l'Hôtel du Roule*, 1750, in-8.

(3) *Mémoires du marquis d'Argenson*, édit. 1865, in-8, tome VII, p. 109.

Depuis on n'entendit plus parler de la Paris ; il est probable qu'après la purgation de sa peine elle dut mettre son projet de retraite à exécution et finir ainsi dans l'oubli.

Sic transit gloria mundi.

*
* *

L'hôtel du Roule ne chôma pas par la retraite de l'habile Paris, il fut de suite remonté par une dame Carlier qui reprit dignement la succession de sa devancière (1).

La Carlier avant de s'installer faubourg Saint-Honoré tenait maison à la barrière Blanche, rue de Clichy, dans ce quartier des Porcherons, si couru à l'époque ; c'était alors bien l'endroit rêvé pour un commerce de ce genre, les nombreux cabarets, les petites maisons, et surtout la proximité du quartier avec la ville, faisaient des Porcherons un lieu bien vivant, fréquenté par la noblesse et la riche bourgeoisie. La Carlier en profita en femme expérimentée et peu novice dans le métier qu'elle connaissait de longue date, comme on peut s'en assurer par son histoire.

LA CARLIER

Remis le 24 du d.   Du 23 may 1749.

« La Carlier, fameuse maquerelle, a toujours suivi le quartier général de l'armée du Roy en Flandres et avoit avec elle 5 à 6 filles de grand air. On la croit originaire de Liège. Elle est grande, les cheveux, châtain clair, le visage rond, assez blanche, grosse, âgée de 40 à 50 ans.

(1) Arsenal, *Arch. de la Bastille*, 10,252. *État des petites maisons*, **cf.** CAPON, *Les Petites Maisons de Paris*, 1901, Daragon édit.

« Elle fut chassée de l'armée par ordre de M. le Maréchal de Saxe, qui la relégua à Liège ; on prétend que la cause de sa disgrâce, vient de ce qu'un officier de quelque considération du Régiment de Grassin, qui fut blessé dans une affaire, avoit été chez elle pour y prendre ses ébats, que ses playes se rouvrirent et qu'il en mourut.

« Après la prise de Maëstrick (1), elle vint encore pour s'établir au quartier général mais elle n'y resta que 24 heures, on lui ordonna de se retirer le lendemain avec trois filles fort jolies qu'elle avoit amené de Liège. Elle offrit à ce... aux Majors de la place, jusqu'à 50 louis pour lui laisser la liberté de faire son commerce, mais ce fut inutilement ; elle fut obligée de partir et depuis ce temps elle n'a plus reparu à l'armée. »

Du 2 aoust 1749.

« La Carlier demeure à la Barrière Blanche, rue de Clichy, elle y tient magasin de filles, beaucoup de monde y va (2). »

Ce magasin de filles avait eu autrefois pour patronne une Mme Lacroix qui fit grand scandale dans le public, cependant peu prude, du ¡quartier des Porcherons ; plusieurs personnes s'en plaignirent au commissaire Melvoise, qui rendit ainsi compte à M. de Maurepas, de sa visite :

« Plusieurs personnes se sont plaintes que la nommée Lacroix tenoit lieu de prostitution publique qui causoit grand scandale, non seulement j'ai fait vérifier le fait, mais je lui ay parlé, et elle m'est convenue de son désordre.

« J'ay cru devoir l'envoyer en prison et j'en ay signé l'ordre le 24 février 1736.

(1) Dans les Pays-Bas, ville prise par les Français en 1748.
(2) Arsenal, *Arch. de la Bastille*, 10.253. *Rapports de Meusnier. (Dossier Carlier).*

« M. le comte de Maurepas est supplié de faire expédier un ordre en forme du mesme jour. »

La Lacroix fut donc arrêtée et maintenue à Saint-Martin le 25 février 1736 en vertu d'un ordre du roi anticipé du 24 février (1).

Sortie de prison, Lacroix reprit son établissement et continua la vie scandaleuse qui lui avait déjà valu cette villégiature à Saint-Martin. Elle imagina, pour attirer les clients, de faire jouer chez elle des pièces obscènes qui eurent grand succès ; les titres seuls suffisent à nous montrer la licence de ces spectacles : « *L'art de f..... ou Paris f...tant*, ballet sur la musique de *l'Europe galante*. Comédie en 1 acte et en vers, reprise aux Porcherons dans le b..... de Mlle Delacroix (fameuse maquerelle) le 1ᵉʳ janvier 1741 (avec une épître dédicatoire à M. DDD M en 19 vers Paris, dom B..gre impr. de tous les f..teurs et tous les cocus du royaume. » Les personnages de cette pièce étaient : Mlles Petit jeune, Lesueur, Duplessis, Rosette, Mouton Lempereur, etc., filles alors fort en renom dans la galanterie (2).

C'est donc, probablement dans cette maison, que la Carlier échut après ses tribulations à l'armée, pour reprendre au bout de quelques années, la succession de la Paris, dans le fameux hôtel du Roule où elle continua les bonnes traditions de sa devancière.

Cet hôtel devint plus tard une pension d'un autre genre. M. de Cheverny nous apprend qu'après la Carlier, on en fit un collège pour enfants de la « première volée » (3).

(1) Arsenal, *Arch. de la Bastille*, 11.326. (*Dossier Lacroix*).
(2) GAY, *Bibliographie des ouvrages relatifs à l'amour*, édit. 1893, tome I, p. 282.
(3) Marquis de Cheverny, *Mémoires*, 1886, tome I, p. 353.

LA DHOSMONT

La vie peu intéressante de Mme Dhosmont, n'offre aucune particularité spéciale. C'etait la fille de Jean-Baptiste Dhosmont, lequel avait une charge dans la maison royale ; trois ans après la naissance de cette fille, M. Dhosmont mourut, laissant la petite à la charge de parents plus ou moins tendres pour elle ; grandie au milieu de l'indifférence des siens, elle s'enfuit aussitôt qu'elle comprit la supériorité féminine sur les hommes. Lorsqu'elle eut satisfait ses caprices et que l'âge lui fit comprendre qu'il fallait aviser pour l'avenir, elle installa une maison publique rue Jean-Saint-Denis, vers 1750. Une fois en possession d'un petit nombre de clients, elle entra en relations avec Meusnier, l'instruisant de tout ce qui se passait chez elle ; enfin elle arriva à la protection suprême, celle du lieutenant général de police, M. Berryer de Ravenoville. Ce furent d'abord des audiences timides, puis la réception officielle et enfin la fréquentation ; ce qui amena bientôt quelques libertés, dont la Dhosmont fut obligée de s'excuser en écrivant :

« Monseigneur,

« Jause suplier très humblement votre grandeur, quel veuïl bien par surcroix de charitable bonté pour moy, me pardonner des fautes que je ai volontairemans comises la dernière foi que je eu lhonneur de paroître devant elle, ile me souvien, mon seigneur, d'avoir parlé trop et trop hos j'en demande mil pardon à votre grandeur, jose lui assurer que j'opserveré mieu à la venir et pour me maintenir dans

(1) Rue supprimée pour la rue Pierre Lescot.

mon devoir comme je le dois devant Votre grandeur monseigneur, il ne marivera plus daler diné ché des Anglois, le jour que je pouré espérer la grasse de renparoitre devant-elle. je vous confesse, Monseigneur que c'est un ver de vin de champagne qui a été l'auteur de ce que jai troparlé san fair attansion que sans doute j'incommodai Votre grandeur, de même quan parlan trop hos je lui manquai de respect, jassur Votre grandeur, monseigneur, que le regrai que jé eu ne ma pas permi de dormir de la nuit, jai santi ma faute peu de tamps après lavoir comis, pardonné moi si vous plai monseigneur, en per indulgan quan jé le maleur de me mal conduir et commandai moi au souverain dont les ordres seron toujour sacré pour moy, c'est ce dont jause suplier votre grandeur, monseigneur d'être persuadé de vouloir bien me croire la plus respectueuse, la plus soumise de celle qui ne peuve que faire des veux au ciel pour la conservation de vos jours.

« *Ce 25 octobre 1750, à 9 heures.*

« Dhosmont » (1)

Quelque temps après, elle changea de domicile et prit un appartement rue des Deux-Portes-Saint-Sauveur (2). Toutes les semaines elle adressait au lieutenant général de police un journal très exact de ce qui se passait chez elle ; ces notes soigneusement recueillies étaient recopiées par le premier secrétaire Duval, et transmises dans une orthographe et dans un style assez clair à M. Berryer. Les cahiers contenant ces rédactions sont très détaillés et fourniraient plusieurs volumes ; j'en ai détaché le premier semestre commen-

(1) Arsenal, *Arch. de la Bastille*, 10.253. (*Dossier isolé*).
(2) Aujourd'hui rue Dussoubs.

çant en 1751, qui nous montrera ce qui se passait dans la maison Dhosmont. Ce dossier est conservé à la bibliothèque de l'Arsenal, *Archives de la Bastille*, sous la cote 10253.

RAPPORTS DE LA DHOSMONT

Du 15 janvier 1751. — Il me souvient de m'être trompée sur l'adresse de la Dlle Brezé, j'ai omis aussi de dire qu'elle avait demeuré rue Mazarine, ensuite, rue des Fossés-Saint-Germain, chez un papetier au 3ᵉ étage, endroit où M. Helvetius (1) fait quelquefois des parties.

Depuis le 30 décembre voici ceux qui m'ont visité : Le 31, à 11 heures et demie du soir, sont venus : M. de Lauzac (2) et Boissy (3) qui demeurent à l'hôtel de Toulouse, sont restés jusqu'au lendemain premier du mois, qu'ils ont envoyé chercher un de leurs amis pour dîner avec eux et s'en sont allés à 5 heures du soir.

A 6 heures, est venu M. de Mondorge (4), à sept heures M. de Longonnay (5) avec un de ses amis, chevalier de Saint-Louis.

Le 2 janvier, M. Angot et deux de ses amis qui ont dîné avec la petite Dufresne et Mlle Aubry qui demeure en chambre garnie, rue des Vieux-Augustins au premier, et la Dlle de Lorme qui demeure avec nous, s'en sont allés à 7 heures.

A 8 heures est venu le Sʳ Duparquet avec Mlle de Galons, rue Saint-Honoré avec un marchand de dentelles de la rue Quincampoix.

Le 4, à 5 heures, un ami de M. de Curis (6) et M. Robix dont je ne sais encore le nom *(sic)*.

(1) Claude-Adrien Helvetius, fermier général puis philosophe.
(3) Lanzac ou Lauzac, de la maison de Saint-Gelais.
(3) Louis de Boissy, poète et littérateur, né en 1694, mort en 1788, rédigea la *Gazette* et le *Mercure de France*.
(4) Gautier de Mondorge, trésorier triennal des écuries et livrées du roi.
(5) Seigneur de Longaunay.
(6) Bay de Curys, intendant des Menus plaisirs du roi.

Le 6, à 6 heures, le Marquis de Villanova (1), étranger, logeant à l'hôtel du parc Royal, rue du Colombier.

Le 7, le même et à pareille heure.

A la même heure M. le Pileur d'Apligny (2) et M. Chycoineau de la Valette (3) qui ont amené avec eux le sieur Romain (4), musicien, et deux autres hommes à qui ils ont donné à souper et s'en sont allés à une heure et demie du matin.

Le 8, depuis 5 heures jusqu'à 9 h. M. de Lanzac et Boissy. A la même heure, un intendant de M. le duc de Gesvres avec un de ses amis.

Dans le même temps M. de Blogny et M. Seguier (5), avocat du Roy.

Le 9, à 4 heures M. Gaschay, demeure rue Tictonne, est de Lyon, mais depuis longtemps à Paris.

Le 10, à 6 heures M. de la Place.

Même jour M. Bertin (6) et Curis ont soupé à Pincourt (7) avec d'autres messieurs. Ils avoient en femmes, pour compagnie la belle Mlle de Villeneuve, la Jacobine, Mlle des Granges, Mlle Constance et Mlle Simon qui a été autrefois maîtresse de M. du Harlay (8) mais je n'ai pas su qui les a menées à ces messieurs.

Le 11, à 6 heures le sieur des Places, cy devant employé à l'armée, avec un de ses amis dont j'ignore le nom.

(1) Villanova, seigneur espagnol.
(2) Le Pileur d'Apligny, conseiller au Parlement.
(3) Chicoyneau de la Valette, conseiller au Parlement.
(4) Romain de Brasseur, violoniste, a publié : *Sei Sonate da camera a violino solo col basso. (Fétis.)*
(5) Séguier, avocat général au Parlement de Paris, membre de l'Académie, né le 26 janvier 1726, mort à Tournay, le 26 janvier 1792.
(6) Bertin (Henri-Léonard-Jean-Baptiste), était né en 1751, intendant du Roussillon, puis devint contrôleur général des Finances.
(7) Popincourt.
(8) Du Harlay, conseiller au Parlement.

Le 12, M. Bertin seul, qui alloit voir Mlle Camille (1) sœur de Caroline.

A 8 heures, M. Dallé, tuteur des princes d'Epinoy, qui demeure rue Chapon, au Marais.

Le 13, à 5 heures, M. Vallier, colonel à la suite du Régiment de Champagne.

A 6 heures, M. Gersain.

Le 14, à 7 heures, M. de la Place (2) et M. de la Vallée (3), auteurs qui écrivent et font des comédies, l'un demeure rue Saint-Honoré, au coin de la rue des Petits Champs chez le cabaretier au 3e. Ils ont soupé avec Mlle de Lorme et moi, avec toute la gravité dont les poètes sont affectés. Ils nous ont entretenu jusqu'à minuit des Déesses et des Dieux, sujets de leurs comédies et après avoir fait trêve à leur Parnasse et à leurs Muses ; ils nous ont raconté des choses tragiques, une entre autre où M. de la Place nous a dit s'être trouvé dans une petite maison de campagne aux environs de Paris avec un de ses amis qui avoit une maîtresse aimable, il y a environ 8 ans. C'étoit dans l'été, ils étoient tous trois à table, la fille négligemment vêtue et sans corset, tenoit alors un couteau et la conversation rouloit sur les traits qui peuvent causer de la jalousie. La maîtresse dit à l'amant — Mais s'il arrivoit que je voulusse t'en causer que ferois-tu ? Ce que je ferois, dit-il, le voilà — et en même temps il lui saisit le bras, lui fit plonger de force le couteau dans le cœur, qu'elle tenoit à la main, dont elle mourut sur le champ et, sans bruit, ils l'entérèrent dans la cave toute habillée, comme elle étoit, et au bout de trois jours, se sont souvenus qu'ils avoient oublié les boucles d'oreille fines qu'elle avoit. Il n'y avoit avec eux qu'un laquais qui est encore au service du

(1) Camille, artiste au Théâtre Italien, fille de Pantalon Véronèze.

(2) De la Place, écrivain des plus féconds et des plus médiocres du xviiie siècle, né à Calais en 1707, mort en mai 1793. Ancien secrétaire à l'Académie d'Arras.

(3) Etienne de la Vallée Poussin, né à Rome en 1722, mort à Paris en 1808.

monsieur, amant de la demoiselle. Ils n'ont point été découverts, de sorte que la famille de cette fille, ignore encore ce qu'elle peut être devenue. Ce même homme est encore à Paris qui vit avec une fille de peu de conduite et c'est ainsi que M. de la Place a fini son récit.

J'ay fait ce que j'ai pu pour leur faire échapper l'endroit où la scène s'est passée, ainsi que le nom de l'un et de l'autre, mais ils se sont observés et n'en ai pu rien scavoir.

Le 15, à 5 heures, M. Croiset (1), qui ne vit plus avec Mlle Grenier, la misère qui les gagnoit les a séparé.

Et à 8 heures, M. Bridor avec trois messieurs que je n'ai pu connaître et sont sortis à 10 heures.

Du 21 janvier 1751. — Voici les personnes qui sont venues depuis le 15 jusqu'à ce jour.

Le 16, sur les 6 heures, est venu M. de Mondorge.

A 7 heures, M. de Villanova (2).

A 8 heures, M. de la Place et deux messieurs dont je n'ai pu savoir le nom.

Le 17, sur les 7 heures, M. Seguier et le Chevalier Vallier.

Le 18, M. Maugis, marchand épicier à 9 heures du soir, à 6 heures, M. Croiset.

Le 19, le sieur de la Vallée, qui est venu et qui a emmené Mlle De Lorme, qui loge dans un cul-de-sac de la Raquette (3) dans une petite maison qui est à luy, pour l'entretenir, il étoit 4 heures de l'après-midi, les conditions de l'engagement sont de 200 francs par mois, et qu'elle ne s'absentera pas de la maison.

Le 20, sur les 7 heures, un [ami de M. de Chycoineau de la Valette et de le Pilleur d'Apligny, qui fait mystère de son nom.

(1) Louis-Alexandre Croiset, marquis d'Estiaux.
(2) Seigneur espagnol.
(3) La Roquette. La demoiselle en question a été connue dans le monde galant, tour à tour, sous le nom de Delorme, De Lorme et enfin de Lor.

5 *février 1751*. — Depuis le 21 janvier jusqu'à ce jour, voici les personnes qui m'ont visitées.

Le 22, à 7 heures du soir, est venu un Monsieur conduit par Mme Florence (1), dont je n'ai pu savoir le nom, elle m'a dit qu'elle ne le savait pas non plus, quoiqu'elle le connût depuis longtemps, qu'elle l'amenait par préférence à Mlle Dupont (2), parce qu'il n'étoit pas bien aise d'être connu, et elle l'a reconduit dans sa voiture, souper rue des Fondeurs ou Frondeurs (3), chez un boulanger, dans laquelle maison elle étoit attendue.

A 8 heures, est venu M. Dallé.

Le 23, un ami de M. de la Place, dont je ne sais pas le nom, est venu à 9 heures et resté jusqu'à 11 heures.

Le 24, à 7 h. 1/2 M. Moreau, fils de M. le Procureur du Roy qui est officier dans les gardes francoises, accompagné de M. Seguier.

A 9 heures, M. de Collonges (4), demeurant rue de Seine, près la porte Saint-Bernard, avec M. Riboutet, rue de la Sourdière, chez M. Papillon, ils ont soupé et s'en sont allés à minuit.

Le 25, à 7 heures, M. le Pileur d'Apligny.

A 8 heures, M. le Comte d'Onepp (5), qui ne dit pas m'en vouloir, mais cependant il impatiente les filles quand il en trouve et ne veut plus payer.

Le 27, à 2 heures après midy est venue Mlle Causon, conduite par une Mlle Lambert pour me demander, si je voulois la prendre en pension, jusqu'à ce que ses affaires soient mieux en ordre et qu'elle sortoit de chez M. Bourgoin de Villepare, où elle a passé 5 à 6 jours pendant lequel tems, il l'avoit nourrie et couchée avec luy, l'assurant de l'entretenir,

(1) Florence, mère-abesse.
(2) Dupont, autre matrone.
(3) Rue des Frondeurs, supprimée, commençait rue Saint-Honoré et allait jusqu'à la rue de l'Anglade, à la Fontaine Molière.
(4) M. de Colonges.
(5) Le compte d'Aunay, Charles-Louis-David Le Peletier, comte d'Aunay, baron d'Épiry, mestre de camp de dragons.

par le conseil de ses amis entre autre le Sr du Rocher, qui l'assuroit qu'elle ne pouvait tomber en meilleures mains , néanmoins le Sr Bourgoin, fatigué de garder cette jeune femme, car elle se dit mariée et avoit été délaissée de son mari qui lui a dit de se pourvoir comme elle aviseroit, le Sr Bourgoin, dis-je, qui n'a point de tenue, lui a témoigné une sorte d'indifférence.

La Lambert, qui est sa conductrice, est une ancienne fille du monde, tante de Mlle Beaufort (1), actrice à l'opéra, et comme elle demeure même maison que M. Bourgoin où j'ai demeuré autrefois ils ont sans doute pensé à moy pour s'en débarrasser. Elle est assez jolie et paraît n'avoir que 20 ans. Comme j'étois seule et que les demoiselles de journée emmènent les pratiques, je l'ai gardée, j'ai appris depuis qu'elle avoit resté quelques mois chez Mme Paris, sous le nom de Richemont et qu'elle en étoit sortie malgré cette dame ; ce qui paroit véritable par les circonstances que je vais rapporter à la fin de mon détail.

Même jour 27, à 4 heures, M. Gachay.

Le 28 à 7 heures, M. de Choiseul (2) et un de ses amis avec la Croix de Saint-Louis, mais je n'en sais pas le nom.

A 8 heures, deux messieurs, connaissances de M. de la Place, dont l'un a aussi la Croix de Saint-Louis et n'en sais pas le nom.

A 8 heures, deux messieurs, connaissances de M. de la Place, dont l'un a aussi la Croix de Saint-Louis et n'en sais pas le nom.

M. de la Vallée garde Mlle de Lorme et la fait appeler Mme de Lor, mais le Sr de la Place un peu plus jeune que M. de la Vallée, fait l'ouvrage de son ami sans qu'il s'en aperçoive.

Le 29, à 8 heures, M. de Croisset qui a soupé et s'en est allé à minuit.

(1) Mlle Beaufort, danseuse dans les ballets de l'Opéra.
(2) M. de Choiseul (le duc de), qui fut plus tard ministre.

Le 30, à 6 heures, M. Riboutet.

Le 31, à 8 heures. M. Boissy et M. Lafond, son ami, qui ont soupé et couché, et sont partis le lendemain à 10 heures du matin.

Le 1er février, à 8 heures, M. de Collange (1) et M. Riboutet, ils ont soupé et sont sortis à minuit.

Le 2, à 7 heures, M. Bridor et à 8 heures, M. le Pilleur.

Le 3, M. de Villanova, étranger, à 6 heures.

Le 4, à 5 heures, M. Langonnay, le chevalier.

A 9 heures, M. Francœur (2) et M. Bridon auxquels j'ai donné une fille pour aller souper avec M. Mondorge (3) et Bertin (4) à Pincourt.

Le 5, M. de Villanova qui a resté depuis 8 jusqu'à 10 heures.

Suite de la feuille du 5 février 1751. — Voici la suite des circonstances que j'ai cru bien faire de séparer à cause de ce qu'elle contient.

La dite Dlle Richemond, voulant sortir malgré les instances de Mme Paris, elle a encouru sa disgrâce, en voici la preuve : Après être sortie, elle a été demeurer chez une Dlle Ogier, à côté de la Comédie Italienne, chez un horloger, fille d'environ 40 ans, dans ses meubles.

Il y a environ 10 à 12 jours, que passant devant la porte de M. Dumont (5), je montai chez lui dans l'intention de lui demander comment je pourrais terminer un différent qui se trouve entre une blanchisseuse et moi qui ne m'avoit pas rendu le compte de mon linge et dans le peu qu'elle m'avoit rendu, il s'en trouvoit qui ne m'appartenoit pas, prétendant de sa part que je le lui rende, avant qu'elle m'eut apporté mon compte, me menaçant de M. le commissaire, comme je

(1) M. de Colonges.
(2) Surintendant de la musique du roi, il eut en 1751 la direction de l'Opéra avec Rebel.
(3) Gautier de Mondorge, trésorier triennal des écuries du roi.
(4) Bertin de Bellille, maître des requêtes.
(5) Dumont, inspecteur de police demeurant rue Saint-Sauveur.

voulais savoir si j'y serois contrainte, j'entrai donc chez M. Dumont, à peine y étois-je que quelqu'un vint sonner à la porte ; il était seul, il fut ouvrir et resta assez longtemps absent de la chambre où j'étois, pour me donner la facilité de satisfaire la curiosité que j'eus de lire quelques papiers et lettres qui étoient à ma portée ; entr'autres il y en avoit deux signées de *Mme Paris* dont l'une renfermait cecy.

« M^r je vous donne avis que dans la rue du Chantre chez une vendeuse de chiffons au 3e il y a une fille qui s'habille en garçon et sort les soirs sur les huit heures. C'est presque vis-à-vis Mme Corbier. Je vous prie de garder le secret. »

Je ne lus pas tout pour avoir le temps de feuilleter autre chose.

J'en rencontrai une autre qui étoit signée : Michelet, dans laquelle, il y avoit : « Mons. ma tante voudroit bien savoir si vous avez eu la bonté de songer à ce qu'elle vous a écrit au sujet de cette coquine qui est sortie mal de chez elle, cette Ogier n'a pas de livre, chez le commissaire pour loger en chambre garnie en outre elles raccrochent toutes deux du matin au soir. »

Cela pouvoit être, ou pouvoit n'être pas. Cette Mlle Richemont, qui se nomme à présent Glatigny, est fort tranquille et assez réservée pour son état, elle est Allemande de la ville de Manheim.

M. Dumont vint me rejoindre et me fait beaucoup d'excuses sur son absence et je ne fis pas semblant de m'être aperçue de ce qui se passoit.

Quelques jours après, il a été chez Mlle Ogier et a demandé à parler à une allemande logée chez elle, il ne la trouva pas, parce qu'alors elle se trouvait chez M. Bourgoin, sur d'être seul avec la maîtresse du logis, il s'avisa de lui conter fleurette au point que la dame eut besoin de toutes ses forces pour se défendre. Il la persuadoit qu'elle étoit plus jolie que Mlle Glatigny et qu'il l'aimeroit mieux. Il est bon de dire que cette personne peut avoir 40 ans, elle n'a pas la moitié de ses dents et a le nez très laid, mais elle est très grande et assez bien faite. Le combat fini, il s'en fut et lui promit de retourner dans deux jours manger un poulet avec elle.

Mlle Ogier, indiscrète, conta toute l'aventure à Mlle Glatigny.

M. Dumont revint le 4, à 8 heures du soir et fut reconnu par elle, après les politesses ordinaires elle lui dit : « Monsieur, je vous reconnois, sur le portrait que Mlle Ogier m'a fait de vous et pourquoy m'y êtes-vous revenu chercher, aujourd'hui, pensiez-vous me trouver chez Mme de la Salle, dites-moi à présent, s'il est vray que vous trouviez Mlle Ogier plus jolie que moy. »

A ce discours je l'ai vu rougir et il lui parla en allemand, mais la demoiselle piquée de ce qu'il avoit mis sa beauté au-dessous de l'autre lui répliqua toutes les circonstances en francais.

Je puis assurer à V. G. qu'il s'est trouvé bien embarrassé et fort fâché de ce que je me trouvois là, joint à ce que je l'ai un peu raillé de façon qu'il ne savoit s'il devoit convenir des faits ou les nier. Je lui ai ajouté pour mieux le déconcerter, que ce n'étoit pas sans raison qu'il vouloit changer de quartier, puisqu'il n'avoit demandé son changement, à ce que l'on m'avoit dit, en partie que parce qu'il ne trouvoit plus de filles nouvelles à baiser, luy ajoutant que cela m'étonneroit d'autant plus que je le croyois aussi froid que poli ; à quoy il me répondit : « Vous savez, madame, celles que je respecte. — Mon peu de discernement m'a trompé, lui ai-je dit, je croyois que c'étoit l'appréhension que vous aviez pu avoir d'être mordu par celles qui auroient toutes leurs dents. »

Il s'en est allé piqué jusqu'au vif, et je pense qu'il ne continuera pas à vouloir me persuader de ses sentiments, et fera fort bien, car je me garderai de devenir sa dupe.

Même jour, je menai M. Dallé chez Mme Paris, parce qu'il vouloit voir ses demoiselles et qu'il n'avoit personne pour le présenter et moy j'étois curieuse de voir Mme Renaud sur le portrait que l'on m'en avoit fait et qui y étoit alors. L'on y dansoit, en sortant, il a poliment donné 12 liv. et n'y a resté que très peu de tems ainsi que moy.

Quoique j'y ai été ou que j'y aille, ce ne sera pas dans l'intention de suivre ses principes, je n'ay garde d'oublier, Mgr, ce que vous m'avez fait la grâce de me dire ; je sens qu'il faut être polie et politique et vivre avec bien des personnes, sans se soucier d'elles et avoir toujours l'esprit présent pour pouvoir dissimuler, suivant que les cas le requierent, car, de tels côtés que je tourne les yeux, je vois que c'est ainsi qu'il faut se comporter pour nous rendre supportables et supporter les autres.

Du 20 février 1751. — Depuis le 5 courant jusqu'à ce jour, voici ce qui s'est passé.

Le 6, à 7 heures, le Chevalier de Longonnay est venu (1).

A 8 heures, est venu M. Le Pilleur.

A 8 h. 1/2, le sieur Boissy avec le sieur de Lafonds, son ami, qui s'en sont allés peu de temps après.

M. lorsque je ne marque pas l'espace de tems que les Messieurs restent, cela prouve qu'ils ne restent que très peu, c'est-à-dire, 1/2 heure à 3/4 d'heure au plus.

Le 7, à 5 heures M. de Villeneuve (2) avec M. Croizet, M. Croizet me dit si je ne connoissoit pas quelqu'un qui voulut lui prêter de l'argent sur des lettres de change, sur quoy M. de Villeneuve prenant la parole a dit : « Parbleu, un de mes amis voudroit bien trouver soixante mille livres à emprunter, parce qu'il a joué avec M. le duc de Chartres et a perdu gros, il a pourtant payé dans les 24 heures, et pour cet effet, il a emprunté chez ses amis, et moi-même je lui ai prêté 30 louis, il voudroit emprunter sur son hôtel et sa femme s'y obligera, il n'a point d'enfants, son nom n'a pas été nommé. » Quand pareille conversation a lieu, je fais

(1) Hervé de Longaunay.

(2) Jean-Alexandre Romée de Villeneuve, né le 7 novembre 1727. Colonel au régiment royal de Corse, maréchal des camps et armées du roi, épousa le 24 mai 1751, Angélique-Louise de la Rochefoucault.

de mon mieux pour découvrir les prêteurs et les emprunteurs et l'intérêt qu'ils pourront prendre par livre ou par 100 livres, les prêteurs prennent ordinairement deux sols par livre le premier mois et un sol pour ceux qui suivent. Ce qui me donne occasion de parler de cecy, c'est qu'il y a quelques jours, M. Dumont (1) m'a dit de m'informer des personnes qui prêtoient ou empruntoient et je pense que Votre Grandeur voudroit bien le savoir.

M. Meusnier (2), m'a envoyé prier de luy découvrir, dans mon quartier une Mlle Targuy, ce que j'ai promis de faire.

Le 8, à 7 heures, est venu M. Moreau (3) ; après, un M. Taisson (4), visite inutile. Il arrive souvent que dans nos acteurs, il y en a qui rendent leurs visites infructueuses.

Après est venu M. de Longannay.

Le 10, à 8 heures, M. Melliaud (5) en même tems que M. Vallier.

Le 11, à 7 heures, M. Seguier qui est venu chercher deux demoiselles pour aller souper avec deux de ses amis. Je lui ai donné Mlle de Bonnevaux, fille, qui demeure rue Guillaume, île St-Louis avec sa tante, qui, suivant les apparences, laisse aller sa nièce en journée volontairement, son père est en maison en qualité de cuisinier et elle n'a point de mère, il y a deux ans qu'elle se dérange. Il y a environ un mois qu'un nommé Dupré, laquais d'étranger, me l'a amené après avoir passé la journée avec elle, et la tenoit d'un autre laquais dont je ne sais le nom qui la connaissoit sur ce tems. Ce Dupré, demeure rue de Bussy, dans la maison d'un chapelier, au premier, sur le derrière, cette fille est blonde et peut avoir 18 ans.

(1) Inspecteur de police du quartier.
(2) L'inspecteur de police Meusnier, demeurait rue des Canettes, faubourg Saint-Germain.
(3) Avocat du roi.
(4) Charles-Joseph-Marie Tesson de Lobelez, d'une vieille famille de Normandie où son nom donna lieu à ce dicton : *Tesson le Noble.*
(5) M. Méliand, maître des Requêtes.

Le même jour, à 11 h. 1/2 du soir, M. de Longonnay est venu et a resté jusqu'à une heure moins un quart du matin, pour attendre que l'on fut sorti de table de chez M. le Prince de Conty (1), pour y aller jouer au lansquenet, m'a-t-il dit.

Le 12, à 2 heures, M. Boissy et Lafond.

A 9 heures, M. le comte de Fingen (2), qui loge à l'hôtel de Pologne, rue St-André. Il porte l'ordre teutonique.

Il a envoyé chercher un jeune baron allemand et tous deux ont soupé et couché au logis et s'en sont allés le lendemain à 10 heures du matin.

Le 13, à 6 heures, M. Moreau, avec un de ses amis dont je n'ai pu savoir le nom, je sais seulement que lorsqu'il est à Paris, il loge chez M. Monginot, traiteur, rue des Bons-Enfans, et que pour l'ordinaire il fait sa résidence à Versailles ou à St-Germain, il sait bien jouer du basson et dit en avoir joué devant le Roy.

Le jeune M. Moreau (3), m'a engagé de le faire coucher chez moi, et l'un par l'autre entraînés, ils y sont restés tous deux et n'avoient pas de quoy payer leurs frais. Je leur ai fait crédit ne pouvant faire mieux, on a bien de la peine à se garantir de ces mauvais marchés, surtout avec les enfants de bonne maison de la ville, mais passe pour y revenir ; il m'a dit de n'en rien dire à M. Séguier, mais s'il ne rembourse pas quand je le verrai, je prierai M. Séguier de l'engager à payer ses dettes puisque c'est de lui que je tiens sa connoissance.

Le 14, M. de Montbrun (4), croix de Saint-Louis, j'ignore le Régiment, a amené deux messieurs souper dont l'un est M. Berthombre ; sont entrés à 7 heures et ne sont sortis qu'à 1 heure du matin.

(1) Louis-François de Bourbon, prince de Conti.
(2) Le comte de Finckestein, ministre prussien.
(3) Moreau (jeune) (ils étaient tous trois avocats du roi).
(4) Charles-Louis Bunault, comte de Montbrun, capitaine au régiment, *Maestre-de-camp-général* (dragons), marié à Louise-Frederique-Octavie de Marconnay.

Le 16, M. Bertin est venu me demander deux filles et je lui ai donné Mlles Bonnevos et Glatigny, il les a mené souper chez M. Duplaissi où s'est trouvé M. Begon (1) et Darboulin (2).

Le 17, à 7 heures, M. de Villanova.

Le 8, sur les 6 heures du soir, est entré chez moi jusqu'au fond de l'appartement un homme inconnu, parce que dans ce moment les portes s'étoient trouvées ouvertes ; sans cela je lui aurois refusé l'entrée ; après m'avoir nommée par mon nom et parlé comme s'il me connoissoit quoique je ne l'eusse jamais vu ; j'ai cru à propos de lui demander précisément ce qui l'amenoit chez moy à quoi il m'a répondu : — En vérité, vous croyez qu'on ne sait pas les choses, je suis de la Police et je cherche une jeune fille qui est blonde, qui est de Dijon et fille d'un avocat, laquelle est venue à Paris avec un jeune homme, ses parents ont envoyé son signalement et je l'ay dans ma poche. Alors étoient avec moi Mlles Glatigny, cy-devant Canson et Richemond, et la Dlle Lambert qui venoit voir la Glatigny. Cet officier supposé ou réel, les a beaucoup examiné. Je blâmai en moi-même sa façon de s'expliquer, lorsque je n'étois pas seule et cela me donnoit à penser qu'il ne devoit pas être officier, parce qu'il n'auroit pas dû débiter aussi aisément ses raisons devant trois personnes. Ce qui fit que je lui demandai doucement son nom, il me dit qu'il se nommoit Bessy (3). Il paroit avoir environ 40 ans, vêtu d'habit drap petit gris, veste de velours cizelé rouge et blanc, perruque en bourse ; et m'ayant demandé la permission de revenir une autre fois, je lui ai dit que non, que je ne le recevrois pas, que les inconnus étoient chez moi mal reçus, sur quoi, il m'a répondu : « Quoi que je sois exempt je ne reviendrai pas pour vous faire de la peine. »

(1) Peut-être Scipion Jérôme Begon, évêque de Toul.
(2) Louis d'Arboulin, secrétaire du roi.
(3) *En marge dans le Ms.* — Ce ne sont point les deux Bessy qui sont dans la robe courte ; c'est peut-être leur troisième frère, qui a 40 ans et qui est habillé de même, et porte perruque en brosse. Il n'a point d'état.

La peur a tellement saisi Mlle Glatigny, qu'elle s'est proposée d'aller demeurer en chambre garnie, mais je ne sais pas encore l'endroit.

A 7 heures du même jour, M. de Berthombre a emmené Mlle Glatigny souper rue de Richelieu avec M. de Montbrun, M. d'Allaigue (1), M. d'Etiolles (2), M. d'Avignon (3), receveur général des Domaines et M. Valié. Il y avoit encore d'autres messieurs et deux dames dont je n'ai pu savoir le nom.

Le 20, à 6 heures, un officier suisse qui porte le nom de Mongeron.

A 7 heures, M. Boissy avec un Chevalier de Saint-Louis dont j'ignore le nom.

Permettez-moi, monsieur, d'aller jeudi en huit, vous faire la révérence, les jours me paraîtront bien longs jusqu'à ce moment. Je suis revenue du bal jeudy, où il n'y a rien eu d'intéressant, avec une extinction de voix qu'on ne m'entends plus parler.

Du 19 mars 1751. — Voici les visites qui m'ont été faites depuis le 4 mars jusqu'au 19.

Le 5, à 5 heures, est venu le sieur Poudeau qui a été autrefois commis dans les bureaux de M. d'Ormesson et qui ordinairement réside dans le Poitou.

A 7 heures, M. Angot avec deux de ses amis dont l'un a été nommé Scapin et n'ai pu savoir le nom du troisième. Ils ont soupé avec Mlle Glatigny, Mlle Dupré et la Dangeville (4), fille qui reste chez le rôtisseur aux Petits Carreaux et s'en sont allés à 1 heure du matin.

Le 6, à 7 heures, un robin qui m'est encore inconnu.

(1) Le marquis d'Alaigre, maréchal de France.
(2) M. Le Normand d'Étiolles qui quoique séparé de sa femme Mme de Pompadour, se servit de son crédit pour obtenir une ferme générale.
(3) Jean-Joseph-François d'Avignon qui s'était marié en 1750 avec Marie-Salomée de Broglie (*Anselme et Courcy*).
(4) Ne pas confondre cette Dangeville, fille de débauche, avec la demoiselle Dangeville, comédienne aux Français.

Le 7, à 7 heures, M. Fontaine (1) accompagné de M. de Beaudéan de Parabère (2), de M. Mazera, officier au Régiment de Condé.

A la même heure un jeune homme que j'ai déjà vu plusieurs fois et dont je n'ai pu encore découvrir la demeure. Il m'a demandé, si je pouvais lui faire le plaisir de lui prêter ou faire prêter 10 à 11 louis, sur une lettre de change de 1000 écus tirée de Rouen qui tomberoit dans peu de jours à son échéance, je lui ai dit que je n'étois pas en état de prêter rien et que si j'en avois, je ne le prêterois à qui que ce fût parce que c'étoit la voie sûre de se brouiller avec le meilleur de ses amis, je lui ai indiqué Mme Berne, ancienne femme du monde, qui demeure rue Montorgueil, chez un épicier, au 3ᵉ, vis-à-vis la rue de la Truanderie. Il m'a dit qu'il la connoissoit et que de toutes les prêteuses c'étoit la plus raisonnable, qu'elle ne prenoit dans les grosses affaires et dans les petites affaires que deux liards par livre par mois, mais qne comme il n'y avoit pas longtemps, qu'il avoit eu affaire à elle (à ce sujet, me montrant une canne qu'elle avoit gardé longtemps, à bec de corbin), il seroit bien aise d'en trouver d'autres. Je lui ai enseigné Mme Thevenin qui prête et fait prêter, qui demeure rue Beaurepaire au 3ᵉ étage, porte cochère à côté du jeu de Paulme, il m'a dit qu'il connoissoit encore celle-là, mais qu'elle écorchoit prenant deux sols par livre le premier mois et un sol sur les mois suivants, alors je lui ai dit que s'il pouvoit connoître M. Mouffle, homme âgé qui demeure rue Saint-Jacques qui passe pour riche et ne prête que sur ses propres fonds, c'est ce que j'ai vu lorsque M. le Comte de Chepsy vivoit à l'emprunt, mais que j'ignorois à quel prix M. Mouffle prétoit.

(1) Secrétaire du roi, depuis 1742 ; il demeurait rue de Bourbon, à la Villeneuve.

(2) Baudéan, marquis de Parabère, né en 1714, capitaine au régiment royal des carabiniers, chevalier de Saint-Louis, épousa Françoise-Claire de Gourgues, morte en 1757 et, en 1760, il se remaria avec Jeanne-Claude de Perigny, dont il eut deux enfants.

Le 9, M. Croiset, qui demeure à présent rue Traversière à l'hôtel Saint-Antoine, il restoit cy-devant rue Saint-Marc, est très mal dans ses affaires et cherche à emprunter sur des lettres de change qu'il feroit à des marchands pour des marchandises, mais je ne crois pas qu'il y réussisse étant percé trop bas.

Le 10, sur les midy, M. de Choiseuil à qui M. de Montpoüillan avoit donné rendez-vous chez moi et n'y est pas venu.

Le 11, à 7 heures, M. le Pilleur.

Le 13, à 4 heures, M. Baudéan de Parabère avec M. Mezeval, ils sont restés jusqu'à huit heures, M. de Parabère a demandé crédit, n'ayant pas, dit-il, un sol dans ses poches depuis quinze jours qu'il a perdu 80 louis contre M. de Marie, lieutenant aux gardes, au 30 et 40, quant à M. Mezeval, il a toujours un louis à dépenser par jour pour les demoiselles et souvent 30 livres depuis son dîner jusqu'à son souper, il se passe peu de jours qu'il n'emploie son tems à se faire raccrocher et va à 4 et 5 endroits différents où il laisse 3 livres, qu'il fasse ou non, de là, il va dans les maisons qu'il connoit, où il donne 6 livres et quelquefois 12 livres, s'il lui arrive de manquer d'argent, en ce qu'il aime assez le jeu, il vend ses bijoux et une dame, miledy angloise, lui en rapporte d'autres lorsqu'elle vient le joindre toutes les années, il y en a 4 à 5 qu'il la connoît. Elle doit arriver à Paris dans le courant de may, elle restera quatre mois ou environ pendant lequel tems, elle pourra dépenser quatre à cinq cents mille livres, cette dame étant très riche et maîtresse d'elle, on assure que M. Mezeval se fait 5 à 6000 livres de rente de l'argent de cette dame. Il ne luy dit pas à qui il vend les meubles, il écrit que par malheur on l'a volé ou fouillé dans ses poches dans une presse.

Il a vendu, il y a quelque tems une petite montre pour 1.800 livres qui valoit mille écus pour la beauté de l'ouvrage et l'espèces de matières qui la composaient.

Je lui ai dit : sans doute que la tabatière que l'on dit qui vous a été prise au bal de l'Opéra, n'est qu'un bruit que vous avez fait courir, à quoi il m'a assuré que c'étoit bien vray et qu'il prieroit le Magistrat de lui donner un certificat de la vérité, attendu qu'il avoit été informé du vol de la tabatière, qu'il soupçonnoit que c'étoit un homme fort bien mis qui étoit toujours proche de luy, à qui il a remarqué de très belles manchettes à dentelles et qu'il n'étoit point masqué, qu'il avoit cherché ce même homme après s'être aperçu du manque de sa tabatière qui valait bien 4.000 livres et n'a jamais pu le rencontrer. Il m'a ajouté qu'il donnerait bien 50 livres pour ravoir seulement les deux portraits. La myledi lui a écrit que cette perte n'étoit rien. Il demeure à l'hôtel de Soubize.

M. Baudéan de Parabère, a dit dans la conversation au sujet du jeu, que dans la rue Saint-Honoré, porte cochère à côté du café de Dupuy, au fond de la cour, il y avoit une femme qui donnoit à jouer, et que le soir on jouait au Pharaon, la banque étoit de 2.000 louis, que le fonds du jeu étoit de 12 livres, mais qu'enfin on pouvoit mettre sur les cartes, telle somme que l'on vouloit, que la Banque faisoit bon de tout.

Pour savoir le nom du banquier, j'ai fait légèrement des questions, s'il étoit beau joueur, s'il n'étoit pas une de mes pratiques, M. Parabère a répondu qu'il ne se souvenoit pas bien de son nom, ne l'ayant entendu nommer qu'une fois, mais qu'il étoit étranger, qu'il croyoit lui avoir vu un cordon bleu ou vert et qu'il le croyoit de l'ordre de la Jarretière ; alors M. Mezeval a répondu : C'est donc cela qu'avant hier, je vis tant de livrets sur une commode.

Parabère répondit : L'on préparoit par avance les armes dont on avoit besoin.

Le 14, à 4 heures, le Sr Noivon, homme qui vient en marchandise, deux fois l'année, dans le milieu du Carême et à la fin d'août. Il est de Reims et étoit de la connoissance du marquis de Pontoise que Votre Grandeur a jugé à propos d'envoyer à Bicêtre, il n'est pas moins joueur ny moins fripon que luy, loge à la *Fillette Rouge*, rue Saint-Denis et étoit accompagné d'un autre monsieur qui loge avec luy.

Le 15, à 5 heures, M. de Mondorge ; même heure, un monsieur qui est de Montpellier, logé rue des Petits-Champs dont je ne sais encore le nom, qui ne s'occupe du matin au soir qu'à courir les filles.

Le 16, à 5 heures, un M. de Rougemont fort tranquille qui ne s'occupe que du jeu, cours les billards, est de la coterie du nommé Fontaine qui sort du Fort-L'Evêque avec un nommé Vilclos, tous deux joueurs filous.

Le 15, à 4 heures, M. de Mezeval.

Le 18, un sous-fermier, ou peut-être un fermier qui a la vue basse et dit revenir d'une tournée, est en deuil de sa famille et doit aller demeurer, rue Meslay au terme de Pasques, je ne sais pas encore son nom.

Le 19, M. Riboutet, jeune homme, rue de la Sourdière, au 3º étage dans une maison neuve qui est louée mille écus à deux sous-fermiers, laquelle maison, dit-on, appartient au Sr Poussot (1), l'un de vos officiers.

Le même jour une nommée Nanette Poisson m'a engagée de la prendre chez moi, elle demeure dans la maison d'un apoticaire aux Petits-Carreaux, au 4e, son père barbouille des planches, elle a pour *habitude* depuis trois ans Pantalon (2), père de la Caroline, il lui donne 30 livres par mois ; cette fille connoit de plus un cuisinier et un chirurgien, je n'en sais pas encore les noms, parce qu'elle n'est pas encore chez moi. Elle m'a aussi témoigné qu'elle s'en ira à Lyon, avec un monsieur de sa connoissance, si je ne la prends pas, attendu que sa mère ne luy a donné rien, au contraire, elle lui a vendu ses boucles d'argent. Je luy ai représenté que c'étoit se déshonorer que de sortir de chez ses parents. Oui,

(1) Poussot, inspecteur de police, demeurait rue des Vieux-Augustins.

(2) Charles-Antoine Véronèze, dit Pantalon, qui débuta à la Comédie Italienne, le 6 mai 1744, il était le père de Camille et de Caroline, actrices au même théâtre.

m'a-t-elle dit, j'ai aussi une sœur, qui a bien aussi un homme qui lui rend service, et qui a épousé un petit bossu pour pouvoir sortir de la maison, et tout de suite m'a dit : Madame, si vous ne voulez pas de moy, j'irai m'offrir ailleurs, ou je partirai pour Lyon.

A quoy j'ai répondu : Puisque vous le voulez, vous n'avez qu'a venir lundy prochain, à condition que si vos parents venoient vous reprendre quand vous serez avec moi, vous retournerez chez eux.— Oh ! que non, m'a-t-elle dit, ils ne se soucient guère de moy parce que je ne leur donne rien, il leur est égal que je sois près ou loin d'eux. Je m'en informerai et ne manquerai pas de vous en rendre un compte fidèle.

Du 26 mars 1751. — Depuis le 19 jusqu'à ce jour, voici ce qui m'est arrivé :

Le 21, à midy et demie, le marquis de la Capelle qui avoit renoué avec Mlle la Couperie, est venu me dire qu'il ne la reverroit plus parce qu'elle lui a fait présent d'une galanterie au raccommodement et m'a prié de lui en chercher une autre. M. de Calvimont (1) étoit avec luy et deux autres messieurs dont je n'ai pas su les noms, ils n'ont point dîné parce que je n'avois pas de demoiselles.

A 7 heures, M. Rotisset, secrétaire de M. d'Argenson.

A 9 heures, M. Micaut, valet de garde de robe du Roy, avec M. de Ferary, qui demeure rue Poissonnière et qu'on m'a dit être le colonel des hussards.

A 10 heures, M. Mezeval avec M. le comte de Talmois.

Le 23, à 5 heures, M. Mezeval qui m'a laissé sa montre en gage pour 6 livres, malgré que je refusois de la prendre et est venu la rechercher le lendemain.

A 9 h. 1/2, M. le comte de Talmois.

Le 25, M. de Ferrary, le colonel de hussards qui est une visite peu utile. Il a une jeune gouvernante chez lui qui lui sert à 2 mains.

(1) Jacques-Léon de Calvimont, seigneur de Sainte-Sabine, capitaine des vaisseaux du roi.

Sur les 7 heures est venue Nanette Poisson et en même temps M. Riboutet.

A 8 heures, un Chevalier de Saint-Louis connoissance de M. Rotisset.

Le 25 à midy, M. Malbay de Fromental, homme né sans biens et qui est le fils d'un perruquier, qui demeuroit jadis sur le Pont Notre-Dame, il a été homme d'affaires de M. le duc de Nivernois à qui il fournissoit des filles et lui faisoit dépenser son bien, mais M. le duc de Nevers, son père, y mit ordre en le faisant arrêter, a depuis été homme d'affaires de M. le Marquis de Conflans (1), il a aussi demeuré dans le château de Saint-Lambert et avoit pris cette terre à bail. Je l'ay vu il y a environ 5 ans. Il a une femme qui a été très jolie à qui M. de Fulvy (2) vouloit du bien et entretient son père et ses frères d'elle dans l'employ, mais ne vit plus avec elle à cause qu'un nommé M. de la Trousse (3) de la connoissance de M. de Conflans en étoit amoureux dont M. de Fulvy s'étoit aperçu : le duc de Fromental, demeure cul-de-sac de l'Oratoire, à côté d'un marchand de bière au 2e, il a une fille qui a épousé le sieur Dolbelle, lieutenant des Maréchaux de France, le père et le gendre sont gens qui ont beaucoup plus d'esprit que de conscience et disent que lorsqu'on se trouve sans fortune il faut savoir se faire un revenu, sur le patrimoine des ignorans, qu'il avoit beaucoup gagné à ce système. Il a été dans toutes les cours étrangères et a beaucoup d'esprit, beaucoup lu, s'est fait mettre à la Bastille, j'ignore pourquoi ? Il ne joue point et malgré cela change d'habit toutes les saisons, prétend que M. de Conflans lui doit 40.000 livres, mais j'ai su dans le tems que ce seigneur faisoit des billets et des obligations à des personnes

(1) Eustache, chevalier puis marquis de Conflans, né en 1719, chevalier de Malte, de minorité ; colonel au régiment d'Auxerrois.

(2) Orry de Fulvy, conseiller d'Etat, intendant des finances, rue Saint-Antoine, à l'Hôtel de Beauvais.

(3) François-Paul le Hardy, marquis de la Trousse, lieutenant aux gardes, chevalier de Saint-Louis.

sans leur devoir pour les mettre au rang de ses créanciers, afin que quand tout le monde aura la livre, ces personnes qui auront touché lui rendront l'argent en secret. J'ai permis à M. Malbay de me venir voir parce qu'il va dans beaucoup de maisons et sait toutes les nouvelles et par lui je pourrai être instruite en triant le bon d'avec le mauvais pour en rendre compte.

A 2 heures, j'ai envoyé Mlle de Gau chez M. d'Albessa à l'hôtel Saint-Antoine, pour y faire un dîner, cette fille a resté quelque temps chez Mme Renaud et est entrée chez moi le 22, elle est de Flandres et je n'ai pu encore tirer d'elle son nom de famille. J'ai aussi conduit la Nanette Poisson, qui étoit entrée chez moy, il y avoit au dîner M. Riboutet, un sous-lieutenant aux gardes et un abbé. Après le dîner, M. d'Albesa a joué aux dés avec le sous-lieutenant et Reboutet mettoit 6 et 12 livres sur la table que les joueurs prenoient et aussy lui donnoient le double suivant leur perte ou leur gain.

A 9 heures est venu un robin avec deux messieurs de ses amis et ne sais leurs noms.

A 8 heures, M. le Pilleur.

Même temps, M. Dumont qui s'est trouvé connoître Mlle de Gau, qui se nommoit Eulalie chez Mme Renaud.

Le 26, à midy, est venu M. le Marquis de Bausson (1), officier aux gardes à ce que l'on m'a dit.

A 5 heures, M. de Chateauneuf qui a pour maîtresse Mlle Blottain qui demeure avec son père rue de Condé, porte cochère en face de la rue des Fossés-M. le Prince, sa mère vit séparément et a pour amant un commissaire dont j'ignore le nom ; M. de Chateauneuf qui demeure à l'hôtel de Montmorency, rue Mazarine, qui ne soutient son brillant que par le jeu, car on ne lui donne pas plus de 1200 livres de rente.

A 9 heures, M. Francœur qui a été député, par M. de Curis, pour venir chercher des demoiselles.

(1) Beausson, capitaine de cavalerie.

J'ai mené à 10 heures la Nanette Poisson et une autre fille, qui demeure rue Mauconseil,' chez un rubannier au 2ᵉ ; souper chez M. le baron de Plaine où étoit M. de Curis, M. Francœur et un 4ᵉ que je ne connois pas, ces Messieurs m'ont appris que M. de la Garde, s'étoit enthousiasmé d'une petite ouvrière qui se nomme la Bonnevaulx, et qu'elle lui avoit fait présent en allant coucher une nuit chez elle d'une galanterie un peu forte.

Du 27 mars 1751. — Ne voulant rien cacher de ce qui m'arrive, j'ai l'honneur de vous expliquer qu'hier sur les une heure est venue Mme Grandjean, marchande de chapeaux qui a son mari, demeurant rue aux Ours, vis-à-vis la rue Quincampoix, avertir Nanette Poisson, que son père trouvoit mauvais, qu'elle se fut expulsée de chez lui. Cette madame Grandjean est galante et donne des filles, mais je ne sais pas si son mari l'ignore ou s'il le sait, la preuve en est qu'elle a fait voir à ladite Poisson, différentes personnes entr'autres un nommé Chartier, homme grossier, qui est venu croyant avoir l'entrée chez moi, parce que la petite fille lui avait dit qu'elle y viendroit demeurer, je l'ai renvoyé, feignant d'ignorer ce qu'elle vouloit me dire, la Poisson dit avoir vu chez cette Mme Grandjean, un juif qui lui a donné deux louis et à qui elle faisoit accroire que cette fille étoit neuve, mais le juif s'est aperçu de la tromperie ; elle en a fait autant à un sous-fermier qui demeure aux environs de la place des Victoires, mais elle n'en sait pas le nom et celuy là a resté dans la bonne foy, la vérité est que cette fille ne pouvait pas être neuve, puisqu'elle convient d'avoir depuis trois ans pour connoissance Pantalon de la Comédie Italienne qui se nomme Véronèze et père de Caroline, cette même femme lui a dit que si elle vouloit elle la mèneroit chez la Paris, mais elle n'a pas voulu y aller à cause que les autres filles se seroient trouvées bien plus belles qu'elle et à cause aussi de la mul- titude de monde qui y va. Mme Granjean a aussi dit que M. Broche, prêtre de Saint-Eustache avoit promis au père de la Poisson de lui faire rejoindre sa fille, qu'en outre ce père avoit donné son signalement à différentes personnes entr'autres à M. Poussot ; à cela Nanette a répondu : « Vraiment, M. Poussot est de la connoissance de mon compère le chirurgien qui vient souvent chez nous. » Nanette avoit avoué à M. Broche qu'elle sortiroit de chez son père, c'est pourquoi il lui a fait offre de la faire rentrer à Saint-Valère, de l'argent que M. le Curé donneroit pour cela ; mais la petite fille avoit répondu que non, et qu'elle comptoit mieux faire en allant demeurer rue Beaurepaire, sans dire le nom, ne s'en souvenant pas car sans cela, je pense que M. Broche seroit déja venu me demander Nanette ; je n'ai pas encore pu tirer au clair, si le père et la mère sont véritablement instruits ou consentant du dérangement dans lequel vivoit leur fille, si V. G. jugeoit à propos de s'en faire informer suivant ce qui en seroit, je la mettrois chez Mme Dubois, couturière, dont le mari est écrivain et de là je la ferois remettre par M. Broche chez son père où il ignoreroit qu'elle seroit restée quelques jours chez moi, de mon côté je vais m'informer de ce qui peut en être, au fond on m'a dit que le père étoit un homme qui buvoit, que la mère avoit été jolie et avoit eu des intrigues. Cette fille porte un mantelet, des bas de soie et un corset tout neuf, elle m'a dit qu'on lui avoit donné cela, en ce cas, une mère voit bien qu'il faut que sa fille se dérange quand elle est nipée à son insu. Je supplie V. G. de se rappeler mon dernier mémoire pour qu'elle voit que je n'avois donné que de bons conseils à cette fille. J'iroi jeudi prochain pour recevoir ses ordres à ce sujet.

Du 14 avril 1751. — Le 1er de ce mois, à 8 heures et demie, j'ai conduit chez le baron de Plesse, Mlle de Lorges, qui demeure rue des Augustins, place des Victoires, chez un fruitier, et une Allemande qui est jolie et qui demeure, chez un perruquier en chambre garnie aux Petits-Carreaux. J'y ai trouvé M. de Curis, M. de la Garde, M. Tribou et un autre que je ne connois pas.

A 9 heures 1/2, est venu M. de Colonge, rue de Seine, porte Saint-Bernard, avec M. Riboutet ont soupé avec Nanette Poisson et Thérèse de Gand,ce sont les deux filles que j'ai chez moi actuellement et ils s'en sont allés à minuit.

Le 3, à 7 heures, M. de la Place, l'auteur. A 8 heures, un officier dont je ne sais pas le nom.

Le 4, à midy, le Sr Molaison, ce n'est pas celui qui a été au fort l'Evêque.

A 5 heures, Pantalon de la Comédie Italienne qui vient voir Nanette une fois la semaine pour lui continuer la pension de 30 livres par mois.

Le 5, à 6 heures, M. Meliand.

A 6 heures 1/2, six jeunes gens que je n'ai jamais vu, qui ont forcé l'entrée ; ils m'ont trouvé seule et malgré les politesses que je leur ai faites, sans pourtant adhérer à leur demande, ils ont fait du bruit, se sont répandus en invectives, quoi qu'aucun d'eux ne m'ait jamais vu, ni connu. Ils étoient fort mal vêtus, ils ont malgré moi ouvert les armoires et ont fouillé et renversé tout sans dessus dessous, et malgré ma vigilance m'ont pris une paire de manchettes de 25 livres dont je ne me suis aperçue qu'après leur départ. J'ose vous supplier qu'à l'avenir, en pareil événement, vous me permettiez d'envoyer chercher le Guet ou le Commissaire pour les faire arrêter.

Le 6, à 5 heures M. Riboutet.

Le 7, à 8 heures, M. de Mezeval, logé à l'hôtel de Soubise.

Le 8, à 10 heures du matin, Mme de Florence qui a dîné avec moy, elle assure, ne plus aimer M. Cronier, qu'elle ne ferait plus la folie de l'aller chercher à Versailles quand il ne reviendroit pas assez tôt,ainsi qu'elle l'avoit fait plusieurs fois, qu'il l'avoit cruellement mortifiée en plusieurs occasions et que par dessus cela ne doutoit pas, qu'il ne vît des petites filles puisque V. G. le lui avoit dit. La sincérité de ses aveux ne m'empêche pas de me méfier d'elle et de lui cacher avec soin l'indulgente bonté que vous avez pour moy.

A 5 heures, M. Seguier.

La Prévôté punie

Le 9, à 6 heures, M. du Pouquet, marchand de galons avec un de ses amis.

Le 10, M. Poudeau, sur les 1 heure.

En même temps M. le marquis de Fimavions (1) avec M. de Curis qui m'ont dit qu'ils vouloient me faire faire connoissance avec M. le duc de Richelieu, qu'ils souperoient avec luy à sa maison de campagne, qu'à cet effet je n'avois qu'à y envoyer trois demoiselles, ce que j'ai fait : et à minuit j'y suis allé sous prétexte de ramener les filles. M. de Curis m'est venu chercher et m'a présenté à M. le Duc qui a eu la bonté de me faire asseoir et m'a engagé de boire à sa santé, et a bien voulu, en buvant à la mienne, me faire des compliments fort obligeants.

Il m'a dit qu'il me donneroit de fort bonnes connoissances de ses amis. Il y avoit là un quatrième qui avoit la croix de Saint-Louis, habillé de noir, on l'apelloit le Marquis, mais on n'a pas laissé échapper son nom.

J'ai remarqué que ce marquis disoit à M. le Duc : « Dites moi, monsieur le maréchal, croyez-vous que l'on m'ait nommé aux bénéfices ? — Non, a répondu M. le Duc, je ne crois pas que M. de Mirepoix, ni la personne que vous savez, aient eu le tems, mais que vous importe. J'ai demandé l'abbaye que vous m'avez dit. — Oh ! monsieur, vous avez peut-être cru qu'elle vaudroit 22.000 liv. mais elle n'en rapportera que 12 à cause de ce qu'il y aura à faire, au reste, je serai toujours content. » Ensuite il a pris un baiser sur le front de M. le Maréchal et s'est retiré en souhaitant le bonsoir. Alors M. de Curis a parlé de la place qu'il occupoit et a dit qu'il y avoit bien du détail, qu'à la vérité il y auroit bien de l'agrément, mais qu'en comptant toutes les choses, cela ne lui rapportoit pas plus de 1700 liv. M. le Duc a répliqué : « Il n'est pas douteux qu'elle ne vous rapporte sur le pied du denier dix. » Après cela ils ont parlé de boire, le ratafia et la galanterie, ainsi que M. Fimarçon qui est venu me remettre

(1) Marquis de Fimarcon.

chez moi avec les demoiselles et M. de Curis a resté seul avec M. le Duc dans sa chambre à coucher. Il étoit deux heures quand nous sommes sortis.

Le 11, à 7 heures, M. Malbay de Fromental et M. Datte, ils se connoissent, sans cependant se fréquenter. Ils m'ont parlé du Jubilé et des signatures qu'avoit tiré M. le Contrôleur Général de Messieurs les archevêques, ce qui étoit utile à l'Etat, attendu que quand on fait une planche pour les gros, les petits y passent après sans rien dire, Fromental a ajouté : « Il faut convenir que le Roy a de parfaits Ministres, ils ont tout l'esprit et la conduite qu'il convient pour remplir les places qu'ils occupent. »

A 8 heures, M. de Colonge.

Le 13, sur les 5 heures, M. de Mondorge. A 6 heures, M. Riboutet.

A 9 heures, j'ai envoyé deux filles chez le baron de Plesse pour M. Francœur. Le 14, à 4 heures, M. de Saint-Germain, cy-devant, directeur de l'Opéra avec un de ses amis ; et à 6 heures M. de Colonge.

18 mars 1751. — Lettre de Mme Dhosmont.

« Monseigneur,

« Je me souviens que V. G. m'a fait la grâce de me demander, si je croyois que M. Dumont lui parlât vray en tout. J'ai répondu que je le croyois, me persuadant en effet qu'il le devoit.

« L'un de ces jours dernier, je le sondai à ce sujet, en lui disant que ce que l'on auroit intérêt de cacher, il ne feroit pas bon qu'un officier le sût, puis que je m'étois laissé dire qu'il rapportoit tout à M. le Lieutenant de Police. A cela il m'a répondu : « Désabusez-vous de cela, nous en disons ce que nous jugeons à propos et qui paroît affaire en apparence ou en effet ; mais il est bien des choses dont le Magistrat n'a pas besoin d'être informé. » A cela je répondis : « Vous avez raison et entre autres choses vous n'iriez pas dire que vous aimez pour un moment toutes les filles que vous connoissez et lorsque vous êtes malade et que quelqu'un vous en fait apercevoir vous dites pour défaite que M. votre père, ou Mlle votre sœur sont pressés de mourir et que c'est le chagrin que vous en avez qui vous change. »

« Il passe si bien pour vouloir toutes les femmes, que je viens d'apprendre que j'étois du nombre et l'on ajoute que je lui ai donné cet hiver un manchon de martre et une veste galonnée.

« Cecy me prouve bien qu'il n'est pas juste d'ajouter foy à tout ce qui se dit dans le monde, car il n'en est rien et je ne le crois pas capable de recevoir d'une femme plus qu'un nœud d'épée, c'est une galanterie qui peut s'accepter, et d'ailleurs une fille ou femme seroit bien dupe de se voir dans la dure nécessité de gagner d'un côté pour donner de l'autre ; de plus, sa façon de penser ne pourroit pas s'accorder avec la mienne parce qu'il se croit beaucoup plus que toutes avec lesquelles il fraye, et moi pour le contrecarrer ; je lui dit qu'une femme née d'honnêtes gens et de l'allure modestement le valoit bien, cela pourra bien l'obliger à m'en garder un ressentiment, mais autant vaut d'être brouillé avec les gens, comme de les voir malgré soi politiquement. Il est poli, mais il ne fut jamais, à ce que je m'imagine, jamais sincère avec une femme, et de mon côté, je pense sur le compte des hommes, comme il pense sur le nôtre. Je leur fais à tous politesse et rend justice au mérite de celuy qui en a et je fuis avec soin ceux qui pourroient par leurs bonnes façons m'engager à la reconnoissance que la crainte que j'ai de faire une mauvaise acquisition, tout mon bien-être et ma vraye satisfaction est de penser aux bontés de V. G., c'est tout ce qui doit me remplir le cœur et l'esprit ; en sus je crois qu'il ne m'est pas possible de faire l'amour et sa fortune.

« J'iray jeudy à l'hôtel ».

Du 31 may 1751. — Du 14 au 31 may, voici ce qui s'est passé à ma connoissance.

Le 15, à 7 heures du soir, M. le Pilleur d'Apligny avec un monsieur de Bordeaux dont j'ignore le nom, portant épée, sont venus chez moi ; à 9 heures, cinq jeunes gens tapageurs, dont l'un se nomme de Fige, officier au Régiment de la Fère, à ce qui m'a été dit.

Le 16, à 5 heures, M. Ferry ; à 8 heures, M. de Mondorge.

Le 18, un ami de M. Rotisset est venu à 9 heures du soir.

Le 19, à 5 heures, M. Seguier, avocat général du Grand Conseil et un marquis de sa connoissance, qui avoit la croix de St-Louis.

Le 20, M. le marquis de Pontoise qui m'a dit qu'il étoit de retour de sa campagne depuis peu et qu'il alloit trouver M. Dumont, pour faire en sorte d'arranger une petite affaire avec luy. J'ai appris depuis que c'est qu'il vouloit l'engager à le laisser sur le pavé de Paris, à cause d'une lettre d'exil qu'il auroit eu en sortant de Bicêtre et que n'ayant point d'argent il avoit besoin de quelque temps de répit pour pouvoir faire ressource : mais M. Dumont qui n'est pas tendre et qui se souvient de ce que l'on a pu lui faire ou dire, ne lui accordera pas, je pense, sa demande.

Le 22, à 9 heures du soir, M. le chevalier de Longonnay.

Le 24, à 6 heures, M. Riboutet. A 7 heures, M. Le Pilleur d'Apligny. A 8 heures, M. Croizet qui dit avoir perdu en jouant avec Sa Majesté, dans son dernier voyage, 80 louis ; je ne sais s'il a pu avoir cet honneur là, ni être possesseur de cette somme, car ses affaires sont totalement dérangées.

Le 25, à 8 heures et demie, M. de Colonge, il est entrepreneur de la fabrique de draps que l'on teint à Saint-Denis et M. Riboutet est un de ses associés.

Le 27, à 5 heures, M. Gachier ; à 8 heures, M. Bertin.

Le 28, le comte de Gouffier (1), est venu à midi qui m'a

(1) Comte de Gouffier, maréchal de camp.

dit que si je le voyois rarement, c'étoit à cause que je demeurois trop proche de M. Caze. fermier général, différentes personnes m'ont tenu ce propos. Sur les 9 heures, quatre jeunes
gens dont trois ont forcé l'entrée et le quatrième s'en est allé,
l'un des trois avoit l'uniforme des mousquetaires, il était du
faubourg St-Antoine (1).

Ils ne m'ont rien dit, sinon que c'étoit leur plaisir et volonté d'entrer où bon leur sembloit, sans s'embarrasser de
connoître ou d'être connus ; M. Dumont s'est trouvé témoin
de l'incident parce qu'il venoit d'entrer, pour me demander
si je savois, si un M. de Plancy était encore gendarme. Je
lui ai répondu à cela : « L'on m'a dit que vous alliez quelquefois chez Mlle Duval, rue Montorgueil et comme elle est
amy de M. Plancy depuis 25 ans, vous devez savoir à quoi
vous en tenir. » Il m'a répondu que non et que je l'oblige-
rois de vouloir bien m'en informer et de sa demeure, parce
qu'il ne logeoit plus rue du Renard, ce que j'ai promis de
faire.

Le 29, à 6 heures, M. Fressinet dont la partie n'a pas encore eu lieu, attendu une attaque d'apoplexie de la demoiselle Duhamel, mais elle se porte bien à présent et un sieur
Perronin a promis de fournir les fonds. Ce Perronin a du
bien, étoit autre fois banquier de jeu, je ne sais pas encore
où il demeure, mais à la St-Jean, il doit venir demeurer rue
du Mail, alors je le saurois au juste, si ce n'est pas devant
M. Gessain qui connoît ; M. Fressinet lui veut bien confier
de l'argent aussi, mais il a dit qu'il n'auroit garde de tailler,
parce qu'on avoit exilé il y a quelque temps deux banquiers
de M. le marquis de Nesle, que vu cela, il n'osoit s'hasarder,
le jeu n'étant point encore formé. Il ne m'est pas possible
d'y rien définir mais je ne perdrai pas de vue la suite et ce
qui pourra en résulter. A 8 heures, M. de Mondorge. A
9 heures, M. de Blagny, mousquetaire, frère de M. Bertin.

---

(1) La 2ᵉ compagnie de Mousquetaires était casernée rue de
Charenton.

Le 30, M. Malbay de Fromental, à qui j'ai donné à souper.

Le 31, à 9 heures, M. de Noyelle (1) et M. de Fremay (2), tous deux conseillers au Châtelet.

Du 14 juin 1751 .— Depuis le 31 mai dernier, voici le détail de ce qui m'est arrivé.

Le 1er juin, à 9 heures du soir, M. de Boissy, écuyer à l'hôtel de Bouillon, est venu avec deux de ses amis.

Le 2, à 5 heures, M. Tesson, avec un gendarme de la garde, son ami dont je ne sais pas encore le nom, je leur ai donné Mlle Duhamel qui s'est trouvée alors chez moi, elle est de bonne volonté.

Voici ce qui a été décidé par rapport à son jeu : M. Neveux, croix de St-Louis et M. Malaval, jeune homme qui a aussi servi dans le régiment de M. de la Chassaigne, feront la partie et M. Perronin qui fera les fonds taillera, la partie commencera aujourd'hui 14 sur les 5 à 6 heures, mais je pense qu'il en est de ces choses, comme d'un autre commerce, c'est-à-dire qu'il faut le temps pour voir la réussite. Il a été convenu entre M. de Bonnevas, greluchon de la demoiselle Duhamel, M. Perronin, M. Neuveux et Malaval, que M. de la Chassaigne ne paraîtra point dans la maison mais qu'il prendroit la peine d'aller avertir M. Malaval, son ami, le soir ou le matin, des événements, en supposant qu'il dut en arriver par les ordres de V. G., ce M. Malaval en conséquence avertira sur le champ, les parties intéressées des mesures qu'elles auront à prendre. Je vous prie, Mgr, de garder le secret sur cela et de mon côté, je ferai de mon mieux pour tirer parfaitement au clair le fond de cette affaire. Je saurois les démarches de M. de la Chassaigne et vous en informerai. Je compte savoir aussi s'il aura intérêt, et j'irai y jouer pour tâcher de connoître les joueurs et voir le fonds de la Banque, M. Perronin est riche et est en état de mettre de gros fonds.

Le même jour, 2, à 6 heures, M. de Mondorge. A 7 heures

---

(1) Conseiller au Châtelet, secrétaire du roi.
(2) M. Dufresnay, conseiller au Châtelet.

M. le Pilleur d'Apligny. A 8 heures, M. de Montgarnier, officier, logé à l'hôtel de Monaco.

Le 3, à 6 heures, M. Gachay.

Le 4, à 5 heures. M. Séguier, avocat au Grand Conseil.

Le 6, à 4 heures, M. Dubois, marchand épicier, rue Aubry-le-Boucher. A 5 heures, le chevalier de Laures, rue du *Foire* (1) ; il est de Bordeaux et en chambre garnie, il avoit avec lui un conseiller honoraire au Parlement qui loge à l'hôtel des Quatre-Nations, rue Mazarine.

Le 8, à 1 heure, M. Datte qui a dîné avec une fille.

Le 9, à midi, M. Bie, marchand bijoutier, qui a dîné avec Nanette Poisson et a voulu la mener avec moi souper au bois de Boulogne, mais il n'avait point d'argent. Il a fait son billet de 36 livres, et est venu payer deux jours après. J'avois préféré un billet à de belles boîtes d'or émaillées et étuis pour ne pas lui en retarder la vente. Il s'en est allé à minuit et demy chez lui.

Le 10, à 8 heures du matin, M. Chaussechat de Jocourt (2), conseiller à la cour des Aides, rue de la Parcheminerie. A 7 heures du soir, M. Bridor.

Le 11, à 7 heures, M. Le Pilleur d'Apligny, même temps un jeune homme qui se dit mousquetaire et qui vouloit forcer l'entrée de la chambre où était M. Le Pilleur, ce qui le fachoit beaucoup d'être vu mais il n'a pas pu l'éviter, après bien des raisons dites par le jeune homme, il s'en est allé en disant qu'il reviendroit en bonne compagnie ou du moins que si elle n'étoit pas bonne, elle seroit nombreuse. Comme les jeunes gens me trouvent toujours seule, je l'ai congédié le mieux et le plus poliment qu'il m'est possible, mais c'est temps perdu, car ce sont de méchantes gens.

Le 12, à 8 heures, M. Seguier.

Le 13, à 3 heures du matin, ce même jeune homme accompagné de cinq à six autres dans un fiacre et celui-cy menoit le carrosse, ils ont frappé et crié et ont cassé un nombre de

(1) Rue du Fouarre.
(2) Chaussechat de Jacourt, conseiller à la 2ᵉ Chambre.

carreaux des fenêtres avec le fouet du cocher et pour cet effet ils ont monté sur l'impériale du carrosse, je me trouvay forcée de leur parler comptant les calmer, il étoit jour et je l'ai bien reconnu quoiqu'il eût beaucoup de rouge et de mouches sur le visage, sans doute qu'ils sortaient de quelqu'endroit où ils n'avoient pas manqué de faire du ravage. Ils disoient qu'ils vouloient absolument entrer ; je leur dit que la porte fermoit à clef et que je n'en étois point propriétaire ; ils s'en sont allés et à minuit sont revenus 7 à 8, le même étoit encore en tête de la bande, deux d'entr'eux étoient habillés et coiffés en robin, aussi disoient-ils : — Ouvrez-nous, nous sommes des robins, nous paierons bien. — Pendant ce temps, ils jettoient des pierres dans les croisées en disant que :

— Si l'on ne nous ouvre pas, nous ne laisserons pas un seul carreau entier, — et continuoient toujours à les casser. J'ai été encore obligée de leur parler mais ma défense par mes raisons a été longtemps avant de l'emporter sur leur entêtement, enfin ils s'en sont allés en disant :

— Va, bougresse, nous reviendrons encore.

Je puis vous assurer, Mgr, que les filles dans leurs chambres, ne sont pas plus à l'abry que les femmes, des insultes des jeunes gens et cela est si vrai qu'avant hier, rue d'Orléans, chez le premier perruquier à droite en entrant par la rue Saint-Honoré, il est arrivé la nuit pareil tapage par un nombre de jeunes gens, au 2e étage.

De les reconnoître et de se plaindre à leur commandant, c'est se mettre dans le cas que lorsqu'ils sortiront des arrest, où on ne les met que pour les reposer, ils seront, disent-ils, plus en état de passer d'autres nuits et à leur sortie de rassembler de nouveau leurs camarades et faire encore pis. Vous prenez bien la peine, Mgr, pour parvenir à faire jouir les bourgeois d'une parfaite tranquillité, mais si j'osois supplier V. G. de vouloir bien en prendre une nouvelle en faisant rendre un arrest qui défende à quelques personnes que ce soit d'aller dans les maisons à heures indues et sans y être connues sous les peines qu'il plaira à Sa Majesté d'ordonner. Le Roy qui est bon et qui aime son peuple pourroit peut-être accorder cela à V. G. La chose étant ainsi ils ne viendroient que deux ou trois à la fois dans les maisons et s'y comporteroient sans bruit, alors je ne doute pas que l'on ne les refuse et moi-même je le ferai, comptant bien que ce qui auroit été ordonné, ne seroit que pour éviter le bruit et le scandale et non pour les priver d'aller chez les filles ou femmes ; si vous saviez, Mgr, quelle rumeur ces sortes de scènes font dans le quartier, V. G. reprendroit une nouvelle pitié pour toutes ces pauvres malheureuses. Il peut arriver qu'il se trouvera des personnes offensées et cela peut occasionner mort d'homme ; si les jeunes gens se comportoient différemment, l'on pourroit presqu'ignorer le nombre des femmes galantes dans le public, sans quoy il faut donc ordonner par sentence de justice et sous telle peine qu'il n'y eut plus de femmes, ni de filles suspectes de galanterie dans Paris.

Je vous demande pardon, Mgr, de la liberté que je prends d'oser dire aussi naturellement tout ce que je pense. Voici un livre que je crois devoir remettre à V. G., il m'a été prêté par M. Malbay de Fromental et comme il le pourroit prêter à d'autres personnes, je pense qu'il seroit mieux que je lui dise que je l'ai perdu en lui payant la même somme qu'il peut lui avoir coûté à moins que V. G. ne m'ordonne de le lui rapporter. Je ne l'ay fait voir à personne et même je ne l'ay lu qu'un peu.

Du 14 juin 1751. — N'ayant d'autres satisfactions dans le monde que d'éprouver les bontés de V. G. et de me conduire avec son approbation, je lui confierois que Mme Paris quitte incessamment sa maison. Elle m'a fait l'offre de me la remettre toute montée comme elle est et de m'en faire le crédit jusqu'à ce que je la puisse payer. Je trouve que cela pourroit m'être avantageux, mais j'ai dit que je lui rendrois réponse, elle a ajouté qu'elle seroit charmée que j'en puisse profiter. Si V. G. juge à propos de laisser subsister cette maison, j'oseroi lui demander la permission de la prendre, elle est éloignée de MM. les Curés et de la populace.

Le déménagement de Mme Hequet (1) me fait appréhender qu'il ne m'en arrive autant, n'étant point à mon aise, il me seroit bien difficile de me rattraper aux branches. J'aurai l'honneur d'aller recevoir les ordres de Mgr.

28 juin 1751. — Voici ce que je sais depuis le 14 courant ; le même jour, 14, à 9 heures du soir, est venu M. Croizet qui, après avoir soupé avec Nanette Poisson, s'en est allé à minuit.

Le 15, à 5 heures, le Sr Nangy, épicier ; à 6 heures, cinq jeunes gens sont venus que je ne connois pas et dont je me suis défait sans bruit, ils me trouvent toujours seule de femme malgré leurs recherches.

Le 17, à 4 heures 1/2, le conseiller honoraire de Bordeaux logé à l'hôtel des Quatre-Nations ; une 1/2 heure après sont arrivés quatre jeunes gens qui ont fait du bruit pour entrer, mais croyant qu'il n'y avoit personne ils s'en sont allés, le conseiller trembloit de peur et d'un air mécontent m'a dit qu'il ne reviendroit plus.

Le 18, le Sr Bordier, sans employ, vivant d'emprunt, mettant ses habits en gage, loge rue Mazarine, chez un carrossier au premier et dans ses meubles, son père est raffineur de sucre à Rouen. Il avoit pour maîtresse une femme qui demeuroit même maison, elle est morte depuis 6 à 7 mois et a laissé un fils qu'il fait nourrir à Meaux, comptant en être le père ; voulant le mettre aux Enfants-Trouvés, il a été à la paroisse de la mère pour lever l'extrait baptistaire, mais le curé a refusé parce que l'enterrement de la mère n'est pas encore payé, suivant les apparences, l'église ne donne rien sans argent.

Le 29, à 6 heures, M. de la Chaise, rue des Blancs-Man-

(1) Mère-abbesse, tenant maison, faubourg Saint-Laurent (auj. faub. Saint-Denis), N° 40.

teaux à ce qui m'a été dit. A 7 heures, un ami de M. Féry, rue des Deux-Portes, qui a soupé et couché et qui s'étoit déguisé en robin de campagne, mais comme il avait déjà soupé une fois chez moi avec le Sr Féry et un autre dont je ne sais le nom, je savois bien que c'étoit un M. de Renansard, chanoine du chapitre de Raulot, à Breteuil, en Picardie, quoique le Sr Fery me l'eut annoncé sous le nom de M. de Burmania, attaché de la maison d'Orléans. Ce chanoine se dit cousin de M. le Chancelier d'aujourd'hui et ajoute que Mme la comtesse de Beuzenville, fille de M. le Chancelier, ne vit point avec son mari depuis très longtemps et que lorsqu'ils se trouvent ensemble, il lui en sert; qu'il venoit de passer trois semaines dans leur maison de campagne où il avoit eu tout le temps de répéter à sa cousine l'amitié qu'il a pour elle. Il a en outre, depuis un an, la Dlle de Roanne, qui demeure chez le chancelier rue Montorgueil, vis-à-vis le passage des Jeux de Boules au 3e, sur le devant, qui l'occupe à faire des coiffures et sa sœur les va vendre dans les maisons ; quand il vient à Paris il va chez M. Fery, y changer d'habits, il a une garde-robe ainsi que son ami qui se nomme d'Artinville et qui est prieur et curé de Survilliers, à Clayes, route de Meaux. Ce curé fait son ordinaire quand il vient à Paris, comme pain quotidien, de Mlle Fery quoiqu'elle soit âgée, l'air commun et assez laide, et quant au curé, il est grand et assez jeune, mais fort grossier dans ses façons d'agir ; c'est ce que j'ai vu le jour qu'ils ont soupé tous trois chez moi ; pour M. Renansard, il est fort poli, mais indiscret et aimant le vin et le change-ment de femme.

Le 21, à 6 heures, M. le Pilleur d'Apligny qui ne se con-sole point de la mort de sa maîtresse quoiqu'il y ait plus de 6 semaines ; elle était pulmonique, elle est morte un mois après être accouché. Il a laissé ce qu'il lui avoit donné à ses parents quoiqu'il soit fort avare. A 7 heures, M. Seguier, avocat général au Grand Conseil. Même temps, un jeune abbé qui m'a demandé si je n'avois point appris des nouvelles d'un chevalier de Malte (1), qui étoit officier aux gardes-françoises et qui avoit été mis à Pierre-en-Cize pour avoir écris des vers mal à propos, qu'il venoit d'apprendre qu'on l'avoit renvoyé depuis peu à Malte avec deffense d'écrire à qui que ce fût, que cependant il avoit écrit à différentes personnes ; je lui ai dit que depuis environ dix mois, temps auquel il étoit venu chez moi, je n'en avois pas entendu parler, sinon une fois par M. Lauris son ami, qui le blâmoit de son étourderie et plaignoit son sort.

Le 22, Mme Fleurance est venue dîner chez moi avec M. Crosnier qui a voulu avoir une fille pour dîner avec elle, Mme Fleurance a consenti et pendant le dîner il s'est toujours entretenu avec Nanette en disant à Mme Fleurance :
— Je vous aime, mais je veux être libre, vous êtes ridicule, de trouver mauvaises mes façons, vous avez, dit-on, un jeune homme qui vient à mon défaut vous tenir compagnie — et autres propos semblables.

Le 23, sur les 10 heures, M. de la Garde, même temps Mlle Duhamel qui m'a évité l'embarras d'envoyer chercher une fille ayant bien voulu par complaisance en servir. A midy M. Croizet avec M. de Salins, son ami, ils ont dîné avec deux filles et sont sortis sur les 5 heures.

A 8 heures j'ai conduit Nanette chez le prince de Virtemberg (2) aux anciennes eaux de Passy, qu'il prend. Il m'avoit fait l'honneur de m'écrire de lui envoyer une paysanne et

---

(1) M. de Rességuier, chevalier de Malte, qui avait publié le *Voyage d'Amathonte*, ouvrage mêlé de prose et de vers (imprimé et supprimé en 1750, in-8). Satire sanglante, contre la Pompadour, Delatour, ancien imprimeur, mort à Paris, le 9 novembre 1807, possédait l'exemplaire de Berryer, lieutenant de police, on y avait ajouté une deuxième partie manuscrite qui n'a jamais été imprimée. Rességuier fut enfermé au château d'If et non à Pierre-en-Cize. L'abbé dont il est question doit être son frère cadet, l'abbé de Rességuier.
(2) Louis-Eugène, prince de Wurtemberg, second fils de la duchesse de Wurtemberg.

non autre chose. J'ai fait habiller Nanette en paysanne et l'ai
donné pour la fille d'un jardinier. Elle a couché avec le
prince qui lui a dit de le revenir voir deux jours après, sans
me le dire et qu'il la garderoit pour lui à son retour de Com-
piègne en lui donnant pour compagnie la femme de son valet
de chambre, mais cette fille n'ayant entendu parler qu'allemand, elle n'y veut plus retourner.

Le 24 à 5 heures 1/2 du matin, six jeunes gens dont partie
m'ont paru mousquetaires, ont cassé avec des pierres les croi-
zées et ont fait grand bruit à la porte, de façon qu'un voisin,
de dedans la maison a fait ouvrir, parce que son perruquier
se trouvoit en ce même temps à la porte pour le venir accom-
moder. Quand ils furent chez moi je ne pus leur refuser
l'entrée de ma chambre car ils en avoient enfoncé la porte ;
ils entrèrent comme des furieux disant qu'il y avoit des filles
et qu'ils en vouloient. Leur ayant dit qu'ils étoient mal infor-
més, ils cherchèrent partout et ouvrirent les portes de force,
ne trouvèrent rien ; continuant toujours à me dire qu'ils en
vouloient, que je leur en trouvasse et m'accablant d'injures,
ils achevoient de casser les carreaux des fenêtres avec leurs
épées disant que parce que je n'en avois pas, ils vouloient
que j'en envoyasse chercher, sinon qu'ils alloient mettre
tout en pièces. Je me suis vue contrainte de leur en envoyer
chercher.

Un moment après ils dirent que la fille tardoit à venir et
cassoient toujours ce qui se trouvoit sous leurs mains. Ils
dirent qu'il falloit que j'y fusse moi-même, sans quoi ils ne
laisseroient pas une glace entière. J'étais fort embarrassée.
J'ai chez moi dix glaces dont sept des plus belles appartenant
au propriétaire de la maison, l'apréhension que j'avois qu'ils
n'exécutent ce dont ils me menaçoient me força de sortir et
pendant mon absence qui ne fut pas longue, ils s'amusèrent
à couper les rideaux de mon lit presque du haut en bas, lar-
dèrent comme du bœuf à la mode, avec leurs épées, le traversin, les matelas et le lit de plumes. J'ai été fâchée car ce
lit étoit très propre et neuf ; je l'ai fait voir à M. Dumont

qui a du en rendre compte à Monseigneur ; la fille qui est
venue se nomme Dangeville et demeure chez le rôtisseur aux
Petits-Carreaux au troisième, elle en a reconnu un dans la
bande sous le nom de Mon Oncle, c'est ainsi que les filles
l'appellent chez les femmes. Il paroit âgé de 35 à 40 ans et il
faisoit plus le méchant que les autres ; je n'aie pas osé faire
venir le guet, crainte que ces gens-là ne me fassent encore
encore pis par la suite. Ils ont dit qu'ils devoient s'as-
sembler une bande pour aller casser les fenêtres de la
maison de M. le Prévost des marchands (1), feignant de
casser celles de M. la Grange Dupont et s'en sont allés en
disant qu'ils ne donnoient jamais d'argent et moy j'ai payé
la fille.

Après cette scène est arrivée Mme Clera qui m'a dit qu'elle
alloit demeurer rue Fremanteau, vis-à-vis la place du Louvre, à côté de l'Esprit, perruquier, et qu'elle auroit des filles.
Même temps, un mousquetaire dont j'ignore le nom, mais il
dit rester rue Gaillon au premier dans une maison en face de
celle de M. Le Riche, fermier (2). Sur les 6 heures 1/2, cinq
jeunes gens qui m'ont paru mousquetaires, dont l'un a dit
qu'il avoit appris à l'hôtel le bruit qui s'étoit fait chez moi et
ce qui s'étoit passé, ainsi qu'il vouloit aussi avoir des filles,
je leur ai parlé de façon qu'ils ont entendu raison et sont
sortis.

A 8 heures, trois des mêmes cinq jeunes gens sont encore
revenus disant la même chose et ont cherché partout et
n'ayant rien trouvé ils s'en sont allés à la fois en disant que
ce ne seroit pas la dernière fois, qu'ils reviendroient ainsi
que leurs camarades.

A 9 heures un Anglois assez francizé dont je n'ai pu découvrir le nom ni la demeure.

(1) Louis-Basile de Bernage, chevalier, seigneur de Saint-
Maurice, Vaux, Chassy et autres lieux ; conseiller d'Etat,
grand'croix de l'ordre royal et militaire de Saint-Louis.

(2) M. Le Riche de la Popelinière, fermier général, demeurait
rue Richelieu.

Le 25 à 4 heures après-midi, M. le comte de Turpin avec M. Champlé qui a la croix de Saint-Louis et qui loge dans l'hôtel de Condé, il y avoit avec, un Américain dont je ne sais pas le nom. Ils ont joué entre eux au piquet jusqu'à 8 heures, à 25 sols la fiche. M. le comte a gagné 40 livres, ils ont soupé avec la petite Nanette et la petite Dupré, M. Champlé m'a dit être le cousin de V. G. et m'a fait offre de service en cas de besoin par le moyen de M. de Chambeau qu'il connoit, m'ajoutant poliment que tant que je me gouverneroit comme on le lui avoit dit et ce qu'il en voyoit lui-même, les honnêtes gens se feroient un plaisir de venir chez moi, mais je crois que ces compliments n'étoient fait que pour tirer bon marché de son soupé, car il a grondé M. le comte de s'être engagé sans son aveu à donner un louis par tête. Il n'a fait que semblant de souper et s'en est allé seul à 11 heures, il a donné 9 livres, les deux autres ont couché au logis et sont sortis à 10 heures du matin.

Le 26, M. Renansard à 3 heures après-midi, à qui j'ai donné Mlle Dupré. Je n'en étois pas d'avis à cause de son état de chanoine, mais il m'a dit que j'étais folle et qu'on se faisait un plaisir de le recevoir partout ainsi que chez Mme Renaud qu'il connaissoit depuis sept ou huit ans, sur cela j'ai pensé qu'il falloit autant que j'eusse sa pratique qu'une autre. Il aime à boire et par cette raison, je lui ai dit que quand il ne resteroit qu'une heure ou 1/2 qu'il pairoit 12 francs et la dépense ; il en est convenu et l'a exécuté. Il est allé, mais il est revenu à 8 heures du soir et a demandé une fille nouvelle sous les mêmes clauses. Je lui ai donné la Dangeville avec laquelle il a resté jusqu'à 4 heures, qu'il est sorti pour aller souper chez M. de Ferget, il a dû repartir de l'hôtel Gaillard-Bois ou de l'hôtel de Lisieux, le matin, pour s'en retourner à son canonicat.

Le 27, environ une heure après-midi j'ai reçu la visite de M. Belingan et celle du chevalier de Desert, tous deux filous au jeu, ils n'ont d'autre argent que celui qu'ils attrapent aux dépens qu'ils font, je ne leur connois pas d'autres noms.

Du Dezert demeure rue Champfleury, chez un sellier au deuxième, Belingan, je crois, n'a d'autre demeure que celle de Mme Lecointe sa mère, qui loge rue de Touraine au troisième chez un tourneur proche les Cordeliers.

A 4 heures, M. le comte de Turpin qui sortoit de chez la veuve Desnoyers, rue des Petits-Carreaux, chez un fruitier au deuxième, vis-à-vis le Lion-d'Or. Il a fait cette connoissance aux Thuileries et cette femme lui avoit promis sa nièce, pourvu qu'il la fit habiller, la petite fille n'a que 11 ou 12 ans, la trouvant de son goût il a fait son marché qu'il donneroit deux louis pour tous frais à condition que la mère ne s'y trouveroit pas ; parole donnée, M. le comte se rend le 27 à midy, chez la dame Desnoyers où il trouve la fille et la mère, il persiste à dire que la mère s'en ira et reviendra à six heures, donne 12 livres à compte pour aller chercher à dîner, la mère dont je ne sais ni le nom ni la demeure a été lui acheter une poularde cuite à la Halle, qui s'est trouvée passée avec un morceau de fromage et après s'en est allée, mais étant revenue à 3 heures 1/2 au préjudice des conventions de M. le comte, il s'est mis de mauvaise humeur contre la tante, et la tante contre la mère jusqu'à vouloir se battre, s'envoyant faire foutre, sur quoi M. le comte qui avoit fait de la petite fille ce qu'il avoit voulu a pris occasion de la querelle pour décamper ne voulant pas donner les 36 livres restant, et ces deux femmes ne voulant pas démordre du prix lui ont dit beaucoup de sottises, voulant avoir de l'argent ou des gages. Mais M. le comte, plus fort qu'elles, s'en est allé sans rien donner de plus. Il rompt souvent ses marchés, car il y a environ trois semaines qu'étant convenu de donner six louis pour une fille neuve à Mlle Chedeville, à ce que m'a dit l'un de ces messieurs, il prit querelle pour se dédire de la somme après avoir couché avec la fille.

A 8 heures, M. de Noyelle et M. du Fresnay, tous deux Conseillers au Châtelet, avec un auditeur des Comptes dont je n'ai pu savoir le nom, ont soupé au logis avec deux filles et sont sortis à 1 heure du matin.

Et à 5 heures et demie le 28, sept jeunes gens sont arrivés dans la rue, y ont fait beaucoup de bruit, ont entré chez un fruitier où ils ont dit mille choses désagréables, ensuite ils ont jeté des pierres et se sont fait ouvrir la porte de ma maison, quand ils ont été entrés, ils ont demandé à déjeuner et des filles, ont fouillé partout et n'ayant trouvé dans une armoire que du Ratafia, ils l'ont bu entre eux et après m'ont obligé de leur donner à manger sans quoi ils casseroient tout, il y en avoit deux ou trois de la même bande qui avoit coupé le lit, dont un me disoit : « Vous devez savoir ce que nous savons faire, ainsi arrangez-vous là-dessus. » En disant cela ils ont cassé la bouteille qu'ils avoient vidé et les gobelets, m'ont demandé beaucoup d'artichauds, une salade et trois bouteilles de vin, ce que j'ai été contrainte de faire, ensuite ils ont voulu absolument des filles. J'ai envoyé chercher la même Dangeville ; bref, après avoir mis la maison sans dessus, sans dessous, avoir bien fait enrager Mlle Dangeville, et avoir déjeuné, ils s'en sont allés sans rien donner, et j'ai encore payer la fille pour eux.

Il y avoit dans le nombre un garde du Roy, mais je ne sais le nom d'aucun, il y avoit avec eux un mulâtre, ils ont joué un moment avec des cartes qu'ils ont trouvé et ensuite les ont mises dans leurs poches. J'oublie que pendant que ma cuisinière étoit allée à la Halle pour chercher ce qu'ils demandoient, deux d'entre eux ont disparu et comme je craignois qu'ils ne fussent dans une autre chambre à faire quelque fracas j'ai été les chercher pour voir ce qu'ils faisoient.

Je les ai surpris à essayer les clefs sur la porte de ma cuisine, ma présence les a interdit et ne purent achever. Il a fallu un serrurier pour raccomoder la serrure. Je puis les soupçonner de chercher à voler, attendu qu'ils avoient été faire perquisition en cet endroit avant que la fille en fusse sortie et avoient pu apercevoir des couverts d'argent, que c'est pour cela qu'ils avoient obligé la fille d'aller chercher des artichauds puisque dans le moment de l'absence ils tâchent d'en ouvrir la porte ; ce doit être des voleurs qui auroient pris sans doute mes couverts. Je leur en ai fait donner d'étain pour manger leur salade.

Ledit jour 28, à 5 heures après midi, un nommé Cedeville ou a un nom à peu près est venu, je le saurai car il a été l'entreteneur de Mlle Lebrun, une jolie fille qui a été chez Mme Fleurance (1) il y a trois ans et qu'on nommoit Manon la Picarde. Cet homme passe pour un fou dans ses façons d'agir et va raccrocher toutes les filles, si je m'étois trouvée au logis lorsqu'il y est venu je lui auroit refusé poliment l'entrée de ma maison. Je suis arrivée comme il alloit sortir. Il a reconnu Nanette pour l'avoir vu chez Mme Grangean. Il a dit être veuf depuis deux mois, il a bien 50 ans et n'en vaut pas mieux, car il fait ses coteries de la plus part des jeunes gens.

A 7 heures, est venu M. de Mondorge.

Du 29 juin 1751.—Pour ce qui regarde le jeu de Mlle Duhamel, voici, Monsieur, où les choses en sont :

Elle n'a joué chez elle que deux jours, le 15 et le 16 de juin, M. Malaval lui étant venu dire que V. G. savoit ce qui se passoit. Le 20 dans la matinée elle a été voir M. de Chassaigne qui en effet lui a dit que vous n'aviez rien ignoré de ce qu'elle tramoit même avant pour jouer. Il lui a dit aussi qu'elle me connoissoit et que j'avois dit que je mettrois dans leur banque 25 louis. J'ai effectivement dit un jour que j'étois chez elle et où je trouvois M. Fressinet et la baronne de Sablé que s'il ne leur manquoit que 20 louis, je les donnerois, mais c'est ce que je pensois le moins, ce n'étoit que pour être mieux initiée dans ce qu'ils auroient fait et lorsque je me serois vue pressée j'aurois reculé car je ne suis pas si

(1) La Florence, *femme du monde.*

dupe que de mettre mon argent dans la main d'une friponne comme la baronne, ni à d'autres joueurs parce que je m'imagine que l'on court avec tous le même danger, M. de la Chassaigne lui a dit ensuite qu'elle ne couroit pas grand risque, mais seulement d'une amende qui seroit réduite à 150 liv. et qu'auparavant elle pourroit avoir le temps de gagner de l'or qu'il ne lui préjudicieroit pas, mais que si V. G. lui donnoit des ordres, il iroit ; qu'il ne pouvoit quant à présent faire autrement et que tout ce qu'il lui promettoit c'étoit de garder le secret jusqu'à ce qu'il eût des ordres.

Sur cela Mme Duhamel a été chercher un autre logement, propre à cela mais n'en ayant point trouvé elle s'est mise de moitié de profit avec la baronne pour que l'on joue chez la baronne qui demeure rue Verderet dans une porte cochère au 2ᵉ, dans le second escalier à main droite, elle tient tout le carré ; il y a une grande salle meublée assez mal, l'on doit avoir commencé à y jouer hier 28, à 5 heures du soir. Je n'irois pas dans cette maison là et cependant je scaurois ce qui s'y passera en tous cas si j'y allois, ce sera le matin quand il n'y a personne et je verrai si ce que me dira Mlle d'Ablancourt se rapportera à ce que pourra me dire Mlle Duhamel ; je pourrois même bien y aller jouer puisque je connois le banquier, je veux dire celui qui fournit les fonds, mais je crains le jeu parce que j'y ai tout perdu ce que j'y ai joué autrefois, je crois même qu'ils ne seroient pas fâchés de m'avoir pour dupe, car je joue avec autant de tranquillité et de noblesse qu'un honnête homme pourroit le faire, en outre l'on me croit fort à mon aise car je n'ai jamais su parler misère, au contraire je leur ai laissé entrevoir que j'avois placés en dernier lieu cent louis, il n'en est rien par malheur, mai je sais qu'il faut toujours passer pour être dans l'opulence afin d'être bien venu partout.

Je supplie très humblement V. G. de vouloir bien me croire capable de discrétion. Je me suis rappelé que votre valet de chambre connoissoit mon nom dans le temps que je demeurois rue Jean Saint-Denis à cause de l'affaire de M. Gasdeville, par cette raison qui est vrai, il auroit pu me nommer plutôt à V. G., depuis ce temps il m'a toujours reconnu, je n'ai tenu avec lui, quand je l'ai trouvé, que des conversations courtes et de politesse.

L'on m'a dit il y a quatre jours que M. Gasdeville étoit à Passy et qu'il auroit un petit laquais qu'il faisoit mourir de faim, lui donnant beaucoup plus de coups que de bonne nourriture.

Du 12 juillet 1751. — Depuis le 28 juin jusqu'à ce jour il m'est arrivé ce qui suit :

Le 29 à 9 heures du matin est venu le fils d'un marchand de vins qui a vécu avec la petite Léger, il ne la voit plus. Cette fille fâchée de ce qu'il l'a quitté à cause qu'elle avoit toujours le nommé Carrier et le nommé Le Roy garçon, marchand, amant de Mme Lauzun sa bourgeoise, a écrit au père du jeune homme que son fils se gouvernoit mal et qu'il fréquentoit ma maison, le père en connoissance est venu me faire des questions, mais je lui ai répondu que je ne savois ce qu'il vouloit me dire et que je ne connoissois pas plus son fils que lui. Ce fils est venu me dire le mauvais procédé de ladite Léger, mais qu'il avoit tout nié à son père, la Léger demeure rue de Bourbon, chez un fruitier.

A 5 heures, M. d'Abrac, écuyer, à l'hôtel de Toulouse.

A 9 heures du soir, M. de Colonge qui m'a demandé trois filles, qu'il a mené souper chez M. Merlet, rue des Prêtres, derrière les Jésuites. C'est un officier, il y avoit chez lui M. Gabrichy, croix de Saint-Louis, et M. Riboutet. Je lui ai confié la petite Dupré avec une fille qui demeure chez le nommé La Croix, aux Petits-Carreaux et Nanette Poisson. M. de Colonge est venu coucher au logis avec la Dupré et s'en est allé à 7 heures du matin.

Le 1ᵉʳ juillet, à 7 heures du soir, un vieux monsieur qui paroist un homme d'affaires, demeurant rue Grenier-Saint-Lazare, dont j'ignore le nom.

A 8 heures, M. de Monroy et M. le Pilleur d'Apligny, son neveu, en sortant de chez moi, ils s'en sont allé chez

Mme Carlier où ils ont trouvé une petite fille nommée Raton, le neveu en est devenu subitement amoureux, veut l'entretenir, a demandé conseil à son oncle et l'oncle n'a pas voulu dire son sentiment.

A propos de M. Monroy, je me suis imaginé qu'il falloit que je l'introduisisse dans le jeu de Mlle Duhamel, ce qui s'est exécuté pour pouvoir par là savoir ce qui se passeroit sous prétexte que j'avois perdu de vue un jeune étranger et que je soupçonnois Mme Duhamel de s'en être emparée à mon insu.

A 9 heures, j'ai conduit une nommée Mme Cruchotel, femme d'un jeune perruquier pulmonique, qui demeure rue Mauconseil, chez M. le prince Virtemberg à Passy, elle y a couché et a eu ses deux louis, c'est le deuxième des trois frères.

Le 2, à 5 heures, M. Viard, gendarme de la Garde, amant de Mlle Fantis, la cadette et demeurant même maison, rue du Gros-Chenet (1).

Mme Dhosmont continua de la sorte à tenir le lieutenant-général de police au courant de tout ce qui se passait dans sa maison.

Au terme de Pâques 1752, elle loua une petite maisonnette, rue Saint-Fiacre, à côté d'un corps de gardes suisses ; cette habitation était occupée auparavant par la veuve Michelet qui louait des chambres garnies aux amoureux de passage, ce commerce clandestin ne rapportait pas autant que les maisons exclusivement consacrées à l'amour, aussi ne pouvant payer le loyer d'une maison déjà conséquente, la veuve Michelet se retira : ce fut alors que la Dhosmont s'enquit auprès du propriétaire, mineur dont le tuteur ne voulut pas la donner à moins de trois années, ce qui fut accepté.

La clientèle suivit docilement la Dhosmont sans se

(1) Arsenal, *Archives de la Bastille*, 10.253.

plaindre de ce changement, et la vie, rue Saint-Fiacre fut la même qu'à son ancien domicile, on y revoit les mêmes vieillards venant y chercher un semblant d'amour et s'essayer aux rôles de jeunes premiers ; les mêmes chevaliers d'industrie tâchant de trouver quelques dupes et les mêmes seigneurs venant se fournir de jolies femmes pour les orgies qui suivaient leurs célèbres petits soupers.

LA BAUDOIN

La Dlle Baudoin, maîtresse d'une maison de débauche, avait son sérail situé, en 1752, rue Saint-Thomas-du-Louvre, dans la maison d'un marchand de vin où pendait l'enseigne de la *Galère*, au second étage ; ses rapports envoyés à l'inspecteur de police Durocher étaient recopiés différemment des précédents ; augmentés d'une biographie de la proxénète ; ils sont résumés par Durocher qui la fait parler à la troisième personne comme si lui-même avait fait l'enquête ; moins long que le précédent, nous pouvons offrir aux lecteurs tout le dossier conservé à l'Arsenal sous la cote 10252, comportant la fin de l'année 1752 et 1753.

« La Dlle Baudoin, née à Paris, âgée de 40 ans environ, taille de 5 pieds 4 pouces, blonde, le visage plein, extrêmement grasse et puissante, a été dans sa jeunesse une des plus jolies femmes de Paris, elle est encore fraîche, son nom de fille est Bouton ; elle a une sœur mariée avec le sieur

Aubry, huissier audiencier au bureau des finances et une autre âgée de 34 ans demeurée fille honnêtement, laide, travaillant en chambre, à la Croix-Rouge. La Dlle Baudoin est l'aînée de ses deux sœurs, elle a été fort galante dans sa jeunesse et eut plusieurs entreteneurs, elle s'est ménagée dans ce tems là au point de s'être fait 600 livres de rente viagère qui lui sont payées par les héritiers de feu Chiquaneau, elle se maria il y a environ dix ans avec le nommé Baudoin, homme veuf, limonadier à Versailles, elle le crut fort à son aise ; elle a apporté en mariage son mobilier assez considérable avec 200 louis d'or comptant ; l'inconduite de son mari, naturellement libertin, débauché, rempli de dettes, l'a mis dans la nécessité de se séparer d'avec lui par accord fait entre eux sous seing privé au bout d'une année et de se retirer à Saint-Germain-en-Laye dans le couvent des Ursulines où elle a demeuré près de cinq années et d'où elle est sortie parce qu'elle ne payait pas sa pension qui lui étoit due par M. Chiquaneau (1) depuis trois à quatre années, elle se retira à Paris où elle se vit obligée de reprendre son ancien métier et de fournir des filles pour subsister ; son mary ayant appris quelque temps après qu'elle vivoit avec assez d'aisance, a tenté à diverses reprises de vivre avec elle et de s'entretenir de ses profits et notamment il y a deux ans et demi lorsqu'elle demeuroit rue Traversière, chez le vitrier, près la rue Saint-Honoré ; elle l'a toujours chassé de chez elle ; il s'y passa dans ce temps un bacchanal entre eux pour lequel ils furent conduits par le Guet chez le commissaire Cadot (2 par devant lequel ils rendirent leurs plaintes et vous présentèrent leurs placets sur leurs griefs respectifs qui me furent renvoyés pour vérifier les faits et en rendre compte, ce que je fis exactement avec un détail très circonstancié et long ; ils ne se sont pas revus depuis ce temps là ; le mari n'a actuellement d'autre métier que celui de faire voir des animaux

(1) Chycoineau de la Valette.
(2) Commissaire du quartier du Louvre, rue Saint-Honoré près de la rue d'Orléans.

curieux aux foires et sur le Pont-Neuf, c'est un ivrogne et un mauvais sujet. Sa femme est allé demeurer après son aventure de la rue Traversière, rue Saint-Honoré à la *Couronne d'Or* ; ensuite vis-à-vis le portail Saint-Roch et de là dans la maison où elle demeure présentement ; elle n'a cessé dans toutes ces demeures de fournir des filles sans bruit ni scandale, elle n'en fournit ordinairement qu'à des personnes d'un certain âge, gens en état de bien payer leur plaisir, elle mène ordinairement une de ses filles aux promenades publiques et aux spectacles pour les faire voir ; il se fait chez elle assez fréquemment des parties de souper à petit bruit, elle connoit quelques étrangers, ce n'est qu'après l'avoir prévenue qu'on vient chez elle ; elle a une espèce de fille de chambre qui n'est pas jolie qui lui sert dans l'occasion , elle a avec cela une vieille femme pour cuisinière ; elle est honnêtement logée et assez bien étoffée en meubles, elle a de la conduite, elle est modérée et connoit bien son Paris. »

Après cette courte notice sur la Dlle Baudoin, l'inspecteur Durocher commence, à la date du 3 novembre 1752, des rapports sur les agissements de la Baudoin et sur ce qui se passait dans la maison de la rue Saint-Thomas-du-Louvre.

3 novembre 1752. — La Baudoin n'a vu personne cette semaine si ce n'est le comte Potochi (1), seigneur polonois qui est venu lui faire ses adieux et est parti pour Strasbourg.

Elle a retiré de Bicêtre, la fille de l'afficheur de la Comédie-Française, qui vient d'y passer les grands remèdes, cette fille n'a que quinze ans, elle est assez grande, faite à peindre, le tour du visage joli avec de beaux yeux, elle est blanche et paraît avoir la gorge bien placée et naissante, elle va l'habiller et la tient en qualité de pensionnaire et compte ne

(1) Le comte Théodore Potocki.

la produire que dans quinze jours, tems qu'il lui faut pour paraître avec sa première fraîcheur. La Baudoin a reçu une lettre (1) de M. de Montmorin (2), lieutenant général des armées du roy et gouverneur de Fontainebleau, que j'ai lue ; il la prie de lui chercher une maîtresse, étant devenu veuf depuis quelques jours, la fille du procureur qu'elle lui avoit donner et qu'il a gardé cinq mois l'ayant quitté, il marque qu'il sera à Paris le 10, dans sa petite maison sur les Boulvarts.

Lorsque la cour sera de retour, et que tout le monde le sera de la campagne, la pratique dans Ie grand et le bon ne lui manquera pas.

17 novembre 1752. — Le marquis de Montmorin père, ayant écrit de Fontainebleau à la dame Baudoin qu'il avoit congédié la maîtresse qu'elle lui avoit donné et qu'il a gardé pendant quatre mois, qu'elle lui en procura une autre en la conduisant dans une petite maison sur les boulvarts, entre la rue Poissonnière et celle de Montmartre où il arriveroit le 10 de ce mois ; elle lui amena dimanche dernier la demoiselle Rozières, qui demeuroit chez la Constantin, rue l'Evêque, en chambre garnie. Cette fille est de Metz, elle est âgée d'environ 19 ans, taille de cinq pieds, visage ovale joly avec de belles dents, les cheveux châtains bruns, yeux de même, assez blanche avec peu de gorge et bien faite ; elle a été il y a un an au chevalier de Joyeuse qui l'a gardée pendant deux mois chez lui où il la tenoit comme une esclave ; elle a été encore produite par différentes femmes dans des parties de souper, la Florence l'a eue chez elle pendant huit jours.

Le marquis de Montmorin l'ayant trouvée de son goût lui a fait plusieurs questions sur l'état de sa santé, qu'elle

____

(1) En marge dans le Ms., *datée du 30 octobre.*

(2) Jean-Baptiste-François, marquis de Saint-Herem, né le 10 février 1704, gouverneur du château de Fontainebleau. Capitaine des chasses, colonel du régiment de Forez en 1738, brigadier des armées, 1743 ; maréchal de camp, 1744 ; lieutenant général, 1748 ; gouverneur de Belle-Isle, 1772 ; chevalier des ordres du roi, 1773, mort vers 1779.

a d'abord dit être bonne et ensuite qu'elle croioit avoir des fleurs blanches, cela a déterminé le marquis a envoyer chercher un chirurgien par qui elle a été visitée et qui a caractérisé ces prétendues fleurs blanches d'une gonorée, malgré ces incidents, il l'a retenue chez lui où il la fait traiter et lui donne trois cents livres par mois.

La Baudoin doit encore fournir une maîtresse à son fils (1), elle lui destine la demoiselle qu'elle a chez elle, fille de l'afficheur de la Comédie Française, aux conditions qu'elle demeure en pension chez elle à raison de cinq louis d'or par mois et qu'il lui paiera les dépenses qu'elle a faites pour elle tant en habit qu'en linge depuis qu'elle est sortie de Bicêtre, il l'a vue sans l'avoir encore touchée, il en a été content et leur marché se conclura dans la fin de la semaine prochaine, tems auquel elle juge que le mercure qu'on lui a introduit aura fait son effet.

M. Potaski le sieur Polonais est venu trois fois depuis huit jours chez la dame Baudoin, mais il n'y a vu aucune fille ; la chapellière de la rue aux Ours, chez qui il va souvent, lui en fournit à meilleur marché, et d'ailleurs soupçonnant ses pièces en mauvais état, elle ne lui en offre pas, elle croit aussi que la Chantrée, sa maîtresse, est dans le même cas.

24 novembre 1752. — Le marquis de Montmorin père, n'a pas gardé longtemps Mlle Rozière, il lui avait donné le sieur de Pibracq, son chirurgien pour la guérir de la gonorée qu'il lui avoit reconnue, la Constantin chez qui elle demeurait avant d'être à lui, lui aiant fait entendre qu'elle en avoit un qui la guériroit plus vite et à meilleur marché, elle s'est mise entre ses mains, cela a déplu au marquis ; il vint tout de suite en faire ses plaintes à la Baudoin, il y rencontra par hasard la demoiselle Staimberg, Allemande, demeu-

(1) Jean-Baptiste-Calixte de Montmorin, marquis de Saint-Herem, né à Paris, le 4 août 1727, gouverneur de Fontainebleau, colonel du régiment de son nom, maréchal de camp en 1762, gouverneur de Belle-Isle, mort au château de Volloré, en Auvergne, en 1781.

rant depuis deux mois rue St-Honoré, chez Bertrand, orlo-
ger à côté du café Dupuy, occupant le même appartement
où a été arrêtée la femme Simon, macrelle, avec quatre
filles qu'elle avait chez elle (1).

La Baudoin s'apercevant que le Marquis regardoit la
Staimberg avec des yeux de concupiscence, lui demanda
lorsqu'elle fut sortie ce qu'il en pensoit et lui aiant témoigné
qu'il ne seroit pas fâché de l'avoir au lieu et place de la
Rozière, ils apointèrent une partie de souper chez elle pour
le lendemain, le Staimberg en fut instruite dès le même
soir, l'accepta et se prépara à recevoir avec décence et dans
toute sa magnificence le Marquis, elle est parfaitement bien
meublée et encore mieux nipée, le souper fut servi délicate-
ment, le marquis en fut enchanté ainsi que de la parure et
des agrémens qu'y fait donner la Staimberg ; mais elle soutint
mal son personnage dans la fin du repas où elle se trouva
prise de vin, excès assez ordinaire chez elle et à sa nation,
elle y déparla et tint des propos si indécents sur un ami du
Marquis, qu'il s'en dégoûta et se retira fort peu satisfait.

La Baudoin ne fut pas fâchée de l'aventure connoissant
la Staimberg pour une bavarde, une impertinente et d'une
hauteur insupportable, elle profita de cette occasion pour
lui proposer un pucelage de trois mois dans la personne de
la Dlle Marianne Prouvée, dite Dassigny, qui devoit sortir
de l'hôpital dimanche dernier, à la sollicitation du Sr Rousselet, directeur des spectacles à Rouen qui avoit demandé
sa liberté comme étant à lui et engagée dans sa troupe, elle
sortit effectivement ce jour-là, amenée par le Sr Rousselet
et la Baudoin qui leur donna à dîner ; Rousselet la trouva
à son gré et voulant profiter de l'obligation que cette fille
lui avoit de l'avoir sorti de la captivité, lui fut louer une
chambre chez un perruquier rue Saint-Honoré, près l'Opéra,
faisant passer cette fille comme arrivant de province et

(1) La Simon avait été arrêtée le 29 octobre 1750, conduite à la
Salpêtrière, elle y resta jusqu'au 21 may 1752. (Arsenal, *Arch.
de la Bastille*, 12.695).

engagée dans sa troupe, il ne la donna pas pour une vestale, il la conduisit vers les huit heures du soir dans cette
chambre, ils avoient dîné fort tard, ils n'avoient pas envie
de souper, leur empressement plus grand étoit de se coucher ce qu'ils firent aussi, mais ils ne furent pas peu surpris
d'entendre frapper à leur porte vers les onze heures, c'étoit
l'hôtesse qui faisoit un train de chien, on lui ouvrit, elle les
sermonna en mégère, en leur disant qu'elle n'avoit point
loué sa chambre à deux personnes, que la Dlle pouvoit y
rester, mais qu'il falloit que le Sr Rousselet alla chercher
ailleurs un gîte, il n'y eut pas moyen de faire entendre raison
à l'hôtesse, il fallut s'habiller, Rousselet piqué de son procédé conduisit sa Dlle chez la Baudoin qui lui donna le
couvert et il fut passer le reste de la nuit au bal de l'Opéra,
aiant prévenu son hôte qu'il ne viendrait pas coucher cette
nuit chez lui.

Le marquis de Montmorin instruit par la Baudoin de la
Dlle Prouvé vint le lendemain à midi chez elle et l'y trouva,
elle lui fit l'histoire de l'aventure qui l'avoit conduite à
l'hôpital ; c'est le sieur Meusnier qui l'arrêta, il y a environ
trois mois, vis-à-vis l'église Saint-Roch, dans un fiacre,
habillée en homme, ce fut la Montbrun, macrelle, demeurant
rue Montorgueil, qui lui procura cette capture, ce fut elle-
même qui fit la proposition à cette fille de ce déguisement
en lui prétextant qu'il étoit absolument nécessaire pour voir
la personne chez qui elle devoit la conduire faubourg Saint-
Honoré, elle lui en apporta elle-même tout l'ajustement à
l'hôtel Saint-Laurent, rue du Four-Saint-Germain où elle
lui donna un domestique pour l'accompagner et partit devant
pour aller, disoit-elle, l'attendre à la Porte Saint-Honoré ;
cette fille se plaint amèrement de cette manœuvre et malgré
que la réputation des honnêtes gens ne dépende pas de la
critique de ces espèces de filles, cela ne laisse cependant pas
que d'augmenter l'idée désavantageuse que le public a de
nous.

Le marquis de Montmorin, touché de l'état misérable de

cette fille, la trouvant d'ailleurs à son goût, l'a accepté pour l'entretenir au lieu et place de la Rozière qu'il renvoya le même jour ; il donna 6 louis à la Baudoin pour lui acheter des hardes, n'aiant qu'un simple déshabillé et la conduisit le lendemain dans sa petite maison sur les boulvarts, il lui a donné une fille de chambre et trois cents livres par mois pour sa nourriture et son entretien.

La Dlle Prouvé, dite Dassigny, est du pays d'Artois, elle est âgée d'environ 24 à 25 ans, elle est grande et bien faite, les cheveux bruns, la peau assez blanche, le visage ni beau ni laid ; elle a beaucoup de gorge, on la dit grosse de cinq mois, quoiqu'elle n'en convienne pas, elle a été entretenue dans sa première jeunesse par un maréchal de camp avec qui elle a fait diverses caravanes, habillée en homme ; M. Castella, officier aux gardes suisses, a été son dernier entreteneur ; elle a la réputation de mentir comme un laquais, celle d'une fourbe et d'une impertinente et avec cela putain comme sainte Nicole ; avec un tel caractère qu'elle ne pourra s'empêcher de dévoiler, il y a apparence que le marquis de Montmorin ne la gardera pas longtemps.

8 décembre 1752. — Le marquis de Montmorin père qui entretien la Saint-Sire depuis environ douze jours à qui il a payé pour 40 louis de dettes et fait présent d'une robe de satin, paraît avoir dessein de s'en défaire, les traits de prostitution de cette fille qu'on lui a raconté l'en ont dégoûté, il a envoyé, il y a trois jours, son fils chez la Baudoin pour lui raconter son aventure et la prier de lui procurer une autre maîtresse ; elle lui a proposé une jeune femme retirée dans une communauté, fauxbourg Saint-Marceau qu'elle dit grande, bien faite et jolie et qui fait de tems en tems des parties chez la Duval, rue Montorgueil et rue Betivi, chez une autre femme dont elle ne m'a pas pu dire le nom ; elle s'est donnée dans ces deux endroits sous le nom de marquise de Vaucouleurs qu'on croit un nom supposé ; elle doit se rendre dimanche prochain chez la Baudoin pour y être pré-

sentée au marquis de Montmorin, elle tâchera de pénétre
ses aventures et son véritable nom.

La Prouvé d'Assigny, depuis qu'elle est sortie d'avec l
marquis de Montmorin, est allé chercher des aventure
amoureuses dans plusieurs bals, entre autres, chez l
Le Blanc, rue des Boucheries-Saint-Honoré, où elle s
donna pour une jeune dame de province, nouvellement arri
vée. Le Sr Rousselet, chez qui elle s'étoit retirée en sor
tant d'avec le marquis de Montmorin, l'a abandonnée, ne l
trouvant jamais dans le logement qu'il lui avait procur
rue Mazarine, vis-à-vis chez lui, ayant appris en outre qu'u
domestique lui faisoit la cour.

La Baudoin n'a pas encore produit la fille de l'afficheu
de la Comédie Françoise qu'elle a chez elle en pensio
depuis sa sortie de Bicêtre où elle a passé les grands remè
des, elle l'a conduite hier aux secondes loges de l'Opér
pour y tenter fortune.

Elle assure que le comte Georzchi Potoski, qui n'a pa
paru chez elle depuis huit jours, est allé avec la Chantr
passer une quarantaine dans une maison du Sr Thomas
chirurgien de Bicêtre où il les passe pour les grand
remèdes.

16 décembre 1752. — Le marquis de Montmorin qu
paroit l'inconstance même a renvoyé la petite Saint-Sire d
sa petite maison sur les boulvarts, il n'est point venu comm
il l'avoit promis dimanche dernier chez la Baudoin pour
voir la demoiselle qu'elle lui avoit proposé, d'ailleurs il n
l'y auroit pas trouvé, cette demoiselle ou femme, dont ell
n'a pas encore pu savoir le vrai nom, n'ayant pu sortir d
couvent où on la dit être ; elle soupçonne qu'elle se ser
pourvue, c'est ce qu'elle a promis de découvrir ; elle fut, i
y a huit jours, à l'Opéra où elle accompagna la petite pen
sionnaire pour tâcher de la produire, mais elle en fut pou
ses frais, elle n'a eu personne de la semaine.

5 janvier 1753. — Le comte de Mnixeh (1) n'a fait aucune réponse aux deux lettres que la Baudoin lui a fait rendre au sujet de la petite Moncan qu'elle lui avoit procuré pour maîtresse. Les Stlemann sont susceptibles des premières impressions et n'en reviennent que difficilement, Jevaski, valet de chambre de son neveu, est venu seulement lui dire qu'il lui feroit un présent pour la dédommager du tems qu'elle avoit perdu ; elle n'a eu d'autre parti à prendre que de retourner chez la Baudoin, avec sa fille de chambre, ce qu'elles firent samedi dernier et non sans beaucoup de disputes avec la femme Crissien qui a fait de nouvelles tentations pour la produire au comte de Beni-hem (2) sans y avoir pu réussir.

La Baudoin soupçonne que c'est Jevaski qui a fait jouer tout le rôle à la femme Crissien pour dégouter le comte de la petite Moncan et que ce qui le porte à cette manœuvre n'a été que le désagrément qu'il a ressenti d'être reconnu par la Baudoin pour valet de chambre du neveu du comte au lieu de leur ami, pour qui il s'étoit donné chez elle ; il est revenu chez elle plusieurs fois depuis que la petite Moncan y est rentrée et lui apporta avant hier quatre louis de la part du comte en forme de dédomagement du temps qu'elle avoit perdu, elle n'en est nullement contente et médite une entrevue avec lui, pour s'expliquer sur ce qui s'est passé, elle compte le rencontrer dans l'église Saint-Sulpice où il va souvent à la messe et elle y conduira les deux plus jolies filles de Paris, pour exciter sa curiosité et en avoir meilleure audience.

12 janvier 1753. — Depuis le retour de la petite Moncan, fille de l'afficheur de la Comédie Françoise chez la Baudoin, cette dernière n'a encore pu lui procurer d'entreteneur ; elle l'accompagna au dernier bal de l'Opéra, dans le dessein d'y rencontrer quelqu'un de ses anciens amis pour leur faire

(1) Le comte Mniszek qui avait été grand maréchal du dernier roi de Pologne.
(2) Le comte de Beningem d'Autriche.

voir, mais elle n'en pu voir aucun d'assez cossu pour cela, la compagnie n'étoit rien moins que nombreuse et assez mal composée tant en hommes qu'en femmes et il n'y avoit presque plus personne à 4 heures du matin.

M. Isnard, homme d'environ 40 ans, taille de 5 pieds 4 à 5 pouces, qu'elle croit avoir une charge à la Cour et qui demeure rue Thérèse, chez Delpèche, fut le seul qui lui parla au bal et lui demanda la permission de venir voir la petite Moncan, il y vint effectivement avant hier, s'amusa seulement avec cette fille, lui donna deux louis, il entretient depuis longtemps une fille qui demeure chez la Garon, rue des Vieux-Augustins dont il a eu un enfant et qui occupe dans ses meubles un appartement de 600 livres, c'est une brune qu'on dit ni belle, ni laide. M. Isnard a promis à la Baudoin de la revenir voir, elle prendra des informations sur ses qualités et ses facultez.

19 janvier 1753. — M. de Polmi d'Argenson (1) vint voir il y a aujourd'hui 8 jours la Baudoin et s'y annonça de la part de M. Montamant, concierge du Gouverneur du Palais-Royal, il lui demanda une fille, elle lui fit voir la petite Moncan, sa pensionnaire, elle lui plut, il s'amusa avec elle et lui donna 12 livres, il promit de la revenir voir. M. de Montamant y vient le mercredi suivant en lui annonçant que c'étoit lui qui lui avoit envoyé M. de Polmy, qu'elle se tînt prête avec la petite Moncan pour le lendemain jeudi, qu'il les envoiroit chercher pour venir souper chez lui où il se trouveroit, il lui fit les offres de la protéger auprès de M. le Lieutenant-Général de la Police avec qui il étoit extrêmement lié, ne doutant pas qu'il ne lui accordât ce qu'il lui demanderoit, elle répondit qu'elle n'avoit pas l'honneur d'en

---

(1) Le marquis de Paulmy d'Argenson, né le 22 novembre 1722, fils de René-Louis-Voyer d'Argenson, fut avocat du roi, au Châtelet, conseiller au Parlement (1744), maître des Requêtes (1747), ambassadeur en Suisse, puis il obtint la survivance de son oncle au secrétariat d'Etat de la guerre (1751). Son oncle Marc-Pierre de Voyer de Paulmy d'Argenson, avait été lieutenant général de police.

être connue et que d'ailleurs, ne donnant aucune prise sur sa conduite elle ne s'imaginoit pas qu'il fût nécessaire qu'il lui demandât aucune grâce pour elle, il voulut voir la petite pensionnaire qui s'étoit amusée avec M. de Polmi, il la trouva jolie et prit quelques divertissements avec elle, lui donna 12 livres ; on l'attendit le lendemain ainsi qu'il l'en avoit prévenu mais il n'est pas venu, elle sait à n'en pas douter qu'il procure à M. de Polmy ainsi qu'à d'autres des filles et qu'il est peu de femmes qui fassent le métier d'en donner qu'il ne connoisse et qu'il n'aille voir ; elle le connoit depuis très longtemps sur ce ton et qu'il se fait d'assez jolies parties dans l'appartement qu'il occupe au Palais-Royal.

˙ *9 février 1753.* — Le 28 du mois dernier la dame Baudoin conduisit à l'opéra la petite Moncan, sa pensionnaire, pour tâcher de la produire à quelqu'un de ses connoissances, elle y reconnut le marquis d'Anduse, sénéchal de la ville d'Arles, en Provence ; à Paris depuis six mois et y demeuran rue des Poulies, chez le rôtisseur en entrant par la rue Saint-Honoré à droite, elle le connoit depuis environ dix-huit ans et pour lui avoir prêté il y en a dix-sept, trois louis d'or lorsqu'il étoit détenu au Grand Châtelet pour deptes, qu'il ne lui a pas encore rendu quoiqu'elle lui ait, dans plusieurs voyages qu'il a fait à Paris dans cet intervalle de tems, elle ne manqua pas de le faire ressouvenir de sa depte ; il lui promit de la venir voir le dimanche suivant pour la conduire ainsi que sa pensionnaire au bal, il a tenu parole, leur a donné à souper et furent ensuite au bal d'où il les reconduisit chez elle à 6 heures du matin où ils déjeunèrent et furent à la foire de Saint-Germain où il leur acheta des colifichets ; il a bien pu dépenser tant dans le souper que pour les frais du bal, déjeuner et colifichets, la valeur de trois louis, il a voulu s'amuser avec la petite Moncan qui s'est refusé à toutes les propositions qu'il lui a fait, il promit à la Baudoin de leur faire faire connoissance avec le bailly de Saint-Simon, pour lui faire entretenir sa petite pensionnaire ; il revint le surlen-

demain lui annoncer qu'il lui en avoit parlé et qu'il seroit
charmé de l'avoir sur le portrait qu'il lui en avoit fait qu'il
lui donneroit 500 livres par mois et un logement dans le
Temple et que dans la fin de cette semaine, il lui donneroit
un rendez-vous pour conclure cette affaire, ce qu'elle attend
avec impatience.

Le marquis Danduse (1) est âgé d'environ 55 ans, d'assez
vilaine figure, c'est un débauché qui a beaucoup mangé de
biens, il est d'une très bonne condition, allié à la maison de
la Fare.

La Prouvé dite Dassigny, est venue voir il y a quelques
jours la Baudoin pour lui faire part de sa bonne fortune
étant entretenue depuis environ 2 mois par un jeune homme
de famille, fils unique qu'on nomme Courtan et pour la prier
de venir dîner chez elle avec lui, elle demeure rue des Vieux-
Augustins chez Beuve, serrurier, au premier, elle y fut mercredi dernier et vit le jeune homme, taillé d'environ 5 pieds
1 pouce, âgé de 22 ans, d'assez jolie figure, la Dassigny lui
fit voir tous les effets et bijoux qu'elle en avoit eu qu'elle
évalue à environ mille écus ; ce jeune homme doit la mettre
dans ses meubles, immédiatement après ses couches qu'elle
est sur le point de faire.

16 février 1753. — Le rendez-vous qu'avoit proposé le
marquis Danduse à la Baudoin, pour procurer la petite Moncan au bailly de Saint-Simon, qu'il lui avoit annoncé devoir
l'entretenir, n'a pas eu lieu, il est cependant revenu chez elle
et elle a jugé par ses discours qu'il l'avoit leurée.

Dimanche dernier, le baron de Ficher (2), commandant
un corps de troupes légères de son nom avec un capitaine de
son régiment, la vint voir, dînèrent et soupèrent chez elle,
et s'amusèrent avec la petite Moncan, le Baron coucha le

(1) Marquis d'Anduze, sénéchal de la ville d'Arles, était issu
d'une vieille famille du Languedoc.
(2) Le baron de Fischer, brigadier d'infanterie, avait été colonel du régiment des troupes légères commandées par le marquis
de Conflans. Il mourut à l'armée du Bas-Rhin, en 1762.

lendemain avec elle, et y soupèrent encore le mardi ; elle n'a pas été contente de leur générosité, le baron n'a donné qu'un louis d'or et le capitaine 36 francs , ils ont payé en outre les repas qu'ils ont pris chez elle, lui ont foit de grandes promesses, et puis c'est tout ; ils demeurent rue de Condé, hôtel des Gueldres.

La Baudoin n'est pas logée commodément où elle est actuellement, a loué pour Pâques, l'appartement qu'occupe la Leblanc, rue des Boucheries-Saint-Honoré qui a une sortie rue Richelieu où elle compte mieux faire ses affaires.

Le 23 février 1753. Le colonel Ficher et le sieur Pleinchamps, capitaine dans son régiment, demeurant à l'hôtel des Gueldres, rue du Four et non rue de Condé, vis-à-vis la porte de la foire, vinrent vendredi dernier chez la Baudoin ; ils y soupèrent le lendemain avec M. Souri, officier suisse dont la Compagnie est à Rueil, c'est un ieune homme d'environ 25 ans, taille 5 pieds 5 pouces ; le baron Dandelo (1) étoit de la partie, il est âgé de 30 ans environ et de taille 5 pieds 6 à 7 pouces, les cheveux blonds et les yeux louches. Logé à l'hôtel d'Espagne, rue Dauphine; ils la menèrent ainsi que la petite Moncan vers les onze heures du soir au bal de la Dagonville, rue des Mauvais-Garçons, faubourg Saint-Germain d'où ils partirent une heure après pour celui du Temple où ils restèrent jusqu'à trois heures du matin. M. Pleinchamps reconduisit la Baudoin et emmena coucher chez lui la petite Moncan à qui il a promis beaucoup sans lui donner un sol, elle revint le dimanche à midi, à ce qu'il parut, fort peu satisfaite. Le marquis Danduse vint la voir l'après-midi, il y soupa, le sieur Pleinchamps et le baron Dandelo arrivèrent au dessert, il pouvoit être dix heures ; ils firent beaucoup d'instances pour emmener avec eux la petite Moncan auxquelles la Baudoin ne voulut point céder, se trouvant avec le marquis Danduse ; elle leur reprocha qu'ils en avoient joui pendant 8 jours avec leurs amis pour

(1) François-Eléonore d'Andlau. Il mourut en 1763.

2 louis d'or qu'ils lui avoient donné, qu'elle étoit prête à leur céder pourvu qu'un d'eux l'entretînt et lui remboursât les avances qu'elle lui avoit fait ; ils lui tinrent là-dessus de fort mauvais propos et la menacèrent de la faire sortir de chez elle sans lui donner un sol. Enfin ne pouvant point honnêtement l'enlever de la compagnie du marquis Danduse, témoin de tous ces propos, ils se retirèrent. Le marquis qui avoit donné un rendez-vous au bal de l'Opéra à un sieur Espagnol pour lui faire connoître la petite Moncan, l'y accompagna avec la Baudoin, le seigneur s'y trouva effectivement, cette fille lui plut, et revint avec elle chez la Baudoin où il s'amusa et coucha pendant trois heures, il lui donna 4 louis d'or. Ce seigneur espagnol s'appelle le comte d'Aranda (1) ; il est grand d'Espagne de la première classe, âgé d'environ 40 ans, taille 5 pieds 5 pouces, le visage olivâtre, les yeux louches et l'un d'eux taché, c'est le même que j'ai connu à l'armé du Comte de Gages en Italie, colonel du régiment de Castille et qui doit être aujourd'hui Maréchal-de-Camp, c'est un seigneur très riche et qui dépense beaucoup, il est à Paris depuis deux mois, logé à l'hôtel de Tréville, rue de Tournon, il promit à la Baudoin de la venir voir dans la semaine.

Le lundi M. Souri, officier suisse, avec un de ses amis vint chez elle, lui proposer de la mener avec sa pensionnaire à la Comédie Italienne et n'y fut point, elles furent souper chez le marquis Danduse. Le mardi la petite Moncan témoigna, une grande envie d'aller à la foire pour y voir les jeux, elle se para de ses plus beaux habits ; elles y burent, elles y rencontrèrent au moment de leur arrivée le sieur Pleinchamps, le baron Dandelo et deux de leurs amis qui les accostèrent et avec qui elles se promenèrent plusieurs tours et lorsqu'ils alloient sortir, la petite Moncan profita de la foule pour se dérober à la Baudoin et s'en alla avec les sieurs Pleinchamps

(1) Don Pedro Pablo Abaraca y Bolea, comte d'Aranda, diplomate et homme d'Etat espagnol, né en 1718, son entreprise la plus audacieuse fut l'expulsion des Jésuites d'Espagne en 1767.

et Dandelo, ce fut inutilement qu'elle la chercha dans la foire avec une autre femme avec qui elle étoit venue. Elle n'en a eu des nouvelles que le lendemain mercredi, l'après midi, que le hasard la fit apercevoir faubourg Saint-Germain, en allant voir le comte d'Aranda pour lui proposer une fille qu'il lui avoit fait demander le matin ; elle ne put joindre la Moncan qui se retira dans une maison lorsqu'elle l'aperçut, elle ne put que la faire suivre par une femme qui étoit avec elle dans un carrosse et de qui elle apprit qu'elle avoit couché la veille avec le baron Dandelo et qu'elle pourroit la voir chez la Desportes où elle devoit aller ; elle l'y trouva effectivement le même jour, lui reprocha sa conduite et son ingratitude, à quoi elle répondit fort mal, ce qui fit que d'accord avec la Desportes elle lui ôta les habits qu'elle lui avoit donné en l'abandonnant.

La Baudoin conduit le même jour, à 9 heures du soir, la petite Bourset chez elle pour la faire voir au comte d'Aranda qui s'y rendit l'instant d'après, s'amusa et resta avec elle pendant environ deux heures, il lui a donné dix louis d'or l'ayant trouvé jolie ; cette fille est âgée de dix-neuf ans, elle est brune, elle a les yeux vifs et est fort bien faite dans sa taille médiocre, elle a été cy-devant maîtresse du vieux Montamand et de M. Fontaine, secrétaire des commandements du duc d'Orléans, elle demeure rue Neuve-Saint-Eustache dans la même maison de la Devaux, au second après l'entresol, sur le devant, elle est fille d'un cordonnier appelé Viot demeurant rue aux Ours dont la femme est ravaudeuse, comme le Comte d'Aranda aime les changements, elle lui a donné un rendez-vous au bal de l'Opéra qui fut hier lui promettant de lui faire voir la Latour, fille âgée de 18 ans grande et bien faite qui demeure chez la Paris.

Le même jour d'hier dans la matinée, les sieurs Pleinchamps, baron Dandelo avec deux autres officiers suisses sont venus chez la Baudoin, lui dire mille impertinences, surtout les deux premiers, la menaçant de la faire mettre à l'Hôpital, si elle ne leur donnoit dans l'instant les hardes qu'elle avoit ôté la veille à la petite Moncan, elle a eu beau leur représenter que ces mêmes hardes lui appartenoient parce qu'elle ne les avoit pas payé puisqu'elle lui devoit plus de 25 louis d'or qu'elle avoit avancé pour elle, ils n'ont point voulu se rendre à de semblables raisons et enfin pour éviter leurs emportements, elle s'est vu obligée de les leur remettre, n'aiant pu faire sortir sa servante pour envoyer chercher des secours, elle assure qu'ils ont tenu dans cette occasion des propos les plus forts de corps de garde, ils l'ont traité de mouche de police qui rendoit compte de tous ceux qui venoient chez elle et que c'étoit la Moncan qui le leur avoit dit ; le complot de l'enlèvement de cette fille a été fait chez la Locques, marchande de bière à la foire Saint-Germain et qui demeure rue de la Comédie-Françoise ; la Baudoin soupçonne que cette fille demeure actuellement chez elle.

2 mars 1753. — Depuis l'enlèvement de la petite Moncan par les sieurs Pleinchamps et Dandelo, la Baudoin n'a eu personne, ces deux messieurs l'ont envoyé chercher pour lui faire rendre les effets de cette fille, elle la trouva dans le lit du sieur Pleinchamps, elle avoua qu'elle lui devoit sa pension et partie de ses effets ou ajoustements qu'elle portoit ; sur quoi ces messieurs promirent à la Baudoin de lui envoyer une douzaine de louis d'or dont elle devoit se contenter pour paiement ; mais au lieu de tenir leur parole le sieur Pleinchamps lui a envoyé plusieurs fois son domestique lui redemander les effets de la Moncan sans argent, ce qui fait qu'elle les a refusé ; ce domestique l'a menacé que si elle ne les rendoit pas, son maître et ses amis viendront faire tapage chez elle, de façon qu'elle n'est rien moins que contente de semblables procédés ; elle a appris que la petite Moncan étoit employée par la Desportes qui a trois dépôts de filles dans différents quartiers de Paris pour lesquels elle fait raccrocher publiquement, que celui où est la Moncan est rue du Chantre dans une chambre au second à côté d'un tapissier.

Le comte d'Aranda a été à Versailles, il fut dimanche dernier au bal de l'Opéra avec une fille que lui a procuré la Montbrun, il en change comme de chemises.

9 mars 1753. — Les sieurs Pleinchamps et d'Andelo ne sont plus revenus chez la Baudoin. Le premier lui a écrit les trois billets cy-joints réclamant les effets de la petite Moncan qu'elle a rendu, aimant mieux perdre ce qu'elle lui a avancé que s'exposer à nouvelles impertinences de leur part.

Le comte d'Aranda vint samedi dernier et s'amusa avec la demoiselle Bourset à qui il donna 4 louis d'or, il revint le lendemain et vit la demoiselle Morphise (1) cy-devant entretenue par M. Desferan, aiant actuellement un conseiller qu'elle ne connoît pas, elles sont cinq sœurs dont quatre fort jolies, cette première demeure rue des Deux-Portes-St-Sauveur, chez l'ébéniste, au premier et les autres dans le même quartier.

M. Helvetius, maître d'hôtel de la Reyne, vint lundi soir et s'amusa un moment avec la demoiselle Lemaire qui se faisait appeler auparavant la Damoncourt, elle demeure rue St-Honoré, en chambre garnie, près le cloître, chez le manchonnier (2), au second.

Le marquis Danduse vient presque tous les jours mais sans conséquence.

Le 6 avril 1753. — Le sieur Joasky, polonois, vint samedi dernier l'après-midi chez la Baudouin, il y vit la demoiselle Laîné, fille âgée d'environ 19 à 20 ans, brune et bien faite, il lui donna un louis, elle est de Lyon et depuis un an et demi à Paris, elle demeure rue Pagevin chez un vitrier. Il revint le lendemain dimanche, étoit là demoiselle Marot qui se fait appeler aujourd'hui la Durant, cette fille est âgée de 17 ans, elle est brune et fort jolie, c'est la fille d'un tailleur de Ver-

----

(1) La Dlle Morfï, sans doute l'une des sœurs de la petite Morfi qui fut maîtresse de Louis XV sous le nom de O'Murphi.

(2) Manchonnier. qui fait des manchons de verre destinés à former une feuille étant ouverts.

sailles, yvrogne et mauvais sujet, marié en secondes noc
avec une femme qui lui a donné du bien et qui, depuis quin:
mois qu'il l'a épousée lui a consommé par ses débauches e:
viron 6.000 francs. M. Le Bon, fils du fermier général, lui
débauché sa fille en l'amenant de Versailles, il y a envirc
un an et demi et l'a mise en pension chez la Garon, rue d:
Vieux-Augustins au *Roy de France*, il l'entretient ass:
mal, quoiqu'il vive toujours avec elle, n'aiant qu'une ma:
vaise robe ; son père lui vient faire de tems en tems du t:
page et veut absolument exiger d'elle une somme de 200 li
qu'il veut que M. Le Bon lui donne, la menaçant si elle n'e
vient pas à bout de la faire enfermer. Mardi dernier le sie:
Isnard vint chez la Baudoin, elle le croit maître d'hôt
chez M. d'Argenson, il y vit la demoiselle Laîné à qui
donna un louis.

Le même jour, le marquis Danduse vint chez elle, l:
donna à dîner et à la petite Dancourt qui s'y trouva, l'ar
de cette dernière qu'on nomme le Sr Bailly l'y vint joind.
et soupèrent tous ensemble, le Sr Bailly est un jeu:
homme qu'on dit être sur le point d'acheter une charge c
notaire. La petite Dancourt demeure rue St-Honoré chez :
papetier, vis-à-vis les pères l'Oratoire. La Baudoin e
actuellement dans l'embarras de son déménagement ; elle :
demeurer rue des Boucheries-St-Honoré, dans l'appart
ment de la demoiselle Le Blanc qui a une sortie rue Rich:
lieu, cet appartement étant plus vaste et plus commode ra:
port aux deux sorties.

*3 août 1753. — De chez la Baudouin, rue des Bouch:
ries-St-Honoré*. Vendredi dernier M. North (1) et Hort (
qui paroissent allemands vinrent chez la Baudoin, lui dema:
dèrent à dîner, elle les avoit vu quelques jours auparava:
chez une de ses amies, tous deux sont âgés d'environ 55 a:
et de la taille de 5 pieds 3 pouces et de belle figure. Le pr

(1) Lord North, ministre de Georges III.
(2) Baron puis comte Horst, fut en 1768, à la tête des financ
allemandes.

mier portait un habit vert avec brandebourgs d'or, et le second en habit de Camelot brun uni ; dans leurs discours elle pense que ce sont deux officiers et qui sont liés d'amitié depuis fort longtemps, elle leur donna à dîner, la demoiselle Hipolite fut de la partie, ils s'amusèrent avec elle et lui donnèrent 36 livres.

Le sieur Aubry, qui paroît par le signalement que la Baudoin en fait, être Aubry le gendarme, connu par ses escroqueries pour un des plus mauvais sujets, vint mardi la voir et lui proposa de l'entretenir, d'aller demeurer chez lui rue du Regard, près le Luxembourg dans un appartement qu'il dit occuper dans une maison où demeurait autrefois Mlle de Montesquiou, mais elle fut sourde à ses propositions et s'en débarrassa poliment.

L'Américain qui vient ordinairement chez elle et dont elle n'a pas encore pu savoir le nom, y vint mercredi, il s'amusa avec la demoiselle Huet, la fille d'un copiste de musique, demeurant cul-de-sac du Coq, et lui donna un louis.

M. Cadeau de Mongason, conseiller au Grand Conseil, âgé d'environ 60 ans, y vint le même jour au soir et s'amusa avec la même demoiselle Huet à qui il donna 12 fr., ce conseiller demeure rue des Bons-Enfants.

10 août 1753. — Le vieux Cadeau de Mongason (1) est venu trois fois dans le courant de la semaine, mais il n'y a vu ni ne s'est amusé avec aucune fille.

M. Soquet, secrétaire du roi, demeurant rue des Augustins, vint mercredi dernier, il se plaignit beaucoup de la poitrine et ne vit point de filles, il raconta son aventure avec la Faunesse, dite la Beauversin, demeurant actuellement rue de l'Arbre-Sec à l'enseigne du Marc d'argent, elle a actuellement le marquis de St-Simon pour amant qu'elle a enlevé à la Bourset, cette dernière s'en est dédommagée avec le fils d'un receveur général des finances, jeune homme âgé de 21 ans, d'une très jolie figure, dont elle a fait la connoissance

(1) Jacques Cadeau, qui avait été conseiller aux enquêtes en 1706.

il y a quinze jours à l'Opéra-Comique à qui elle fera faire beaucoup de dépenses, s'il veut l'en croire, malgré l'aventure de l'enlèvement du marquis de St-Simon (1), ces deux filles se voient toujours et vont souvent ensemble à l'Opéra-Comique où elles sont courtisées par nombre de mousquetaires qui les ramènent et font des parties ensemble.

L'amériquain dont on n'a pas encore pu savoir le nom vint il y a trois jours avec une femme nommée Poulain et sa fille âgée de 16 ans, fort laide, petite, ayant les yeux et les cheveux roux, proposer à la Baudoin de permettre qu'il vit cette fille chez elle et que la mère lui donnoit pour pucelle ; il offroit 4 louis pour la voir et coucher avec elle, la mère en vouloit huit, mais la Baudoin n'a pas voulu consentir qu'il vit cette fille pour la première fois chez elle de façon que la compagnie prit le parti de s'en aller, la dame Poulain est femme d'un cocher bourgeois et demeure cul-de-sac du Coq, près le vieux Louvre, même maison où demeure la demoiselle Huet qui lui en a procuré la connaissance. Le même amériquain vint hier au soir vers les huit heures, il y vit la demoiselle Dorisi demeurant rue St-Nicaise, chez le bourrelier et lui donna un louis, il fut obligé de s'en retourner sans carrosse à 9 heures du soir avec la pluye, se faisant conduire par la servante à la Grange-Batelière au bout de la rue Richelieu où est sans doute sa véritable demeure.

Le Dlle Le Roy et la Dlle Duchesnois, la même à qui est arrivé l'aventure des 12 louis et de la robe à fleurs d'or qu'elle attrapa au marquis de Montmorin pour un dîner, vint hier matin voir la Baudoin, elle y dîna avec elle pour y faire quelque connoissance n'ayant point d'autre teneur, elle est grosse de plus de six mois, elle lui dit qu'elle faisait toujours accroire au nouveau nonce du pape, qu'elle voit deux fois par semaine chez lui, qu'elle est grosse de ses

(1) Maximilien-Henri, marquis de Saint-Simon, né le 15 novembre 1720, mort en 1799, appartenant à la branche Saint-Simon Sandricourt. Il était l'oncle à la mode de Bretagne de Saint-Simon, le philosophe.

faits, elle demeure toujours rue Neuve-St-Eustache, vis-à-vis la Tour d'Argent, elle a depuis quelques jours chez elle la belle allemande nommée la Leclerc qui a vendu ses meubles par défaut de conduite.

Le 24 août 1753, — Il n'est venu chez la Baudoin depuis huit jours que l'amériquain dont elle a découvert la demeure à la Grange-Batelière, chez M. Raymond aussi amériquain, il vint mardi dernier, il s'amusa avec la demoiselle Dufresnois, promit de revenir le lendemain, qu'il lui feroit un présent dont elle seroit contente, et on ne l'a pas revu depuis ce tems.

La Baudoin a renvoyé la Dlle Hipolite qui est prête d'accoucher. Le marquis Danduse a pris la chambre qu'elle occupait rue des Boucheries et lui en a loué une autre à côté de 30 livres par mois qu'il lui paye.

31 août 1753. — Il y a huit jours que la nommée Melcoub ancienne femme de chambre de la Baudoin lui amena vers les 9 heures du soir une femme qui se fait appeler la marquise de Sainte-Croix et qui se dit italienne, arrivée et logée depuis quatre mois rue du Paon, à l'hôtel de France, elle est âgée de 27 ans environ, elle est petite, assez bien faite, blanche, l'œil noir, cheveux et sourcils bruns, la bouche un peu grande avec des dents longues et mal rangées qui la déparent lorsqu'elle rit, elle se dit de condition, veuve et avoir mille écus de rente, qu'on lui fait toucher de son païs, elle a un carrosse de remise depuis qu'elle est à Paris, qu'elle paie 36 livres par mois, on dit qu'elle cherche un amant qui lui donne 2,000 écus par an ; elle revint le lendemain à midit chez la Baudoin où elle dîna et furent ensuite se promener sur les Thuileries et sur les boulvarts ; la Baudoin lui promit de lui procurer ce qu'elle cherchoit ; elle la présenta lundi dernier sur le soir à M. Isnard à qui elle en avoit parlé mais il ne la trouva pas de son goût. Le vieux Cadeau Mongason est aussi venu pour la voir, mais il n'est pas assez généreux pour l'entretenir. Le marquis Danduse qui vient sans conséquence voir quelquefois la Baudoin reconduisit la marquise chez elle.

M. le chevalier de Gouillon (1) voulut s'amuser dimanche au soir avec la Dlle Duchesnois, mais n'aiant point d'argent, il ne put obtenir de crédit, cette même demoiselle fut dîner avec la Baudoin trois jours avant chez le vieux comte de Monchenu (2) demeurant rue Neuve Saint-Augustin, ne pouvant lui arracher un sol, pas même de quoi payer leur fiacre pour s'en retourner. Elles se contentèrent d'une vieille chemise que la Dlle Duchesnois lui demanda pour faire des béguins à l'enfant dont elle doit incessamment accoucher.

M. Pagnié, maître de phisique de la Reyne, est venu voir deux fois la Baudoin dans cette semaine, il s'est amusé avec la Dlle Dorisé à qui il a donné peu de chose, c'est un ancien ami de la maison.

La Baudoin a du avoir hier au soir une partie de souper avec M. Isnard pour lequel elle a fait venir les demoiselles Beauversin et Marquis afin qu'il puisse choisir.

On m'a promis d'approfondir les aventures de la marquise de Sainte-Croix, qui se dit Italienne, elle paraît madrée et jouer finement l'étrangère sans peut-être l'être, la Baudoin m'a promis de m'avertir lorsqu'elle seroit chez elle pour me mettre à portée de lui parler la langue du pays dont elle se dit.

7 septembre 1753. — Le 30 du mois dernier M. Isnard vint comme il avoit promis, chez la Baudoin, où il soupa avec la Dlle Marquis (3), ce n'est point celle de l'Opéra elle

---

(1) Marie-Thomas-Auguste Gouyon de Martignon, brigadier des armées du roi, mort à Paris le 13 juin 1766, dans sa 82ᵉ année.

(2) Nicolas, comte de Montchenu de Châteauneuf, famille du Dauphiné, il avait épousé en 17?0, Anne de Vaucocourt de Naillac.

3) Il yavait deux célébrités galantes du nom de Marquis, l'une fille entretenue et l'autre Mlle Marquise, chanteuse à l'Académie Royale de Musique.

est provençale, âgée de 20 ans, grande, bien faite, les cheveux châtain clair, les yeux bleus, le visage plein et le nez un peu retroussé et court, elle demeure rue Saint-Nicaise, la porte cochère vis-à-vis le magasin de l'Opéra, au second et depuis trois mois dans ses meubles consistant en une tapisserie, lit et fauteuils en siamerse, on la dit depuis deux ans à Paris, ayant demeuré dans différents quartiers en chambre garnie, on ne lui connoît pas actuellement d'entreteneur, elle fait souvent des parties et connoît ce que ces sortes de filles appellent plusieurs amis qui pourvoient à ses besoins, M. Isnard s'amusa avec elle et lui donna trois louis.

La dame de condition italienne qui se fait appeler la marquise de Sainte-Croix n'est plus revenue chez la Baudoin on l'a assuré qu'elle étoit entretenue et qu'elle alloit se mettre dans ses meubles.

M. Isnard vint le dimanche pour voir la Faunesse, dite la Beauversin, allemande, mais elle ne se trouva pas au rendez-vous, de sorte qu'il s'en fut fort mécontent, on l'assure que cette demoiselle viendroit sûrement le mercredi, elle tint parole, il l'a trouvée jolie, s'est amusé avec elle et lui a donné 3 louis.

La Dlle Hipolite qui demeure toujours en chambre garnie, rue des Boucheries, accoucha avant-hier sur les 6 heures du soir (d'une fille) qu'on dit ressembler à M. de Jumilhac, elle peut bien venir de lui, car il y a précisément neuf mois complets qu'il la vit en sortant du couvent où le Sr Bouroul l'avait mise et d'où la Lafosse la fit sortir pour la produire ; cette fille a été baptisée à Saint-Roch et nommée par les premiers pauvres qu'on a rencontré ; elle auroit bien voulu mettre cet enfant en nourrice mais comme elle n'a pas d'entreteneur qui puisse pourvoir à sa subsistance et qu'elle est en outre greluchonnée par Boule, le fils, exempt du guet ; elle l'a envoyé au bout de trois jours aux Enfants-Trouvés.

M. de Branciforte (1), nonce du pape, a envoyé plusieurs fois coup sur coup son valet de chambre chercher la demoiselle Duchesnois et notammcnt hier à une heure de l'après-midi, chez la Baudoin où elle étoit à dîner, mais elle n'a pas jugé à propos d'y aller, parce que, dit-elle, il a fait venir plusieurs filles de différents endroits qui n'ont pas la réputation d'être saines et que d'ailleurs il l'a plusieurs fois tourmentée pour s'en servir par l'endroit opposé, suivant le goût de son païs.

14 septembre 1753. — Il n'est venu personne chez la Baudoin cette semaine, si ce n'est M. Chimenez, ancien officier de gendarmerie, qui lui a demandé une fille jolie et neuve dans le métier, elle lui a répondu qu'elle feroit son affaire s'il vouloit la payer 10 louis, il n'est pas sans doute bien échauffé n'aïant pas accepté la proposition, il lui a seulement dit qu'il viendroit la voir la semaine prochaine.

Le vieux Cadeau de Mongason vint hier l'après-midi porter une vieille chemise à la Dlle Duchesnois qu'il lui avoit promise pour compléter le trousseau de l'enfant qu'elle fera ; la Baudoin ni cette fille ne purent lui arracher un écu de sa poche.

21 septembre 1753. — Vendredi dernier M. Ximenès (2) vint à midi voir la Baudoin, il y trouva les Dlles Duchesnois et Monfreville, il s'adressa à cette dernière pour s'amuser avec elle, quoique moins jolie et plus vieille que l'autre ; cette fille est brune et bien faite, elle est âgée de 25 à 26 ans, elle est fort connue dans le métier qu'elle fait, elle a jadis demeuré chez la Florence ; elle demeure actuellement rue Sainte-Anne

______

(1) M. de Branciforte. nonce du pape, avait fait son entrée à Paris au mois de juin 1753, apportant des langes bénis à M. le duc de Bourgogne ; les plus beaux carrosses, peints aux Gobelins, l'amenèrent dans la capitale.

(2) Ximènes (Augustin-Marie, marquis de), né le 26 février 1726. mort le 31 mai 1817. Connu plutôt par sa liaison avec Mlle Clairon et ses relations avec Voltaire, de la confiance duquel il abusa, que par les œuvres médiocres qu'il a laissées en poésies et tragédies.

en chambre garnie, chez Doré, près celle du Clos-Georgeot.
M. Ximenès a resté plus d'une heure avec cette fille et s'en
est servi et lui a donné un louis; après que cette fille s'en
fut allée, il lui prit envie d'en voir une autre, la Baudoin lui
proposa la Dlle Marquis, provençale, demeurant vis-à-vis le
magasin de l'Opéra ; elle la fit venir ; elle lui plut, il s'en servit et l'emmena ensuite dans son équipage dîner avec lui
dans sa maison de campagne, au Grand-Charonne et n'en est
revenue que le lendemain à une heure après midi, elle y est
retournée le lundi suivant et y a également couché avec lui,
elle en a eu huit louis d'or dans ces deux fois ; cette fille a
souvent nombre de jeunes gens chez elle avec qui elle soupe
et fait des parties au Bois de Boulogne et autres endroits
semblables.

La petite Dulis cy devant appelée Raton et qui a demeurée
chez la Carlier, la Hecquet et d'autres femmes de cette
espèce, quoique très jeune aiant commencé de bonne heure,
vint voir samedi la Baudoin, elle l'envoya chez M. Gaffaron,
amériquain, demeurant rue de Richelieu qui lui donna
12 livres.

L'Amériquain, ami du Chevalier de Belvue, qui est si souvent venu chez la Baudoin il y a deux mois, se nomme Valo,
il demeure à la Grange-Batelière, il y a 3 semaines qu'elle
ne l'a vu.

28 septembre 1753. — Vendredi dernier, M. Gaffaron,
amériquain, demeurant rue de Richelieu, vint l'après midi
chez la Baudoin, comme cette femme est encore jolie de
figure, il s'amusa avec elle et lui donna un louis.

M. Ximenès vint samedi la voir et lui demanda si elle pouvoit avoir la Dlle Faunesse, dite la Beauversin, allemande et
ne s'étant pas trouvée chez elle, elle lui dit qu'il pouvoit
venir le lundi et qu'il la trouveroit, effectivement, il est venu
ainsi que la Beauversin qu'il emmena en son équipage à sa
maison de campagne du Grand-Charonne, où elle a couché,
il lui avoit promis 4 louis et ne lui en a donné que deux, il

lui écrivit le lendemain mardi la lettre cy-joint conçue en ces termes :

« *Je vous ai bien payé, Madame et je prétends être bien servi, voicy ce que j'exige de vous :*

« *1° Que vous ne me mentiez pas d'un seul mot et prenez-y garde car je saurai la vérité et si vous m'en imposez vous n'aurez jamais un sol de moy.*

« *2° Je veux que vous alliez demain dans la rue Richelieu auprès du caffé de Foix, chez M. de Lany, compositeur des Ballets de l'Opéra, que vous y demandiez la demeure de Mlle Grenier de l'Opéra* (1)*, danseuse, et que vous disiez de ma part à cette Mlle Grenier que je la prie de passer chez moy, demain entre une heure et deux heures pour affaire urgente, voilà ce à quoi se réduit votre mission (Ce Mardi).* »

Voicy mot par mot la réponse que lui a fait la Baudoin :

« *Votre lettre est expressive autant que les ordres que savez donner, si vous m'avez bien payé, je vous ai servi en conséquence, mais les personnes ne sont pas contentes, vous promettez quatre louis vous en donnez deux et vous escroquez l'autre quatre fois, ou elles sont menteuses ; vous me taxez de l'être vous me connoissez mal si je n'ai plus de votre argent vous n'aurez plus de jolies connoissances de moy, la demeure de Mlle Grenier est au-dessus de Lany même maison, votre laquais est fait pour exécuter vos ordres, je n'y veux pas aller pour raison à moy connue, Adieu, Marquis.* »

Nonobstant cette petite querelle, elle lui doit envoyer

(1) Mlle Grenier, ou plutôt Granier, danseuse dans les ballets de l'Opéra, avait déjà eu pour amants M. de Courtauvaux et le duc de Lauragais. Elle n'avait pour elle que la figure, le teint, la fraîcheur, l'élégance de la taille et la jeunesse ; pour le reste, bête comme il n'est « presque point permis de l'être ». Elle demeura avec Lany, son amant, jusqu'en 1756. Elle accoucha en 1755, le 16 septembre, d'un garçon, dont Lany se défendit d'être le père et ne rentra pour rien « dans les frais de gésine ». Arsenal, *Arch. de la Bastille*, 10.236.

aujourd'hui à sa maison de campagne, la petite Dancourt qui demeure vis-à-vis les pères l'Oratoire.

19 octobre 1753. — Samedi dernier, dimanche et lundi suivant, le marquis d'Anduse dîna chez la Baudoin, en faisant les frais, il la voit sans conséquence comme son ancienne connoissance de plus de 15 ans, il y rencontra le lundi la Dlle Huet à qui il fit présent de 12 livres sans en rien dire à la Baudoin, M. Isnard vint mercredi il y trouva une demoiselle appelée Manon, fille de boutique de la Hecquet, établie marchande de modes, rue des Vieux-Augustins, et quoique jolie et habillée très décemment suivant son état, il ne la trouva pas de son goût et s'en fut tout de suite.

M. Joaski, polonois, de retour à Paris depuis quelques jours vint hier voir la Baudoin a qui il dit avoir laissé le comte Mneki en Pologne et qu'il viendroit cet hiver à Paris, il demeure rue du Colombier, il n'a pas manqué d'aller voir à son arrivée la Chanterie ; la Baudoin l'attendoit hier soir pour lui faire voir une grande et jeune flamande de bonne mine, mais le mauvois tems l'a sans doute empêché de se rendre chez elle.

M. le Marquis de Fénelon (1) est venu 3 fois depuis huit jours voir la Baudoin, en lui proposant de l'entretenir en lui donnant la moitié de son revenu par an, qui consiste en 1800 livres, ce qui fait 150 livres par mois : il lui a fait la confidence qu'il étoit à la fin d'une guérison d'une galanterie, comme il est sur le ton de produire de bonnes pratiques, elle a acquiescé à sa proposition, il lui a promis dans la semaine prochaine de lui payer par anticipation le demi mois.

12 octobre 1753. — Il n'est venu presque personne chez la Baudoin depuis quinze jours toutes ses connoissances sont en campagne.

Le marquis d'Anduse vint dîner chez elle dimanche der-

***

(1) François-Louis de Salignac, marquis de la Mothe-Fénélon, fils du général tué à Rocoux, le 11 octobre 1744. Littérateur né en 1722, mort en 1780.

nier avec la Dlle Duchesnois, cette dernière lui arracha un louis sous prétexte d'en avoir besoin pour aller au bal de la Comédie-Françoise, que c'étoit une envie de femme grosse, mais elle n'y alla pas, cette fille qui est à la veille d'accoucher, n'a point actuellement d'entreteneur, il y a environ 3 semaines qu'elle fit venir chez elle un juif sous prétexte de lui acheter quelques bijoux, elle le savoit sans doute cossu, elle en a eu une robe de la valeur de 8 louis et autant en argent suivant qu'elle l'a dit à la Baudoin, sans lui avoir voulu nommer le juif dont elle s'est ensuite débarrassée après l'avoir laissé venir 8 jours chez elle.

La Faunesse, dite la Beauversin, extrêmement liée avec la Marquis, la provençale, ont fait plusieurs parties avec les mousquetaires, la première qui est extrêmement jolie a attrapé une galanterie qu'elle n'aura pas manqué de communiquer à d'autres et couchant il y a quelques jours chez la dernière, elle lui a laissé une nombreuse garnison dont elle s'est défaite avec du mercure. La Baudoin qu'elle est venu voir il y a deux jours, tient ces aventures d'elle-même.

Du 2 novembre 1753. — Au commencement du mois dernier, la Dlle Duchesnois fit connaissance à l'Opéra-Comique du nommé Arpujet, juif de Bordeaux, demeurant rue de Bussy, chez un chapelier, vis-à-vis celle d'Anjou, il débuta en allant chez elle par lui faire présent d'une robe de perse d'Angleterre très belle ; ce juif est âgé d'environ 30 ans, la Duchesnois dit ne point lui avoir accordé de faveurs, il revint le lendemain, la voir avec un autre juif nommé Struc, de ses amis et demeurant même maison, ils la trouvèrent avec la dame Le Blanc et projetèrent ensemble une partie quarrée pour le jour suivant. Ce dernier, âgé d'environ 25 ans, trouvant la Duchesnois à son gré, lui proposa dans le particulier de lui donner 20 louis pour coucher avec elle, elle se rendit à la proposition ; la Le Blanc s'étant aperçu et comprit leur entretient, fit si bien qu'elle se fit conduire chez elle par le jeune homme, l'engagea à dîner avec elle, le mit en train avec des liqueurs et du vin, furent ensuite à l'Opéra-

Comique, revinrent ensemble, soupèrent et se couchèrent.

La partie du lendemain n'eut pas lieu. Darpujet vint bien chez la Duchesnois au rendez-vous et lui raconta l'aventure de son ami avec la Leblanc, en ajoutant qu'il lui avoit donné 12 louis, un étui et une boîte à mouches garnie en or, qu'il n'avoit pas lieu d'en être content, lui ayant donné une galanterie des plus vivres accompagnée de ses agréments, ce qui l'a beaucoup réjouie, méditant en outre d'aller faire une scène à la Leblanc, chez elle, pour lui avoir enlevé ce qui devoit lui appartenir, outrée de ce procédé, elle a mis hors de chez elle Arpujet, qui à son tour, l'a menacé de faire du tapage, chez elle, si elle ne lui rendoit pas la robe qu'il lui avoit donné.

La Baudoin a depuis 12 jours une pensionnaire nommée la Dlle Le Bel, âgée d'environ 19 ans, grande et bien faite, assez blanche, peu de gorge, les cheveux et les sourcils châtains bruns, elle se dit fille de feu M. Le Bel, commissaire des guerres, frère du valet de chambre du Roy : aiant perdu sa mère depuis six semaines et qui jouissoit d'une pension de cent pistoles sur la cassette du Roy, elle dit n'avoir jamais été reconnue par son père, sa mère ayant accouchée d'elle pendant deux ans d'absence de son mary ; la Baudoin lui a donné le nom de la Dlle Lamy.

Il y a quinze jours qu'il n'est venu presque personne chez elle à la réserve du vieu Cadeau de Monbazon qui a fait présent de 12 liv. à cette fille sans avoir affaire à elle et le marquis d'Anduse qui lui a donné quelques écus. M. Ximenès vint pour la voir vendredi dernier, mais elles étoient à l'Opéra.

16 novembre 1753. — Depuis que la Cour est à Fontainebleau, la Baudoin n'a pour ainsi dire vu personne, aussi en attend-elle le retour avec impatience pour faire voir à ses connoissances sa nouvelle pensionnaire, la Dlle Le Bel, dite la Lamy ; elle fut, il y a eu hier huit jours chez la Daumont.

L'assemblée étoit composée d'environ 35 filles ou femmes, 25 à 26 cavaliers ; ces derniers payèrent leur entrée 6 liv.

chacun, avec lesquels on leur fournit les liqueurs, rafraîchissements, biscuits, un pâté, du pain et du vin, on y dansa
jusqu'à huit heures du matin. La Dlle Lamy y fut, habillée
en noir, portant le deuil de sa mère, elle y fut fort courtisée,
n'étant pas encore connue dans le monde. M. Fifre, capitaine
aux gardes suisses, dont la compagnie est à Argenteuil, qui
l'a connue extrêmement jeune à Versailles, la servit pendant
tout le bal et lui promit de la venir voir et de lui rendre tous
les services qui dépendroient de lui. Il fut effectivement la
voir trois jours après, et lui fit présent de 2 louis en lui
témoignant qu'il étoit fâché d'être attaché à une maîtresse
sans quoi il l'entretiendroit, mais qu'elle pouvoit compter
qu'elle avoit un ami en lui dans le besoin ; M. Fifre peut être
âgé d'environ 35 ans, il est marié avec la fille d'un officier
suisse et a sa femme dans son païs.

La Baudoin et Mlle Lamy, ont été 2 fois depuis le bal, chez
la Daumont, et cela pour lui faire plaisir et y attirer des
acteurs pour les jeux de commerce, elles furent dimanche
dernier, au bal de l'Opéra, où l'assemblée ne fut pas à beaucoup près nombreuse, elles n'y virent personne de remarque
et peu de leurs connoissances si ce n'est le marquis Danduse
qui leur paya l'entrée du bal et lui dit adieu, partant le lendemain pour se rendre à Arles.

M. de Chateauneuf, capitaine au régiment de Montmorin,
vint les voir mercredi dernier et fit présent à la Dlle Lamy
d'un louis sans rien faire avec elle.

14 décembre 1753. — Il n'est pour ainsi dire venu personne
depuis quinze jours chez la Baudoin, elle a été à trois bals
qu'a donné la Baumont avec la Dlle Le Bel, dite Lamy, sa
pensionnaire. Dans le dernier où elles furent il y eut hier
quinze jours, il y avoit 80 cavaliers de toute espèce et autant
de filles, vers les trois heures du matin des mousquetaires
et jeunes gens s'avisèrent de tirer de leurs poches des Con-
doms (1) qu'ils remplirent d'eau et les introduisirent dans
un pâté à moitié mangé.

(1) Sacs en baudruche, servant à mettre les homme à l'abri

La Dme Baudoin donna aussi un bal le jeudi d'ensuite à la salle des Carnaux, rue des Deschargeurs, qui commença à 11 heures du soir et finit à 6 heures du matin, il y eut 50 cavaliers payant, composés d'officiers mousquetaires et jeunes gens, il y avoit bien autant de filles tant entretenues que d'autres, il s'éleva vers les 3 heures du matin une querelle entre M. de la Ferté mousquetaire gris et un mousquetaire noir qu'on dit se nommer Morice, suite d'une ancienne querelle qu'ils avoient eu à Versailles ; le premier étoit gris et fut s'achever au buffet et fut interrompre la danse du mousquetaire noir, en lui disant qu'il devoit danser avant lui et ajoutant ces mots : « *Retire-toi manant.* » Cambert, exempt des maréchaux de France qui se trouva dans l'assemblée, empêcha que cette querelle n'eut des suites en leur ordonnant les arrêts de la part du Roy et que s'ils n'obéissoient pas, il leur alloit donner des gardes, le mousquetaire noir se retira et on n'entendit plus parler de rien.

Si la salle des Crénaux, n'avoit point été louée pour le jour d'hier la Baudoin y auroit donné un second bal, ce qu'elle se propose de faire pour dimanche et compte y avoir bonne compagnie surtout en étrangers de distinction.

Le lendemain de son bal, la Dlle Lamy, sa pensionnaire, s'est avisée de la quitter, sans rien lui dire, elle lui doit environ 150 liv. qu'elle lui avoit avancé en hardes, elle n'a discontinué de voir son ancien ami M. Fifre, capitaine suisse, qui l'a fait connoître à M. de Belleville, demeurant rue Traversière, vis-à-vis l'hôtel de Malte, et à M. Bernard, ses amis, avec qui elle a partagé ses faveurs et dont elle a eu 8 ou 10 louis sans en rien dire à la Baudoin, qui ignore où elle s'est pu retirer.

La Baudoin a vu dans cette semaine M. de Blagny (1), frère

du mal vénérien, on les nommait aussi *Cordons d'Angleterre.*

(1) Auguste-Louis-Bertin de Blagny, membre associé de l'Académie des Inscriptions, trésorier général des fonds particuliers du roi (1742-1788). Mourut après 1791.

de M. Bertin des parties Casuelles et M. Doré, ancien négo-
ciant, qui se sont amusés avec la Dlle Darmacourt à qui ils
ont donné un louis chacun (1).

LA LAFOSSE

Avec la Lafosse nous sortons des rapports bien tenus
et soigneusement recopiés par les secrétaires de la
lieutenance de police. Son dossier (2) se compose principalement de lettres adressées à l'inspecteur Meusnier,
lettres originales, faites de caractères hiéroglyphiques,
aux jambages gigantesques et à l'orthographe phoné-
tique ; les mots hachés, séparés, les phrases sans ponc-
tuation, forment un fatras pénible à déchiffrer. Dans
cette correspondance, on découvre soit un grand
cynisme, soit une profonde naïveté ; les faits qui se
déroulent chez elle sont racontés sans ordre mais avec
la plus grande sincérité, les relations les plus intimes
de ses clients, leurs vices, leurs exigences envers les
filles y sont notés scrupuleusement. La Lafosse trouve
toujours l'expression exacte et l'écrit sans honte de
l'obscénité. Elle exerça son métier de 1750 à 1760, rue
des Poulies (3) et rue de Champfleury. Protégée

(1) Arsenal, *Arch. de la Bastille*, 10.252.
(2) Arsenal, *Arch. de la Bastille*, 10.252.
(3) Rue des Poulies, supprimée en 1853, confondue aujourd'hui
avec la rue du Louvre, comprise entre la rue de Rivoli et Saint-
Honoré.
Un contrat de 1205 l'indique déjà sous le nom de rue des
Poulies (appareil à travailler le drap) ; de 1341 à 1353 elle a été
appelée rue du *Noyer* ou *Nouier*. Au xve siècle, rue de *Bourbon*
ou du *Petit Bourbon*, elle a pendant quelque temps. sous
Louis XIV, porté le nom de *Villequier*.

sans doute par la bienveillance de Meusnier et de son principal client, M. le marquis Paulmy d'Argenson, elle paraît ne pas être trop inquiétée pendant les premières années ; mais après la mort de Meusnier, en 1757, il faut croire que son successeur Marais ne se trouvait pas dans les mêmes dispositions et n'usait pas de la même indulgence envers la Lafosse, car nous trouvons quelques lettres sans date où elle se plaint, du fond d'un cachot, amèrement de son sort à une correspondante anonyme.

Voici les lettres qui restent et qui forment tout le dossier de la Lafosse, rigoureusement recopiées et classées tant bien que mal à leurs dates respectives.

*
* *

22 novembre 1752.

Cette Mme perins (1) Monsieur aprest a voirs étée chié elle 3 fois sand la trouvée je lui ez et crit elle est venu ché moi sa voir ce que j'avois a lui dire je ne me suis pas trouvée sy en barasée que je ne l'a vest pansée quard elle a dé buté en an trans et a vant de me dire bonjour ha Mme vottre chambre est pavée comme une églisse je lui dit Mme vous lui faite bien de l'honeur elle nest quand ti chambre je la fis entrée et lui dit ce que nous somme convenue ensemble a quoit elle me dit quelle me laisset metresse daranger cette affair que cette niesse etté sa propre anfans quelle ans a vet 2 ou 3 autre plus joly que celle la mais qu'il falois que celle qui etté a vec elle passat la premier : que les autre ettés au couvans, elle est de Chalon sur sone, son mary est a presans a rouans e que sy ile à prenct jamais qu'elle ût sacrifiée ses enfans cettés fait delle qu'ils faloit tenir la chose quachée je

(1) Madame Perrin.

lui demandée sy sa fille n'avoit pas de scrupulle pour ce comerce elle m'a dit que les premier jours quelle lui en avoit parlé elle a voit baucoup pleurer que cela la chagrinê beaucoup, mais qu'elle ce fait craindre ê quelle ettêt sur quelle ferat tout ce quelle vous derat sa fille est sage la chosse est sur quard la mer ma dit quelle â vois peur que cette enfans née crive a son pere quelle la violanter pour lui faire prendre un âmant et la de bauchée mais quelle sarangeret â vec le seigneur quils lauret celui que je lui proposse ou quelle autre affins que sa fille reste toujours âvec elle ê que lon lui doneret un âbartement â vec la mere sa fille à 13 ans les autres sont au couvans ê vous le verest demins c'est vous qui de vée fair le prit des premisse de cette fille e moy je vous jure Monsieu quil y aurait uns millions a gagner en quatre yeux que je ceret au dsespoir de fair violance a une fille pour la perin vous cerest étonée de voirs lè frontery de cette famme elle ce croit elle-même capable de trouver quelle que jour une honete homme éprit de ces charmes ê je lui ê dit que peut être sa fille auret le seigneur et la mere le secretaire cette esperance l'a misse de fort bonne humeur vous vois la informer de tout, vous pouver faire le pationer si vous le gugez â propos je vous a tamp de mins a 2 ou 3 heur elle cerat ché mois la migraine ma quitté ce matins â 10 heur elle ma prit hier o soir en soupans â vec M. Janelle (1).

Lafosse (2).

*
* *

4 Décembre 1752·

Mme legue lectier (3) de naisance native de la paroisse de la Magdeleine faux bourg St-Honoré âgée de 33 ans ma assurée mercredy au soirs que M. Munier inspecteur de police ettet son cousin gair mins je luy et deman-

(1) M. de Janelle d'Ouville, prévot général de Paris.
(2) Dans le dossier est jointe la note suivante :
« Meusnier a baisé pour un louis la nièce de la Perrin. »
(3) Laitière.

der sy elle ne se tronpet pas ou sy la chaleur quelle respiret
ô prest de mon fœux ne la vois pas assoupy elle me dit mais
vraiment ne vois la tille pas uns baux janfoute pour que l'on
ce face honeur destre sa parante, je lui è dit que M. son
cousins par raport a la paranté pouret biens la faire aller a
l'hospitalle quelle que jour è que la plus belle grâce quils
lui pouret fair étet de lexanter di aller en charette, M. du
Fœux (1) etoufet de rire la lectier cest fâchée elle ma en
voiêe ougée ettez dès que mon peti est arrivée.

M. du Tournelle (2) a panser quiter la Dupont parce quelle
a donner six louis d'or a july pour lè dée a sa biêe ile lui a
pardonée avec biens de la payne ile est capitaine de carabi-
nier ile lui a domné 7 louis le mois et paille le loiée (3) la
nourriture ê lentretien de tout.

Mercredy 3 heure presix jétè a ma fenestre la curiositer mi
fît rester demieur pour voirs qui allois monter dans uns fiacre
qui raistet devant la porte de la marquise de lauperat (4)
et donc on avoit tirer tous les portiers ji ê vue Mᵉ marquis se sauver en abi d'home en vert ensuite encorps
une abie vert qui est M. le marquis de ville roy (5) sans
aucuns domestique gê entendue que le laquet de la marquisse
dit au cochex au bout du pont roy alle et son laquest resta-je
nent tamps pas par ler de nos pucelle du tout.

Jê l'honeur d'estre tout a vous,

LAFOSSE (6).

(1) M. Dufeu (?).
(2) Jean-Baptiste-Louis, marquis de la Tournelle, capitaine
de gendarmerie qui avait épousé en 1749 Judith de Chastellu,
née en 1732.
(3) Paie le loyer.
(4) Mlle Marquise, actrice de l'Opéra.
(5) Gabriel-Louis, Marquis de Villeroy, petit-fils du maréchal
duc de Villeroy, mort en 1737.
(6) Arsenal, *Arch. de la Bastille*, 10.252.

*
* *

Sans date.

Anne Bourlans agée de dix huitte ans fille <e M. Bourlans dit deliles maître tailleur a perdu sa mè. 13 ans de pui ce tams elle a rester chez Mme Contou , ouvriere en robe d'enfans rue de larbre sec elle y a reste uns ânee ensuitte elle à resté chez son pere quelle que jour ensuitte on la mis chez Mme Carpantier ouvrier en linge 1 mois ensuitte chez Mlle Pillan couturier en robe ou elle a resté 18 mois cest dans les premier jour quelle éttet chez elle qoe Anne Bourlans a perdu son pucelage avec un mousquetaire grit appelé le marquis de catton (1) ile lui a donné 7 louis d'or e une pere de boucle de diamant de 18 à vint livre cette derniere couturiere Mlle Pittan est une toupy de premier ordre qui a pour âment labee dubois chanoine à St Louis du Louvre elle vas chez lui 7 soir la cemène ile lui donne sinquante ecus par mois cest lui qui a ut son pucelage ile demeure vis-à-vis la rue des bons enfans chez le marchan de bas au soleille dor elle demeur rue tire boudin chez le fourbiseur au 2e âgée de 19 ans sa mer ne demeur pas avec elle mais elle est dintelligance avec sa fille pour son comerce et cest la mere qui a procuré à labe du bois sa fille cette mere est preteuse sur gage elle a avec cela M. boiée (2) boutonier qui demeure cour St Martin un joly garson ile tient la place de labé en son absence cest à dire le greluchon — laprenty de nottre couturiere est venu demeurer chez moy avec son père elle avoit quitte cette belle metresse depuis 7 jour sachant son metier ge vu cette fille dans une miser affreusse sanc robe sanc soulié ge demandet à son père pour quoit ile la fait aller sa fille le cue tout nue ile me dit que luy même ile ne avoit pas pour lui je lui dit que si ile vouloit je randeret service à sa fille ile me dit que oui je prit sa fille chez mois

(1) Le marquis de Catton (?).
2) M. Boyer.

je lé abier elle est grand faitte a pindre elle plais a tout les personnes qui me font l'honeur de nou venir voir le pere a su des voisins que sa fille ettet dans un couvans ile a fct samblan de lignoré tout les jour elle lui donne des cecours nesesaire a l· ie par ce que cest un tailleur ruiné et quand ile est de mu.. e humeur ile lui dit quils lui faut de l'argans sanc quci ie la fera mettre a lhopitalle nous vous prions de faire atention que le pere demeur dans la même maison que sa fille couche chez mois et que le père qui le sey et qui le veux bien ne devret pas la menacer si ile alloit plus loins nous nous recommendonc a vos bontés je lui et dit que si il venest tourmenter sa fille je lui randeret ile ma prié que non ê ma assuré quils ettet ravie quelle fut chez moi.

M. Elle vestius (1) a etté foiter de Mlle July ces le nom de nottre couturière lundi 7 du mois chez lui sa fame viens d'accoucher dun gros garson ile lui a donné un louis je lui envoi lundy flecher a huitte heur le matin avec une pognée de verges ce flecher est le mary de la du breuille dit guetamps. Mercredi cette même July a etté chez le vieux chevalíer de Judée (2) le foiter pour un louis.

(1) M. Helvetius, philosophe et littérateur, avait abandonné la ferme générale pour se livrer tout à la philosophie. Il avait à cette époque 38 à 39 ans.

(2) Le chevalier de Judde, commandeur de l'ordre de Malte; ces deux seigneurs se plaisaient fort à cette fustigation; une note isolée nous en donne une nouvelle preuve :

« *Du 1er avril 1753.* — M. de Helvetinz (*sic*) n'est pas le seul qui a du goût pour la flagellation, c'est aussi la passion dominante du chevalier Judde, commandeur de l'ordre de Malte, demeurant rue Neuve-des-Petits-Champs, vis-à-vis la rue d'Antin; où la Lafosse a déjà envoyé plusieurs fois, les Dlles Lamothe, Anico et La Tour; il donne un louis à chaque fois et se fournit des verges.

« A propos de M. Helvetinz on tient de lui-même que lorsqu'il s'acquitte vis-à-vis de son épouse, du devoir conjugal, une femme de chambre de Mme lui fait pendant l'action la même opération qu'il se fait faire lorsqu'il s'amuse chez les autres femmes ». (*Note de l'Inspecteur Meusnier*). Bibl. de l'Arsenal, *Arch. de la Bastille*, 10.252.

Hier 7 du mois M. de Mondorge (1) et Valier sont venus chez mois ile on voulu beser ma July en cue surtout M. Mondorge quils a voulu forcer et que jè ettet obligé de lui retirer des mains je crois quelle va ètte entretenue par uns nommé M. Benard banquer rue croit des peti champs chez lorlogé (2).

*
* *

Sans date.

Le gout du siècle est entièrement changé les femmes européennes sont sy connues que l'on nen veux plus je suis sollisiter par le marquis d'affelle (3). de fair revue sur les cotes du brésille et detandre mon comerce dans la trette des negresse gé faitte chercher dans paris et fait chercher encorps pour luy en procurer une ne voulan pas courir les dangers de la mer.

Aujourduit 11 july a etté chez M. de boulognée (4) ile a etté si satisfait de cest complaisance qu'ils a fait marché avec elle tout les cemènes le jeudy à 7 heur elle yra le trouver au ly il lui a donné uns louis, gé ut beaucoup de payne de tirer le segret de July quard il ne voit qune fois la même personne, elle ma dy quaprest lavoir bien foité elle lui mais la langue dans le derière lui lèche et le vit dans la bouche je ne suis plus étonée qui la voit sy souvans quard peux de fille auret cette complaisance elle ma dit qu'il avoit le troux d'une grandeur prodigieusse.

Lundy elle fut chez M. Delvestinsse qui lui a donné randé vous aujourdui une heur elle lui à donné le foit jus cau san en lui fesans demander pardonc a genoux.

(1) M. Gautier de Mondorge, trésorier triennal des écuries et livrées du roi.

(2) Arsenal, *Arch. de la Bastille*, 10.252.

(3) Le marquis d'Asfeldt (Claude-Étienne-Bidol), né à Paris en 1719, maréchal de camp en 1748, vivait encore en 1792. Il était marié avec Anne-Charlotte-Louise Payot, dont il eut deux enfants.

(4) M. de Boullongne, contrôleur général des finances, trésorier général des colonies françaises.

M. le Normant (1) ma fait dire mardy que je lui envois une fille lundy 18, ce que je ne manqueré pas de fair quoit que je nest pas lhoneur de le conoitre.

M. Cotre (2), M. Olivier (3), M. Malincourt, M. Bourgeois (4) sont fourés tous les jours chey mois, je souffre beaucoup et ne mant plains pas affins que personne mentande ny ne voy rien.

Mme de Corsony chez le cordonier raccroche journellemant elle sont les soirs comme uns troupaux elle ce bate les grenadié les soldat les asomme dans le cabaret a coté est leur burot cela mamène bien de la canaille mais des que la nuit tombe mes portes sont fermés surtout celle de la rue et on ne repont a qui que ce soy ce la fait que le soir je suis tranquil M. D.... a pansé mourire ile vous assure de ces très humbles respec vous nous abandonné tout à fait o non de Dieu monté en passant (5).

*
* *

9 may 1753.

Mme de Dalbigny, âgée de 20 ans brune la paux blanche bien faitte assez joly demeur porte monmarte vis-à-vis Mme la duchesse de ville roy dans la maison neuve la dernier allée avans le boulvair à coté la porte cocher cest une fille qui ce dit la fille dun ecuiez de mins d'une princesse, elle sont deux sœurs lautre est ches la reine Mme Dalbigny a etté enlevée par un seigneur de Saint-Chomont ê come le per etté mor elle a toujours etté entretenue par des seigneurs elle est etoffé comme une duchesse en bijout robe, dantelle et ans meubles manifique elle est venue ché mois

---

(1) M. Le Normand d'Etiolles, mari de Mme de Pompadour.

(2) M. de Cotte (Louis-Robert), architecte, fils de Robert de Cotte, directeur de l'Académie d'Architecture.

(3) Michel-Barthélemy Olivier, peintre de genre, né en 1712, mort en 1784.

(4) Dominique-François Bourgeois, ingénieur-mécanicien, né en 1698, mort en 1781. Celui-là même qui prétendit avoir inventé le célèbre canard mécanique de Vaucanson.

(5) Arsenal, *Arch. de la Bastille*, 10.252.

hier me priée de lui fair fair des parti je prit parolle avec le marquis d'Asselle (1) pour demain jeudy 10 de ce mois à honze heur presix je vous ins truirez de ce que cest plus en plement sy vous voulez vous donné la payne de passer chez moi je vous ferez cause ensemble elle par le plus que lon veux vous ne cerest pas fâché de la voir cette fille est êmable dans les propos je sui la ceulle ché laquelle elle n'a jamais mis le pié.

M. d'Asselle est venu ché mois lundy ile a trouvé la petite buao, il la baise 2 fois à midy et lui a donné uns louis elle vas demins à honze heur che lui.

Mme Milers la metresse du bouro d'autre fois qui loge chez le parfumeur rue de Clairy à une patite paysanne assée joly que jé envoiée chez M. Dumetz (2), lundy à 9 heur du matin aujourd'huit mercredy Mlle buars y vast ile en re soi de tout rand et de tout tage, ile mes venue hier raton de che Mme He-quette qui a etté soupé à la porte mayot avec la pansioner de la milair et des jeunes gans qui ce sont trouvé ché moi elle en ut 6 livres, chacune bien heureusse d'avoir ut cela sy ja vois quelle que chosse qui en value la payne je vous en don-nerest a vie mais ile ne viens rien qui vaille.

PS. — Je me trompe le randé vous de M. dasselle nest que pour vandredy avec Mme Dalbigny.

Sans date.

Mme Dupont (3) dit suremant quelle va prendre maison quelle sera soutenu par dautre que par M. Munier avec des termes quil ne convienne qua elle.

La Duglas cest trouvée samedy dans la rue sans savoir ou se logé je lé misse chez la Guillaume rue de larbre sec a coté de la Croix de Malte cest mon ansiene hotesse du caffe des envoiés elle a une fille avec elle et sa servante elle rac

(1) Le marquis d'Asfeldt.
(2) Claude-Gédéon-Denis Dumetz de Rosnay, président à la Chambre des Comptes depuis 1750.
(3) La Dupont, matrone qui s'établit rue du Pont-aux-Choux.

croche, elle vas au for lévêque voirs un guisse quelle dit ette for riche, qui doit lui faire sa fortune.

M. le marquis de polmy est venu ché mois jour de la toussin a 7 heur du soir jusqu'à huitte ile a fait des foly avec mois a son ordinaire ile ma beaucoup parlé de vous ê de M. Berrier je me suis tenue sur la reserve quar il sey mon histoir il ma demandé sy jé met toujour M. Munier je lui et dit pas trop quard il mauret mis à ihopitalle sil ma voit atraper en sen alans il m'a donné 12 liv. ê ma dit tiens ma cher Lafosse voilà 12 liv. pour mavoir bien manty, si tu avoi mal manty tu nauret rien ut je lée remercie et me suis tay sur le reste uns cardeur aprest ile est revenue ile ma dit envois mois chez une fille de ta conoisance je le envoie de ma part chez la hugot, ile lui a donné 18 liv. ile cest fait branler et la hugot dit que je lui et envoyé un vi lains merle je ne lui et pas voulu dire quils est, ile par pour fontaine-blaux aujourduit ces lui qui me la dit (2).

(2) Cette lettre qui n'est pas datée est du 2 novembre 1753 ; une note, écrite de la main de M. Meusnier, et conservée dans le dossier du marquis de Paulmy nous montre comment l'inspecteur de police rédigeait les rapports illisibles de la Lafosse, avant de les envoyer au lieutenant général de police.

« 3 Novembre 1753. *M. de Paulmy* vint à Paris à l'occasion de l'enterrement du gouverneur général des Invalides, La Courneuve, et par occasion vint aussi sur les sept heures du soir, rue de Champfleury, chez la Lafosse. Dans l'espace d'une heure qu'il y resta il lui a fait beaucoup de questions, entre autres, comment elle étoit avec M. Berryer et avec M. Meusnier. Elle lui dit fort sérieusement, je suis aussi mal avec l'un qu'avec l'autre, surtout avec ce B... de Meusnier qui m'a soufflé le poil de bien près car deux ou trois minutes plus tôt il me logeait à l'hôpital, mais je lui ai brûlé le cul, Quoi qu'elle tînt ces propos avec un front d'airain (autant dire avec un front de P...) elle croit s'être aperçue qu'il ne les a pas pris pour argent comptant malgré les éclats de rire qu'il faisoit, elle a conservé fort bonne contenance. En sortant il lui a donné 12 liv. en lui disant : tiens voilà pour avoir bien menti, si tu avois fait autrement tu n'aurois rien eu. Un quart d'heure après il est revenu lui redemander l'adresse de quelques jolies filles de sa connoissance, elle lui a donné celle de la Dlle Hugault, il y a été et lui a donné 18 liv. sans lui décliner ni son nom ni ses qualités. La Lafosse a eu la même discrétion vis-à-vis de cette fille ». Arsenal, *Arch. de la Bastille,* 10.252. *Dossier Paulmy* et *Dossier Lafosse.*

Sans date.

Mardy de ce mois a une heur M. le marquis de Voyer (1)
est venue chez mois dans son et qui page et cest faitte et
clairé avec un flambaux ile avoit une abi rouge brodé enor
ile cest amusé a voir ma paysanne ile la faitte mettre toute
nue ensuitte il ma demandé une geune personne gé envoié
chercher Sayre chez la Dupont la même que M. Dumet
prend ce soir ile la faite aussi désabiée tout nue cest faist
donner un coups de pognet lui a donné un louis 6 liv. à la
paysanne et ile ma donné 6 liv. pour mon bois tiens Mme la
Fosse voilà 6 liv. pour le bois que je te brule ne partage pas
cette etcue avec tes putins etcrit mois dès que tu aurat quelque chosse de nouvot à me donner il sest en allée a huitte
heur moins un card au bast de la montée ile sest trouvé nez
a nez avec M. de Mondorge (2) ce sont salués en riant
comme des fols Mondorge a faitte aussy desabié la petite
Dupon et de meme la paysanne leur a donné 12 liv. je suis
aprest tromper un homme je vous en informerer demins (3).

*
* *

Sans date.

Grace a M. le marquis de Polmy je suis malade comme
une pauvre malheureuse a vans hier ile vint chez mois qui
ettet Lundy a 1 heur du soir ge tes ceulle dans le momant
ile vint la petite pensionair de la Dupont que je feset venir
pour M. Dumetz que j'atandés a 1 heur et demy M. le mar
quis resta avec elle a la manier ce fair branler la tourner
tanto derrière tanto devans quand ce la fut finit ile entandit
fraper a la porte cetté M. Dumetz le Marquis ce sauva dans

(1) M. le marquis de Paulmy Voyer d'Argenson.
(2) Gautier de Mondorge.
(3) Arsenal, *Arch. de la Bastille*, 10.252.

la petite chambre et quand M. Dumetz fut dans lapartemant
je fermè ma porte pour le laisser avec cette petite fille je fut
rejoindre le marquis qui cherchet partout sy ile ny avoit pas
une porte de communications pour regarder au traver ce qui
se passet dans ma chambre je lui dit que non mais il ta ta sy
bien quil en santi une qui donne effectivement dans la ruelle de
mon ly sur lequel ettet couché Dumetz M. le marquis â ara-
ché la tapicerie fait sauter tous les clous cela a fait un bruit
affreux parce que cette porte est vieille et ouverte de tout
côtés ile na pas été contamps ile a déchiré tout le papier qui
cachet les ouvertur de cette porte et maginé vous Monsieur
que Dumetz croiet que quelqum voulois antrer par cette porte
malgré tout les priere que gest pu lui fair rien na etté capable de larester il na pue rien voir parce que du côté de la
ruelle de mon ly la porte est aussy cache par la tapicery et
aprèst cela Dumetz ma quogne et ile ma dit qui esse ce bou-
gre la qui voulois ouvrir cette porte je lui ez dit quil etet
parti ile me dit que cela ettet faux quil ettet encorps la ge
etté obliger de lui dir de crainte de bruit que cettet M. le marquis parce que je conois M. Dumetz pour un brave garson,
Dumets me dit ce nest pas lui par ce quil a des affair aujour-
d'huit ile demanda a cette petite fille coman ettet fait le Mr.
elle lui en fit le porteret ile le crut a la fins je passet dans
lautre chambre le Marquis me mit 3 liv. dans la main 12 sol
a mon domestique et sant fut comme cy le diable lemportet
en me prians de lui faire une ouverture a cette porte affin
que sy ile se trouvet quelqum chez mois je le laice regarder
ce quil ce passet chez mois je lui et repondu Monsieur les
clous sont trop cher il men fauderet pour plus de 3 livres
pour raccomodé votre desgat ja vois mes malady du même
jour elle ce sont arreté de crainte du bruit je sui malade
comme une beste je vous jure que quan ile vienderat ile trouvera la petite chambre fermé sy javois bien fet jaurest laissé
entré Dumetz ou ile ettet quil lauret vue au nez je sui sur
quil auret ri mais le marquis oret toujours ctet vu au nez ce

nest pas Sahir (1) cest la derniere pensionnaire de la Dupont
qui ettet chez mois elle a quité du même soir la Dupont par
dispute cest une petite qui a demeuré chez la Vareine (2)
rue dargenteuil chez irisse perutier au premir avec Mlle Flor
ensienne pensionair de Mme Hequet je ne fait rien du tou (3).

*
* *

6 may 1754.

Lundy six de May get fourny a M. Curis, trésorier des
menue plaisir et à M. de Mondorge 2 fille qui ont ettez souper ha leur petite maison à coté la petite pologne M⁰ Quin
son chanteuse de laupera comique (4) rue des bourchers
faubour Saint-Gairmins elle à voit une robe blanche a fleur

(1) Zaïre, fille de débauche.
(2) La Varenne, proxénète.
(3) *Arch. de la Bastille*, 10.252.
(4) Le rapport de Meusnier concernant Mlle Quinson nous
donne sur cette artiste quelques détails particuliers et intéressants.

« *Le 24 avril 1754.* — Quinson, actrice à l'Opéra-Comique,
demeure rue des Boucheries, faubourg Saint-Germain, chez
Guillot, à l'Hôtel d'Hambourg. en chambre garnie.

« Elle est de Paris, fille d'un nommé Quinson, violon à la
Comédie-Italienne, mort il y a longtemps.

« Petite, bien faite, âgée de 18 à 19 ans, cheveux châtains,
grande bouche, marquée de la petite vérole, point jolie.

« Sa mère tenoit chambre garnie il y a 7 à 8 mois, rue Mauconseil, près le commissaire Grimperel, où est présentement
l'hôtel d'Aquitaine ; actuellement cette femme demeure, rue
Poissonnière, chez un fruitier, au second, vis-à-vis la rue
Beauregard, avec ses deux autres filles, l'aînée qui est laide et
bête et la cadette, âgée de 12 à 13 ans, qui promet déjà quelque
chose. On assure que la mère vit depuis 7 à 8 ans avec un abbé
qui prend ses repas chés elle, outre cela elle revend et prête sur
gages.

« Dès l'âge de 13 ans la Dlle Quinson dont il s'agit icy, dit
avoir été débauchée par un nommé Thiébault, pour le sieur
Cazanove, mais on doute qu'il en ait eu les gants. C'est le
même qui devoit épouser la Dlle Beauchamps. Ensuite elle
entra comme pensionnaire chez la Dlle Faudoise, rue des
Fossés-Saint-Germain-l'Auxerrois et de là chez la Regnault, à
la Barrière Sainte-Anne, où elle porta le nom de Désiré,
La Regnault, remboursa 80 livres à la Faudoise pour une chau-

tout en argans elle a prix avec elle une grosse fille qui loge
a coter M. le Comiser ches not (1) je ne sais pas son nom sa
sœur a etter aretée par le Guex a ce quelle ma dit July a
etter les conduir on la fait rester cette Quinson et la grosse
on ettez priér de ce mette tout nue come la main ensuite on
lé à fait passer dans le foutoir tout en glace la Quinson nen

depisse que cette fille avait eu chés elle, à l'époque de la retraite
de la Regnault. Environ 2 ans, la Quinson résolut de se mettre
à travailler à ses frais ; pour cet effet elle vint demeurer rue
Saint-André-des-Arts. à l'hôtel de Bretagne, et de là, rue de la
Comédie-Française, chez un nommé Gallois.

« C'est dans ce dernier domicile que faisant des vacations en
ville, elle fit la connaissance du Sr Schmitt, allemand, jeune
homme de 25 à 26 ans, logé rue Dauphine, à l'hôtel de Flandres,
qui lui donna 300 livres par mois. Cette union se soutint pendant sept à huit mois, au bout desquels ayant été obligé d'aller
dans sa patrie, au commencement de novembre, elle se trouva
veuve, ce qui la mit dans la nécessité de retourner en ville et de
revoir quelques amis, jusqu'au tems de l'ouverture de la foire
Saint-Germain dernière qu'elle fut reçue à l'Opéra-Comique, en
qualité de danseuse dans les ballets. alors pour suppléer à la
médiocrité de ses appointements, il n'étoit rare qu'elle n'amena
tous les soirs quelqu'un à souper chés elle. Le prince de Monaco
entr'autres y est venu 5 à 6 fois et lui a donné à chaque fois
quatre louis.

« C'est ainsi qu'elle a passé le tems à l'épaule (?) jusqu'au
retour du Sr Schmitt qui est icy depuis environ trois semaines
et qui a repris avec elle, aux mêmes clauses, le précédent bail.

« Le Sr Schmitt a un carrosse de remise au mois et deux
domestiques ».

Le départ du Sr Schmitt obligea la Dlle Quinson à se procurer
de nouvelles intrigues et c'est alors qu'elle se recommanda à
Mme Lafosse. Puis nous la voyons reprendre un nouvel
essor.

« 27 *Mai 1756*. — Depuis environ deux mois, la Dlle Quinson,
danseuse à l'Opéra-Comique, a débarqué la Dlle Riquette en lui
enlevant M. Danthieur, fermier du prince de Conty et du Grand
Prieur de France, demeurant au Temple Il lui a loué en meublé,
une petite maison neuve, passé la barrière du Temple, presque
vis-à-vis la Payen, où il vient régulièrement la voir tous les
jours.

« Le Sr Danthieur est de Nérac, où il étoit juge ; on le dit veuf
et propriétaire de sept à huit enfans, dont trois filles. Il y a
13 ou 14 ans qu'il est à Paris. » (Arsenal, *Arch. de la Bastille*,
10.237. *Dossier Quinson*).

(1) Le commissaire Chenon.

à pas etter efreiez mais la grosse cherchoit a cent fuir en crians comme une folle elle a ut si peur quelle à panser ce trouver malle M. Cury et Mondorge se sont donner une fason a coter lun de lautre debout la grosse entre eux deux Mondorge sur le cue et Cury sur le vante cette fille ettet bégner de saloprit la Quinson a rester a une table pandans trois cardeur on la trouvé dans cette ettat fort malle faite cest messieurs lui ont dit abille tois quard tu soufre de ne pouvoir pas cacher tes défauts a vans de commenser le soupée M. Mondorge ettet prit de vin ile a voulue beser cette grosse en cue on n'a pas pu savoir sy cela n'a pas ettet mais le reste du tamps ile lui à faitte bien des caresse et appassé 3 fois avec elle ile on donner 5 louis un â chaque fille 2 à mois on les a ramenez à 3 heur et demy passer dans le carosse de Cury (1).

*
* *

20 may 1754.

Hier 21 à 9 heur du soir M. le marquis de Polmy ma fait l'honeur de me venir voir ile ma demandé en entrans quesce que tu fais de M. Munier estil toujours ton amy viens tille toujours chez toy conte moy un peux le conte nu de tes memoirs que tu lui donne je lui et dit en vérité M. le marquis vous ny pansé pas je ne lé pas vue depuis plus de trois mois je lui et envoié des sirconstance sy peux interressantes que je ne me souviens d'aucune il ma dit de le fair conduire par ma servante chez quelle que putins on le conduit chez la Vitrié au 2e rue Gant-St-Deny (2) ile lui à voit du monde ile est resté dans la lée pour atendre a renvoié ma servante avec 27 sols pour sa payne quand le miché a été sorty il est monté a tatont chez cette toupy ile lui a donné 18 liv. car on

(1) Arsenal, *Arch. de la Bastille*, 10.237. *Dossier de la Quinson*.

(2) Rue Jean-Saint-Denis, supprimée par la rue Pierre-Lescot.

vient de maporté 3 liv. tout à lheur on m'a dit que Mlle a
dans (1) feset travailler la petite âpoticairesse que vous vitte
chez moi cela peut être quard mon comisioner la trouve chez la
a dans avec un M. tout déchevelée je nen suis pas assurée
mais je min formerée de la a dans sy cette petite fille la ou
qui est celle que l'on a vue chez elle le chatelet et les galery
de boulle ile est lintendant et le comissionner de Mme de
Montigny elle lui a donné une boite doublée dor san doute
quile esper en avoir une tout dors quard ile est la come un
chien a la tache dieu soy loué gans sui debaracée pendant
ce tems la son esprit est capable de guerire de linsom-
meny (2).

*
* *

20 octobre 1755.

M. le marquis de Polmy est venu ché moi ile a manié
trois filles uns cardeur chacune ensuite ile les a renvoyé
dans l'autre chambre cest a dire les une aprest les autres il
à demandé a rester ceulle avec mois nous a vons beaucoup
causé de choses et d'autres ile ma demandé sy jetés bien
avec M. Munier (3) sy ile était mon protecteur sy jorest soin
de lui dir quil ettet venu chez moi et sy je parlois quelle que
fois à M. de berier (4) je lui ai dit que mon zelle pour
M. Munier me tenet lieux auprest de lui de quelle que chose,
que ce pandans ja vois etté assez malheureuse jusqua presans
pour ne lui ette hutille a riens mais que tout ma vie je
chercherez les au casions de meriter lhoneur de sa protection
que pour M. le lieutenant generalle de police je ne la vois
ja mes vue et que je le respecte et le craint beaucoup que

(1) Mlle Adam.
(2) Arsenal, *Arch. de la Bastille*, 10.252.
(3) M. Meusnier, Inspecteur de police à qui ces lettres sont
adressées.
(4) M. Berryer de Ravenoville, lieutenant général de police
(27 mai 1747-24 octobre 1757).

j'ygnorest ce que vous fesiez des pety Mémoirs que je vous
en vois, ile ma demandé sy mon fils feset quelle que chosse
je lui est dit quil dansait au francois ile ma dit ile nest donc
plus à ta charge je lui et dit que je le nourisait ile ma répondu
ile est bien heureux je vous derest bien que lon me nourice
aussy je me mit a rire de sa betisse et bandans ce tems il
ce branlet ile me dit que jetès engressez que je valois mieux
que mes garces je lui et faitte la revérance sant lui répondre
ile ma dit qu'ile savoit que je conois la mongot quils ne
vouloit pas aller chez elle mais que vandredy ou samedy il
viendrest chez moi que je lanverée chercher dans un fiacre
quils la vouloit voir je lui et promis ile cest en allé sans donner
uns liar a per sonne je la temps ê vous dirée ce qu'il ferat..

Je lui et dit mais M. qui payerat cest fille ile ne ma pas
répondu et a descendu les monte sans lumier (1).

La St-hilaire dit de Baumont qui ettet ché la Brunet (2)
fut hier 21 chez le vicu marechalle duras (3) ils ont resté
3 heur ensamble ile la faitte mettre toute nue et il cest branlé
deux fois une fois sur ces têtons et une fois sur le vantre
elle na ni lun ni lautre beaux quard elle a fait des enfans et
à le ventre plissé comme une redingote.

Le marquis de Polmy fit en sortans de ché mois chez le
sinturonier a coté le caffé des envoiés en de sa des per
lauratoir (4) o premier o fonc de la cour chez la gilei une
garce à chiens et a chat a vue 3 filles quelle a envoié cherché
ile ne leur a pas donner un soux.

Monsieur le domestique qui a ut lhoneur de passer chez
vous ce matin ne couche pas chez mois ile sant va le soir a
9 heur cest pouquoi je ne pui vous envoié cela que ce matin
outre cela il était trop tare (5).

(1) Les marches sans lumière.
(2) Le Brunet, proxénète, Porte Montmartre.
(3) Jean-Baptiste, duc de Duras, 1684-1770, lieutenant général
en 1720, maréchal de France en 1741.
(4) Les pères de l'Oratoire.
(5) Arsenal, *Arch. de la Bastille*, 10.252.

Vendredi, 31 octobre 1755.

M. le marquis de Polmy doit allé chez la mongot cest jour
sy mais ile na pas voulu me dir le jour ile est venu hier
jeudy a 10 heur et m'a joué le même tour que la derniere
fois ile m'a faitte allé chercher 3 filles ile les a maniés patinés
et ma dit assa a dieu la fosse je lui et dit M. c'est la dernier
fois que vous me trompé ge vous feret payer davance une
autre fois ; la petite durocher et la gilet lui ont dit on le
conois bien cest un jeanft. qui excroque tout le monde ile
cest mis à rire et ma dit fait mois etclairé voici Monsieur si
ce n'est pas affreux, une homme comme cela ne pas payer
ils avoit un aby tout neufe couleur de maront clair avec une
petite brodery en ors et point de rodingote la roupy au
née... (1).

*
* *

2 novembre 1755

Ce jour dhuit dimanche M. Gautier va mener son élève
chez M. Dumetz faubourg Saint-Honoré vendredy après
midy gautier ma prié den faire la proposition je lê faitte le
samedy jour de la tousins et ile la acpeté aujourdui a honze
heur ile lui mêne gautier la metera dans un couvans et ce
cera moi qui lyrat chercher quand M. Dumetz vouderast
sant servir jorez soin de vous ens informer exactement gautier ma faitte fair sermant que je ne vous en parleret jamès
me voi la parjure et le ceret pour tout ce qui vous regarde
toute ma vie sy vous pouvez vous dispancer de lui en parler
jusqua ce que la fair sois plus avancée vous me ferest plaisir
je me ferest fort de la foir rompe sy le parti vous convenet
mais une fille trop jeune avec point du tout d'expériance
nest pas ce que je croit votre affair je suis sur que gautier
ceret ausy contant de son sort entre vos mains quand celle

(1) Arsenal, *Arch. de la Bastille*, 10.252.

de M. Dumetz je vous marquerée demins le reste des con-
vantions quard gautier doit venir chez mois en sortamp de
chez Dumetz je la tamps âmi dy mais je lui et dit de ne pas
amener sa petite fille chez moi crainte de scandale ile la metera sans doute en des pot dans quelle androit.

Je né pas encor etté chez cette Mme Dubois M. le baront
de Bulou (1) a encorps la goute mais sy vous ettiez curieux
de la voir vous pourrier passer chez moi a l'heur de votre co-
modité je lanverest chercher de la par du baront et sur
quelle vienderet.

Jé dit a M. Dumetz vandredy au soir que la gran mont dit
Saint-Hilaire (2) est entretenue ile la conduit chez elle ile lui
a donner 2 louis le lendemins elle me dit quils na voit pas
montée mais hier au soir ile se sont trouvé chez moi tous
deux et du metz me dit tout bas vous à telle donné un Louis-
non M. lui etge répondu haha Mme ile faut de la bonne fois
partout cest vilains donne â Mme la fosse uns louis elle me
le dois sy ile vous est possible de me preté vottre ar mos
nois (3) royalle celuy de cette anée de mins sans y manquer
je vous le randerez croiée moy au non de dieu avec respec (4).

*
* *

Novembre 1755

Le 11 je sui sorty de chez ma bonne hotesse mon mois ne-
tet echu que du même soir elle a fait venir le comiser de la
rue de le chelle (5) qui ma fait sortir sur le champs avec
tous mes pauvres et faits, je navois pas dargens elle voulois
gardé le peux que jé M. le Comiser na pas voulu je contois
avoir tout en porté mais la bie double de pelice de mon po-

(1) Le baron de Bullou, Bullou, terre et seigneurie du Perche
Gouet, érigée en baronnie par lettre d'avril 1661.
(2) La Gramont, dite Saint-Hilaire, fille de débauche
(3) *Almanach royal.*
(4) Arsenal, *Arch. de la Bastille*, 10.252.
(5) M. de la Vergée, commissaire au Châtelet, quartier du
Palais-Royal, demeurant rue de l'Echelle.

lison cest trouvé fermé dans un tiroir et le landemin elle na
pas voulu me le randre je dois porter ces jour sy 30 livres.
pour le mois et M. le comiser me le ferat randre le beaux de
l'histoir M. Morelle qui est party je ne sey oux ma fait dir
par un homme d'anvoier tout ce que je a luy a sa femme qui
est à reins et quil me ferat metre a l'hospitalle sy je ne lui
envois pas ce la est curieux puice quil n'a pas un choson
que je ne lui et donner, je crois quil a plus pœur que moi
puice qu'il a prit cinquante escus a sa mer et quelle a fait
sa plainte ile a batu son frère qui â fait aussy sa plainte M.le
comiser ma demandé que jatande jé ut lin prudence de lui
dir que cettez M. le marquis de voyer (1) cettet vray cela a
ettet raporté par le comiser à M. le marquis qui me la dit
hier mais qui ma dit vas va je nent sui pas fache je man ft.

Je lui en ez fet mes excuses.

Je lui et fait voir Mme Latour qui sapelet chez la armant (2)
Godrecourt ile en a etté contamp cest une blonde très joly
petite de la lorraine allemande.

Je dois mener la mongot rue mon marte dans la maison de
M. menager pour celui qui aucupe la maison et M. le marquis sont amys M. de Voyer ma dit parle donc la fosse tu a
donc dit a la mongot que ja vois envie de la voir oui M. lui
ege repondue pourquoi cest ditille quelle est venue avec aille
et qu'elle ma ecrit je lui ai dit lui avez vous faitte reponse oui
matille dit ce matin jé ce matin envoié chez elle lui dir que je
savois quelle avoit ecrit a M. le marquis et que je voulois
quelle menvoie sa reponse que jorest des ordres ces jours
sy pour la conduire souper avec lui elle me la envoyé et la
voisy que je vous envoie je vous avertiré le jour que je la me-
neré et de ce qui ce sera passé.

Mme Mongot a tiré 10 louis d'or a M. de loresquy (3) rue de
Tournan elle ne porte que des robes a fleurs d'or et d'organs

(1) Le marquis de Paulmy Voyer d'Argenson.
(2) La Hermant, proxénète.
(3) Probablement M. le comte de Lorenzi, chargé des affaires
de roi à Venise.

elle doit a tout le monde sy j'avois une robe pour sortir je
cerest venu me jeter a vos piés je sui plaine denemy sans
chercher a mant faire mais si vous avez pitié de moi je dor-
mirai tranquils (1).

*
* *

Sans date.

La nomée Bresset le 18 a 7 heur du soir fut cherché la
Dlle Magdelon qui sort de bisêtre ile lui a un mois elle et
très joly et biens guery cette fille demeur chez la brunet rue
Montorgueille chez M. Lemoncee dantiste au 3ᶜ, cette brunet est la toutousse (2) qui tenet maison rue borpère ile lui
a 7 ans et a qui ile a etté defandue de faire son comerce
cette petite est une de ces pentioneres la bresset la ette chercher pour un soupé qui cest fait rue Monmarte près les boul-
vairs ile lui a un seigneur qui a un coureur le maître tout
jeune M. Voyer d'Argansons a la tete de 3 autre seigneurs
ils on soupé come des cochons et but comme des diable ile lui
en avoit 4 soux comme des dogues 3 filles qui ne se conoiset
pas ny lun ny lautre elle ont etté moquee, basonnee besee et
chacune 3 louis les seigneur se son en aller excepté M. Voyer
qui resta avec cette petite qui ce vit ceulle et qui le pria de
lui envoiee chercher une voiture M. Voyer lui dit en lui
rians au nez bon bon tu net pas sy pressee on vas ten aller
chercher il sorty sur le champs et cette pauvre petite fut
asayi sur le champs par les laquets et autre domestique au
environ de 30 qui voulois lui passer sur le corps elle a crieez
au voleur et âla sasin ile lui on vollé ce quelle avoit dor et
dargans et lon assomée de coups elle c'est sauve dans les
bras dune âbé qni ettet a cens pas de leur porte et qui allois
montez dans son ez quipage ile la fait reconduire par ces
domestique ne voulans pas ce meller de cette affair je lui ai

---

(1) Arsenal, *Arch. de la Bastille,* 10.252.
(2) Sans doute pour *chienne*, féminin de toutou, *toutousse.*

conseillé daler fair sa plainte mais elle est malade et ne peux sortir ge envoie chez M. de boulogne (1) rue St-Honoré vis-à-vis les capucins une de mes filles la couturiere ile lui a donné un louis ile ma fait dir dy aller moi même vandredy à 9 heur je vous ez la même obligation pour la maison du roulle (2) je resterez comme je suis mille livre de loié est tro cher (3).

Par quelle suite de circonstances la Lafosse se trouve-t-elle emprisonnée? la lettre suivante ne fait que confirmer le fait sans nous en faire connaître la cause.

Sans date.

« Il est biens naturelle Madame que je vous rande comte de vos biens fait, je me suis misse à la pistolle (4) ge donné au consierge un demi mois contans bien que sy vous avee la bontée d'aller chez M. Letour neur je sortirai la cemène prochaine il ne tiens qua lui

O concierge 3 liv. 11 sol.
O guichetier 1 » 10
A la pailles 3 » 13
De la paille pour la provote 1 livre 16.
Une cruche pour mettre de laux 6 sols
Je depanse 11 livres et je dois ma provotée de la pistolle.

Madame mes maladies vienne malheureussement de me prandre et je net que la chemisse que vous avez ut la bonté de manvoïe ne pouvans plus en avoir par ce que je sui a la pistolle ê con en donne qua celle qui sont a la paille (5) je

(1) Boullongne, contrôleur général.
(2) La maison du Roule, tenue par la Paris, qui se trouvait sans doute à louer.
(3) Arsenal. *Arch. de la Bast.*, 10.252.
(4) Chambre où les prisonnières étaient traitées à part moyennant une somme quelconque.
(5) Chambre plus confortable et conséquemment plus chère que la pistole.

vous conjure de man voié une telle quelle soy ê faitte je vous
pri uns petit memoir du tout si vous toucher de l'argans je
voue prirée de me le fair payer ce quils plairest je vous demande en grace si vous pouvé me laisser le bonet rond que
vous avec ut la bonté de manvoié il me coiffe comme une
ange je vous le payerest ce quils vous plaira avec le bonet
monté que vous aurest la bonté de me douer cela me chan-
gerat il faut que jest lhoneur de vous parlé pour une geune
negrece 2 autre geunesse que je veux vous procurer quard
soyet sûr madame que je sui si rampli de reconoisance é
damitié pour vous quil nyorat rien que je ne face tout ma
vie pour vous en donner des preuves sertaine je suis madame
avec considération votre hobéisante servante, je sui bien
malade vouderiez vous madame men voié uns pot au fœux
s'il vous plet (1). »

*
* *

Sans date.

« Il ceret necesair madame que gest l'honeur de vous parlé
afin que je puice vous dire de quel fason il faut vous prandre
pour rehussir vous savez que chaque homme a son tique et
sa fason et que sy on ne la set pas on nen vien pas a bout
ecaucontrair lorce que lon sy prans bien on fait quelle
que chose ce ceret un trop long detaille avous faire par ecrit
é ce sera expliqué de bouche dans 2 mots je le ferez pour
tamps si vous lexige de moy naiant rien madame a vous
refuser et n'ayans rien tamps a cœur que de vous prouver
que jé lhoneur detre toute ma vie. »
« Madame (2). »

(1) Arsenal, *Arch. de la Bast.*, 10.252.
(2) Note san sdate se trouvant dans le dossier.
« La demoiselle Manon ou Langlois, maîtresse du jeune
M. Bontems par l'entremise du Sr Baujon, son beau-frère,
receveur général des finances de Bordeaux et à la connaissance
de Mme Bontems sa mère ; le petit Bontems et la jeune fille se
sont donnés réciproquement leur pucelage et le tout était pour
styler le jeune homme à baiser une fille. »

En 1760, la Lafosse exerçait encore ; elle demeurait rue des Poulies, un rapport de Marais nous apprend qu'elle « avait comme pensionnaire Elisabeth Arnould, âgée de 19 ans, M. Judde de Granville s'en éprit et voulut la retirer de chez la Lafosse, mais auparavant il lui demanda si elle avait roulé autre part, que dans ce cas il ne s'en chargerait pas, la matrone le trompa hardiment et dès le lendemain il enleva de chez elle sa nouvelle conquête qu'il mit en chambre garnie, après l'avoir fait vêtir; mais au bout de 2 jours, il apprit qu'elle avait roulé chez la Vilette, la Debure, la Eudes, etc., il lui reprocha ses menteries, lui retira la robe et la renvoya « pour ainsi dire le pied au cul » après quoi il fut chez la Lafosse faire ses quatre cris en lui annonçant qu'elle avoit perdu pour toujours sa pratique et sa protection (1). »

BABET DESMARETS

Après avoir purgé deux ans à l'Hôpital Général, du 12 mars 1752 au 3 janvier 1754 (2), Babet Desmarets exerça son métier de matrone dans la grande rue du Faubourg-St-Honoré. Là, avec quelques filles elle recevait un petit nombre de clients qui, sans avoir les noms pompeux que nous voyons chez ses pareilles, étaient enregistrés strictement sur un tableau portant la date, le nom des visiteurs, les filles choisies, et la durée de l'entretien des habitués de la maison avec les pensionnaires. On jugera de l'ordre qui régnait dans la maison, par la reproduction d'un état que la Desmarets fournissait au lieutenant général de police, que nous joignons ci-contre.

(1) B. N. Ms. fr. 11.358, p. 17-18. (*Rapport de Marais*).
(2) Bibl. de l'Arsenal, *Arch. de la Bast.* 12.695.

ETAT remis par les Maitresses de maison au lieutenant de police (1) Babet dit Desmarets.

La date.	Le nom des hommes.	Nom des filles.	L'heure qu'ils sont venus, Le temps qu'ils sont restés.
Du 19 nov. 1754.	M. Sauterot, M. Binet. M. Menera, officier du rég. du Roy.	Henriette. Dazenoncourt	Entrés à 9 h. du soir, sortis à 2 h. Soupé. M. Sauterot couché avec les deux filles.
Du 28.	M. Vaudreuil.	Célie.	Entré à 9 h. du soir, sorti à 11 h.
Du 30.	M. Beaulieu, qui a été page de l'ambassadeur de Sardaigne et trois autres.		Entrés à 6 h. du soir, sortis à 7 h.
	M. Bolgris et trois autres.	Célie. Dazenoncourt	Entrés à 6 h. du soir, sortis à 7 h.
1er déc.	M. Doré, courrier du Cabinet.	Léonor.	Entré à 7 h. du soir, sorti à 8 h.
	M. Chaugrand, gendarme. M. Marigny.	Célie. Dazenoncourt	Entrés à 10 h. du soir, sortis à 9 h. du matin. Couché.

(1) Bibl. de l'Arsenal. *Arch. de la Bast.*, 10.252.

Cependant, la Babet était quelquefois moins brève, car ainsi que ses semblables, elle était sujette aux invasions des amis de ses demoiselles et surtout de Célie que le tableau nous montre comme étant fort recherchée ; une plainte qu'elle fit, fut rapportée le 24 décembre 1754 dans les termes suivants :

« Monsieur Montigny, jeune homme de 22 ans, demeurant à Paris, rue Saint-Nicaise (1) , vis-à-vis l'académie royale de musique, fréquentant depuis quelque temps la maison de Babet Desmarets, grande rue du faubourg Saint-Honoré, épris de belle passion pour la nommée Célie, fille pensionnaire de la Dame Babet ; lui donna des assiduités si fortes qu'elles devinrent importunes par le long séjour et réitérations diverses dans le même jour ; à quoi Babet ayant représenté le tort qu'il leur faisoit d'être continuellement chez elle et d'empêcher Célie de vaquer à différents exercices qui lui étoient proposés, lesquelles remontrances ne servirent qu'à l'encourager d'avantage et augmentèrent ses visites et impertinences au point qu'il y a quelque temps, qu'un monsieur ayant proposé de donner à souper à Célie, Babet le pria de se retirer et de les laisser tranquilles, à quoi Montigny répliqua qu'il était de trop bonne humeur pour s'en aller, rentra dans la chambre où était le monsieur à souper avec Célie et se pria lui-même à souper et resta jusqu'à ce que le monsieur impatienté de le voir, s'en alla et abandonna la partie.

« Le 24 du présent mois, le sieur Montigny, persévérant dans ses importunités malgré les remontrances qui lui avoient été faites sur l'indécence de sa conduite, vint ce jour-là 4 ou 5 fois et le soir sur les huit heures étant resté, arrivèrent trois chevaux-légers, lesquels étant entrés et ayant demandé à Babet-Desmarets s'ils pouvoient rester à souper

(1) Rue Saint-Nicaise, supprimée en 1852, commençait rue Rivoli, finissait rue Saint-Honoré ; ouverte en 1616, son premier nom a été rue du *Rempart,* puis rue du *Fossé Mademoiselle.*

avec ses filles, lesquels ayant ordonné le service, l'un d'eux passa dans une chambre à côté et demanda à Babet si ce jeune homme ne s'en alloit pas qu'ils étoient bien aise d'être seuls, Babet appela à part ledit Montigny et lui dit qu'il voyoit bien qu'il étoit inutile et qu'il gênoit ces messieurs, le pria de se retirer (Célie pendant cette conversation profita de sa sortie pour fermer la porte), ledit Montigny prit cette occasion pour faire du bruit et dit que ceux qui étoient dans la chambre étoient des impertinents, fit grand vacarme, et dit qu'il vouloit en avoir vengeance, ce que voyant Babet, elle le mit à la porte où il fit beaucoup de bruit et dit qu'il luy paieroit. Ledit Montigny s'en alla au café où ayant attrapé douze jeunes gens il leur dit qu'il venoit de recevoir une insulte très vive de la part de trois jean-foutres qui étoient chez la Desmarets qu'illes prioit de vouloir lui prêter la main qu'il leur donneroit le tout et emporteroit le souper, à quoi ils accordèrent et vinrent chez la Babet où ledit Montigny à leur tête dit qu'il venoit pour avoir raison de l'insulte qu'on lui avoit fait, qu'il vouloit entrer où étoient ces messieurs, à quoi Babet leur représenta le tort qu'avoit ledit Montigny et que personne ne lui avoit fermé les portes au nez, que Célie qui étoit ennuyé de sa figure et de ce qu'il l'empêchoit de vacquer à ses affaires ; ce que voyant les jeunes gens, ils lui donnèrent le tort et se retirèrent sans faire de bruit, mais ledit Montigny continua ses invectives, voulut forcer la porte de la chambre où étoient ces Messieurs à coups de pied, mais Babet le mit de rechef à la porte et fut contraint de s'en aller avec la troupe en proférant mille invectives et lui promettant qu'elle lui payeroit. M. le chevalier de Longuen, M. Tizois, M. de Saint-Laurent étoient de la bande (1). »

Ces sortes d'aventures étaient fréquentes dans les maisons closes, aussi les suites n'avaient de conséquences fâcheuses qu'en cas de grand scandale.

(1) Bibl. de l'Arsenal, *Arch. de la Bast.*, 10.285. (*Dossier Babet-Desmarets*).

Babet vint, en 1759, s'établir dans le centre parisien où les mauvais lieux se multipliaient, sa maison s'ouvrait cul-de-sac de l'Oratoire, rue Saint-Honoré près les pères de l'Oratoire ; là, sa clientèle s'augmenta d'un grand nombre d'ecclésiastiques que l'inspecteur de police Marais surprenait fréquemment.

Le 30 novembre, c'est Jean Hubert, prêtre, avec Eléonore (1).

Le 17 juillet 1760, Claude-Nicolas Grosgean, âgé de 40 ans, prêtre de Besançon, profitant de son séjour à Paris, vint faire un tour chez la Desmarets, mal lui en prit ; il fut interrompu par le commissaire du quartier flanqué du sieur Marais qui le trouvèrent en compagnie des demoiselles Beauvoisin et Victoire, lesquelles avouèrent l'avoir « manualisé jusqu'à parfaite pollution trois fois de suite (2). »

L'année suivante la Desmarets habitait une maison, à petite porte, appelée l'hôtel de Montpellier, rue des Fossés-Monsieur-le-Prince (3), puis en 1763, rue du Four (4), dans une habitation à petite porte, dont la boutique était occupée par un perruquier. Elle continua son métier ; ne refusant pas de se prêter elle-même aux exigences de MM. les curés et aussi de se faire surprendre en leur compagnie ; ce qui lui arriva avec Artaut, prêtre de Beauvais qui, penaud et confus, fut obligé de déclarer s'être « amusé avec la Desmarets sur la gorge (5). »

(1) *La chasteté du clergé dévoilée,* 1791, in-8, tome I, p. 259.
(2) *La chasteté du clergé dévoilée,* 1791, in-8, tome I, p. 287.
(3) Actuellement rue Monsieur-le-Prince.
(4) Aujourd'hui rue de Vanvilliers.
(5) *La chasteté du clergé dévoilée,* 1791, tome II, p. 196-228.

LES BRISSAULT

Hétaïres, aulétrides, pécheresses et filles d'amour venaient vers 1760 se recommander à Brissault. Brissault, tailleur et appareilleur à la suite des demoiselles de spectacles. Ce fameux pourvoyeur, tenait deux maisons, l'une aux champs, barrière Blanche, et l'autre à la ville, d'abord rue Tire-Boudin (1), puis rue Française, *vis-à-vis la petite porte de la Comédie Italienne* ; c'était à Brissault que les coureurs de filles, les gentilshommes en partie, les libertins, les petits maîtres et les roués venaient s'adresser pour posséder telle ou telle beauté ; lui seul avait le don de plaire, de s'immiscer chez les femmes à la mode et leur suggérer le désir de gagner quelques louis en plus de leurs rentes habituelles.

Au commencement de 1762, Marais mandait que « les seigneurs étaient si courts d'argent que les plus jolies filles se prestoient à la passade et accabloient Brissault de révérences » (2).

Brissault, chez lequel on était toujours servi avec toute la propreté possible, dans des appartements meublés élégamment et qui ne présentait que des demoiselles bien vêtues, avec lesquelles jusqu'à ce jour le tempérament n'avait couru aucun risque ; car il prenait grand soin de n'en jamais offrir, sans au préalable les avoir fait visiter scrupuleusement par son *Esculape*.

Un Anglais, Milord Bintinck, se plaignait amèrement à un de ses compatriotes des infidélités de l'ambassadrice de Hollande, la comtesse de Starhenberg, son

(1) Aujourd'hui rue Marie-Stuart.
(2) B. N. Ms. fr. 11.358, p. 626.
(3) B. N. Ms. fr., p. 263.

amante, disant qu'elle lui coûtait fort cher ; son ami lui répondit :

« Je te l'ay toujours bien dit, fais comme moi, je m'amuse sans m'attacher et je trouve de fort jolies filles pour 3 ou 4 louis qui valent mieux que ta dame et qui ne sont pas plus P..... ; je te meneray chès la Brissault, et nous nous divertirons. »

Le milord accepta la proposition et depuis jura de quitter l'ambassadrice (1).

On peut voir par là quelle vogue avait Brissault dans le monde galant, aussi n'était-il pas rare que la belle Mme de Senneville, Américaine, maîtresse de M. le Comte de la Marche, dans ses jours de détresse, vint trouver Brissault qui, toujours accueillant, lui procura deux intrigues rapportant à la dame dix louis chacune ; la première avec M. Delalive, conseiller, et la seconde avec le Marquis de Monroy (2).

Indépendamment de ses fournitures féminines Brissault exerçait aussi tous les petits métiers qui en dépendent ; aux uns il prêtait de l'argent, aux autres son nom, ce qu'il fit pour le Marquis de Froulay qui voulait avoir une petite maison à la *Petite Pologne* pour le Marquis de Duras, fils cadet du Maréchal, que sa famille ne voulait plus voir à cause de la vie déréglée qu'il menait ; comme à cette époque il entretenait la Dlle Montausier le Marquis pensa de suite à Brissault et par son intermédiaire il fit louer en son nom la petite maison située faubourg Saint-Honoré, à la *Petite Pologne*. Là de fines parties succédaient aux parties plus sérieuses où la dame de pique remplaçait la gracieuse Montausier (3).

(1) B. N. Ms. fr. 11.360, p. 92. (*Rapport de Marais*).
(2) B. N. Ms. fr. 11.358, p. 84-5. (*Rapport de Marais*).
(3) CAPON, *Les petites maisons galantes de Paris*, 1901.

Tout était bon pour Brissault que Marais désign
dans ses rapports, comme le plus habile, mais aussi l
plus fourbe courtier d'amour de l'époque (1).

Il avait chez lui en 1761, comme pensionnaire l
demoiselle Dangeville qu'on « appelait le plastron d
la maison », c'était pour Brissault la poule aux œuf
d'or ; cette fille avait pour amants, le Marquis d
Romey, M. Fargé de Polizy et M. de Rupière su
lesquels Brissault tirait au moins 25 louis, ce qui n
l'empêchait pas de fournir la Dangeville « en passade
à différents clients (2).

Il arriva cependant une chose surprenante, pour u
homme entendu comme cet entremetteur, il devint amou
reux de son sujet ; la mit dans ses meubles dans un
maison louée à son nom et prit lui-même les engage
ments avec le tapissier.

On pourrait croire que la Dangeville fut enchantée d
cette aubaine ; au contraire, elle alla se plaindre amè
rement à l'Inspecteur Marais qui écrit :

« Cette fille est venue chez moi toute en larmes, m
demander conseil et m'apprendre que Brissault étoit amou
reux d'elle et qu'il exigeoit des faveurs qui la réduisoient a
désespoir ; elle avoit même déjà été obligée d'y succombe
deux fois, que cet homme lui faisoit horreur et qu'il éto
aussi dégoutant qu'il étoit laid (3). »

Pourtant Brissault était marié et sa femme, digne e
tout point de leur commerce, avait reçu des paillards e

(1) B. N. Ms. fr. 11.358, p. 219.
(2) B. N. Ms. fr. 11.358, p. 430,451.
(3) B. N. Ms. fr. 11.358, p. 577.

des débauchés, le surnom de *présidente*, pour reconnaître la supériorité qu'ils lui accordaient sur toutes ses « *consœurs* » ; elle en était, paraît-il, digne et difficilement on aurait trouvé parmi les appareilleuses, entremetteuses et matrones, une femme plus déliée qui mît dans ce métier plus de décence (1).

Après la Dangeville, ils eurent une autre pensionnaire dont les charmes, très appréciés, furent pour eux d'un grand rapport ; mais on ne laissait communiquer la Dlle Grécourt qu'avec les « paillards généreux ». Une petite brouille avec Mme Brissault, survenue à propos de 10 louis que la procureuse voulait lui retenir « pour une moitié de boîte à mouches d'or que lui avait fait présent M. le duc d'Aremberg », fut cause du départ de cette fille, elle retourna chez la Gourdan, donner toutes ses nuits au sieur Pitrot « qui finira par l'empoisonner car il est pourri jusqu'à la moelle » (2).

Toutefois les affaires de la maison continuèrent de prospérer, le couple se fournissait de filles partout où on pouvait en trouver, ne reculant devant aucune démarche lorsqu'on leur en signalait quelqu'une ; ils poussaient même leurs investigations jusque dans les couvents ; c'est ainsi que Brissault se rendit un jour aux Ursulines « pour voir si la marchandise était de débit » (3).

La police possédait encore en la personne des Brissault, de très habiles indicateurs et Marais en parle très souvent dans ses rapports desquels nous allons extraire divers passages relatifs à ce ménage, nous initiant à quelques-unes de leurs opérations.

(1) B. N. Ms. fr. 11.359, p. 699.
(2) B. N. Ms. fr. 11.360, p. 43-67
(3) B. N. Ms. 11.358, p. 498.

« *17 avril 1760.* — La Dlle Duplessis, dite d'Argoville, demeurant rue Poissonnière, près de la rue de Beauregard, entretenue par M. Doublet de Bauge (1), conseiller honoraire au Parlement, avoit une sœur qui auroit bien voulu avoir une connoissance aussi utile ; Brissault, tailleur et appareilleur de ces sortes d'accouplages a sçu s'introduire dans cette maison ; cherche à force à lui procurer ce qu'elle souhaite, il avoit trouvé ces jours derniers ce qu'il lui falloit et il s'étoit en conséquence porté chez sa sœur pour qu'elle lui fut confiée, afin de lui faire sa première entrevue, mais cette aînée ne l'a pas voulu par le refus qu'il lui a fait de nommer la personne qui le mettoit en œuvre, il espère, pourtant que ces femelles, deviendront plus traitables et se laissant aller à sa bonne foi et à son intelligence. Si ce Brissault vient à bout de ses projets je serai informé (2). »

« *6 février 1761.* — Toute la bande joyeuse de Fronsac, Coigny, De Lavaupollière, Vaudreuil et Persennat ne cesse d'écrire à Brissault pour l'engager à les recevoir chez lui ils lui promettent de se comporter tout comme il voudra mais il persiste à ne vouloir pas de leur compagnie les connoissant pour être trop bruyants dans leurs plaisirs ; de mon côté je désirerais que ce ministre de la débauche voulut s'y prester, afin de voir si par leur indiscrétion, je ne découvrirois pas quelques-unes de leurs intrigues particulières (3). »

Brissault du reste se montrait toujours très méfiant et cherchait à se renseigner avant de traiter avec les gentilshommes venant le solliciter ; il refusa même un jour de fournir des filles au Marquis de Sade (4).

(1) Michel Doublet, baron de Bauche, né en 1707, prit le nom de Marquis de Baudeville, en 1761, à la mort de son frère aîne. Il épousa en 1762, une demoiselle Niquet.
(2) B. N. Ms. fr. 11.358, p. 88. (*Rapport de Marais*).
(3) B. N. Ms. fr. 11.358, p. 374.
(4) B. N. Ms. fr. 11.360, p. 338.

1ᵉʳ mars 1761. — M. le baron de Vangen, M. de Beauchamps, conseiller honoraire, et M. de Villemur, receveur général, ont soupé avec les Dlles Saint-Gérant et Carpentier, chez Brissault.

6 mars 1761. — M. le duc de la Vallière a tenu parole vendredi dernier à Brissault ainsi que je l'ai annoncé par mes notes du 27 février. Cet appareilleur lui a fait voir Mlle Carpentier avec laquelle il s'est amusé et lui a parlé beaucoup de la Dlle Baligny qui ce jour-là avoit une perte. M. le duc a promis de se rendre aujourd'hui, 6 mars, chez Brissault pour la voir et si elle lui convient de la prendre à ses appointements, il y a beaucoup déclamé contre la Dlle Lacour (qui venoit de le quitter) et je ne crois pas qu'il s'avise avec une autre de commencer à lui donner des girandoles de 1.000 liv. Ce seigneur a très recommandé à Brissault de ne parler de luy à personne et ce jour-là pour n'être point reconnu, il avoit décousu son Saint-Esprit et caché son cordon bleu (2).

31 juillet 1761. — M. le duc de Vierville a couché, ainsi que je l'ai annoncé dans mes notes, le 24 ; le même jour à la petite maison de Brissault, Barrière-Blanche, il n'y a pas moyen de le faire jaser sur les détails de la couche de la Dlle Marquise (3), lorsque la femme à Brissault lui en a voulu parler il lui a répondu : ne me parlez point de cette créature, nous voudrions tous qu'elle fût alors à tous les diables Mgr. est comme un forcené auprès d'elle et nous menons auprès de lui la vie la plus triste, ma foy si cela dure encore quelque temps il faudra déserter. Cette conversation n'annonce pas qu'elle soit fort aimée à la cour (4).

16 octobre 1761. — M. de Villemur, le baron Wangen et M. de Curis ont soupé le 9 à la Barrière-Blanche à la petite maison de Brissault, ils avoient pour demoiselles, la Dubuis-

_____

(1) B. N. Ms. fr. 11.358, p. 406-1. *(Rapport de Marais)*.
(2) B. N. Ms. fr. 11.358, p. 400-1.
(3) Maîtresse du duc d'Orléans qui venait d'accoucher de deux jumeaux à Bagnolet.
(4) B. N. Ms. fr. 11.358, p. 470. *(Rapport de Marais.)*

son, figurante à la Comédie-Italienne, entretenue par M. D'harmoncourt et la Dlle de Neele ; M. le comte de Jumilhac avoit promis d'être de ce souper, mais il a manqué de parole et a même gardé le carrosse de M. de Curis qu'il lui avoit envoyé pour l'amener (1).

23 octobre 1761. — Mme la marquise de Pierrecourt (2) demeurant rue des Marais, faubourg Saint-Germain, âgée d'environ 32 ans, et connue pour avoir été anciennement liée avec M. le maréchal de Lowendal, a soupé et couché le 16 de ce mois à la Barrière-Blanche, à la petite maison de Brissault avec M. Dupré, fils d'un riche marchand dont le père étoit autrefois établi rue des Bourdonnois. Cette femme est arrivée avec M. Dupré enfermée dans un fiacre et a exigé qu'aucun domestique ne la voie ; en conséquence on lui a servi un ambigu propre, à minuit ils ont monté se coucher et la femme Brissault a eu soin le lendemain de faire trouver à la porte, à 7 heures du matin, un fiacre dans lequel ils se sont retirés à 8 heures. C'est la femme Bris-sault qui les a servi ; M. Dupré espère se trouver encore plusieurs fois avec cette dame dans la même maison (3).

11 décembre 1761. — M. Dupré, fils, s'est trouvé hier à la petite maison de Brissault avec la marquise de Pierre-court de 3 heures à 6 heures de l'après-midi. Il n'avoit pas le sol pour défrayer cette partie, il a envoyé la veille chez Brissault une cafetière d'argent pour mettre en gage. Ce rendez-vous est le second, il y a lieu de croire que cette dame prend de grandes précautions puisque le sieur Dupré demeure même maison qu'elle, rue des Marais, faubourg Saint-Germain.

(1) B. N. Ms. fr. 11.358, p. 543. (*Rapport de Marais.*)
(2) Femme de Abel-Alexis-François Leconte de Nonant, marquis de Pierrecourt et de la Ferté-Imbault.
(3) B. N. Ms fr. 11.358, p. 550.

14 mai 1762. — Le chevalier de Gouillon (1) est venu prier Brissault de lui prêter sa petite maison de la Barrière-Blanche, en lui disant que c'étoit pour coucher et souper avec une dame de condition qui ne vouloit pas se rendre à ses empressements chez elle, et lui, avoit fait entendre qu'il avoit une petite maison à sa disposition. Brissault ne se fit pas tirer l'oreille.

Le compère posa un observateur pour surveiller la dame. Il la vit entrer le jour fixé dans la petite maison et en ressortir à 5 heures du matin, elle partit en carrosse ; l'agent suivit le véhicule jusqu'à la rue des Petits-Lions-Saint-Germain, où il put apprendre que c'était une Madame de Ferrière (1).

26 juin 1762. — Le 23, M. Dangers (2), fermier géné ral, a fait demander à Brissault sa petite maison, un observateur a été posé et à 6 heures du soir, M. Dangers est arrivé seul dans un fiacre, 3/4 d'heure après un autre fiacre est arrivé ; il en est descendu une grande femme dont on n'a pu voir la figure ; ils sont restés ensemble jusqu'à 8 heures 1/2 et sont sortis dans un fiacre exactement fermé. Cette dame en est descendue seule rue Saint-Roch, près l'église, est allé à pied rue Saint-Honoré, chez le quincailler au-dessus de l'hôtel de Noailles et est montée au second étage. Le lendemain on a vérifié et l'on a su de cette dame elle-même, qui est jeune, jolie et brune, que son mary est le sieur Bonhomme, secrétaire du même M. Dangers avec qui la veille elle avoit passé quelques moments intéressants ; elle est fort bien meublée et doit aller joindre son mary qui est dans les terres du financier pour une couple de mois (3).

(1) Marie-Thomas-Auguste Gouyon de Matignon, brigadier des armées du roi.
(2) B. N. Ms. fr. 11.358. p. 692. (*Rapport de Marais.*)
(3) Dangé, fermier général demeurant place Louis-Le-Grand.
(4) B. N. Ms. fr. 11.350. p. 734. (*Rapport de Marais.*)

5 mai 1763. — M. le marquis de Begrinvilliers et un de ses amis ont dîné chez Brissault avec la Dlle Maisonville et Fanchon, *négresse* (1).

24 mai 1765. — Ci-joint la lettre que le marquis de Romey a adressé à la Brissault :

« J'ai plus que jamais besoin de vous, ma chère présidente, car je b... comme un carme et il me faut du secours, raison qui me fait vous demander si vous avés eu la bonté de penser à moy pour Mlles Colet ou Beauvoisin, je vous prie de me le mander ayant envie d'aller à Paris le lendemain des fêtes, répondés moy en adressant votre lettre sous l'enveloppe adressée à M. Alain, notaire à Vernouillet ; j'attends avec impatience votre réponse et vous embrasse de tout mon cœur (2). »

Janvier 1766. — La Dlle Martin, *marchande de rouge* pour les dames, a écrit une lettre des plus honnêtes à la Brissault qui renferme deux de ses adresses pour lui annoncer son rouge. Cette femme me l'a fait voir et l'a conservée en me disant qu'elle croyoit que c'étoit un moyen dont se servait la Dlle Martin pour faire sa connoissance à l'effet de lui procurer quelques galanterie d'autant qu'elle avoit entendu dire qu'elle étoit jeune et passable ; elle doit aller la voir pour savoir à quoi s'en tenir (3).

(1) B. N. Ms. fr. 11.359, p. 101. (*Rapport de Marais.*)

(2) B. N. Ms. fr. 11.359, p. 700, *lettre originale.* Albert-Marie de Romée, Marquis de Vernouillet, reçu chevalier de l'ordre de Malte en 1730, au grand prieuré de France, capitaine au régiment de La Rochefoucauld, fit ses preuves de noblesse en 1753, lieutenant des maréchaux de France, gouverneur de Rouen, guillotiné en 1793.

(3) B. N. Ms. fr. 11.360, p. 22.

Mlle Martin devait en effet être fort jeune à cette époque car nous la retrouvons dans le quartier du Temple, en 1786. Elle était, paraît-il, très connue comme femme galante et tenait cercle chez elle. Au mois d'avril de cette année, elle eut une affaire avec Me Ader, jeune avocat qui lui faisait la cour, il se comporta, dit-on, envers la marchande de rouge, très indécemment, voulant se porter sur elle à des excès qui le firent arrêter et conduire chez le bailli du Temple où il reçut une correction sévère. Celle-ci fit un mémoire qu'elle adressa à tous les

En dehors des trafics clandestins, les Brissault donnaient aussi d'innombrables petits soupers ; on y voyait MM. de Chabannais et Chimène avec les Dlles d'Héricourt et Parmentier. Le baron de Wangen, M. de Villemur, M. de Bauze, M. de Clauzel, le comte de Charolais, le duc de Grammont. Le baron de Wangen, dans ces occasions, louait entièrement la petite maison de Brissault, à la Barrière-Blanche, il y envoyait son cuisinier qui passait trois jours à préparer ces soupers ; le repas était toujours des plus splendides et bien fourni en filles, l'amphitryon s'en réservant trois pour son usage personnel avec lesquelles « il s'amusait complètement » (1).

Les Brissault formaient un ménage modèle, nécessaire aux débauchés et aux viveurs de l'époque, et quand Mme Brissault accoucha d'un garçon, ce fut M. de Rupière qui tint son enfant sur les fonts baptismaux ayant pour commère la Saint-Lau, pensionnaire de la maison (2).

LE R. P. FABRE

Sous le froc et le capuce le R. P. Fabre, religieux du couvent des Grands-Augustins, malgré son apparence

avocats de l'ordre de Me Ader. Ce mémoire daté du 22 avril 1786, portait pour épigraphe : *qui se laisse outrager mérite qu'on l'outrage.*

Mme Martin, passait à cette époque pour une fille de condition, elle fournissait le rouge à la reine, à Madame, à Mlle la comtesse d'Artois, à Mlle Elisabeth, à la duchesse d'Orléans et l'on ajoute : « elle donne à entendre qu'elle n'est point mal de figure et que Me Ader étoit en rut quand il se porta aux excès dont elle se plaint ». (*Mémoires secrets*), tome XXXII. p. 38-206.

(1) B. N. Nss. fr. 11.358. p, 588, 597, 619, 657. (*Rapports de Marais*).

(2) Imbert. *Chronique scandaleuse*, 1791, t, V. p. 92.

ou plutôt grâce à son apparence inspirant la confiance, se livrait à un petit commerce qui, quoique lucratif, n'était en rien dans les règlements de l'ordre des Augustins.

Ainsi, par exemple, ayant appris que la veuve Boisselet avait une jolie fille, raccommodeuse de dentelles, qui demeurait avec elle rue Saint-Thomas-du-Louvre, le R. P. parvint à s'introduire chez ces personnes, se prétendant recommandé par une dame de leurs amies. Une fois dans la place, il commença par annoncer que le motif de sa visite était de leur procurer la meilleure pratique de Paris, et, si elles le désiraient, elles n'avaient qu'à se tenir prêtes pour le lendemain, jeudi 6 août 1761, il leur donnerait une lettre pour aller chez M. le marquis de Pertuis, demeurant rue Saint-Louis-au-Marais, maison de Mme de Joigny.

Le lendemain, le Révérend se rendit donc à leur logis vers 7 heures du matin ; il arrivait en fiacre et, ayant compris que la mère avait affaire rue Beaurepaire, il s'offrit pour conduire la demoiselle et la présenter lui-même à M. de Pertuis. La chose fut acceptée et la jeune Boisselet s'embarqua dans le véhicule du R. P. Fabre. Arrivé devant la porte de la demeure du marquis, le religieux prétexta une affaire urgente et engagea la jeune fille à s'introduire seule, munie de sa lettre de recommandation ; l'assurant qu'elle serait très bien reçue et que, du reste, il allait revenir la rejoindre dans quelques instants. La demoiselle se fit annoncer et en vertu de la lettre de « Sa Révérence » elle fut admirablement accueillie par le marquis. Celui-ci commença par la trouver charmante, et de suite lui jura qu'il n'avait jamais vu d'aussi beaux yeux que les siens ; tout en faisant cette déclaration, il se mettait en devoir de pousser à bout cette aventure. La fillette, n'ayant pour objet de sa visite que le travail qu'elle était venu chercher, c'est-à-dire les dentelles à réparer, se défendit de toutes ses forces contre les tentatives du marquis, l'apostrophant ainsi que le moine des épithètes que la colère peut suggérer. Le seigneur, étonné de sa résistance, ne put que lui dire :

« — Est-ce que le Père ne vous a pas instruite que vous n'auriez mes dentelles qu'en m'accordant vos faveurs ; lorsqu'on vient de sa part on ne fait pas tant la vestale, je ne lui pardonne pas de m'avoir envoyé un pareil dragon de vertu, je lui en ferai les reproches les plus vifs. Allés, mademoiselle, vous pouvez sortir, mon ouvrage est pour des personnes plus complaisantes. »

La Dlle Boisselet ne demanda pas son reste et se retira promptement, heureuse encore d'avoir échappé à cette perfidie du bon père. Le moine se faisait dans la traite des blanches de bons bénéfices, et Marais ajoute dans son rapport :

« Il y a lieu de craindre pour le père Fabre que si Brissault vient à découvrir ses menées, il ne lui cherche quelque dispute relative à la concurrence (1). »

LES POUVILLON

Le nommé Pouvillon, domestique dans la rue Saint-Louis, au Marais, eut quatre fils ; l'un lui succéda dans cet emploi, le deuxième fut commis-libraire, le troisième compagnon charron et celui qui nous occupe, obtint, après avoir été garçon imprimeur et par un crédit de quelqu'un le connaissant, un emploi aux exercices des

(1) B. N. Ms. fr. 11.358, p. 482. (*Rapport de Marais*).

aides dans la généralité de Caen dont il devint commis à cheval.

En 1748, après s'être marié, il quitta cette place pour revenir à Paris avec sa femme, qui retrouva dans la ville une de ses sœurs, cuisinière bien placée.

La femme Pouvillon se mit couturière et revendit à la toilette, son mari loua une boutique d'écrivain pour le public à la porte du Palais-Royal.

« Il faisait alors les affaires de ces femmes compatissantes qu'on nomme vulgairement maquerelles. »

Son épouse fournissait par la même occasion, dans ces maisons, quelques articles de son métier.

Ils logeaient alors dans le cul-de-sac de l'Opéra, seconde allée à droite ; puis ils vinrent demeurer rue Froidmanteau « à l'Ami de Cœur » ; mais bientôt ils furent contraints d'en sortir ainsi que de chez le sieur Dugis, grainetier, demeurant dans la même rue où ils s'étaient retirés, après différents scandales.

De cet endroit, ils furent loger rue Saint-Louis, près les Quinze-Vingts, au deuxième étage, là, ils tinrent chambres garnies et mauvais lieux, la femme Pouvillon avait toujours chez elle trois ou quatre filles parmi lesquelles une fillette de Vitré. qu'elle débaucha, lui procurant même pour amant de cœur, un grenadier de l'abbaye tout en la conservant comme fille d'amour.

Pouvillon de son côté retira à cette époque une petite fille de l'Hôpital ; elle était âgée de 13 ans, orpheline et vint dans le ménage de bonne volonté sous le prétexte de les servir. La jeune Janneton, c'est ainsi qu'on la nommait, leur servit en effet. Blonde, très jolie, la femme Pouvillon la débarbouilla et ne tarda pas à en tirer 50 écus du sieur Bertin de Blagny qui coucha trois nuits avec elle.

« Quelques-uns prétendent que Bertin n'en eut pas les gants et que la Pouvillon en avoit déjà tiré parti d'un officier de chez le Roy qui paya gros. Quoi qu'il en soit la petite y gagna la chaudepisse. Blagny en fut quitte ensuite pour soutenir que c'étoit elle qui la lui avoit donné, et Pouvillon craignant que cette aventure ne fit de l'éclat et que cette petite fille interrogée ne découvrit le pot-aux-roses, la fit renfermer à l'Hôpital. »

La Montbrun, qui tint plus tard elle-même maison publique, était alors « fille d'amour » chez la Hecquet ; vint demeurer à titre de pensionnaire chez Pouvillon, moyennant la somme de 30 liv. pour la nourriture et le logement. Toutes les opérations habituelles à l'état de cette fille se passaient en présence des Pouvillon, bien que la Montbrun protestât de ne point partager avec eux la recette de ses complaisances, sans toutefois ignorer que le ménage la volait chaque fois qu'il pouvait en saisir l'occasion ; enfin au bout de 6 mois de séjour dans cette maison, elle fut obligée de se pourvoir devant le commissaire La Vergée pour rentrer en possession de ses effets que Pouvillon voulait lui retenir. Le commissaire donna raison à la Montbrun et les Pouvillon encore chassés de la rue Saint-Louis vinrent demeurer rue du Chantre au « Soleil d'or. »

« Les plaintes rendues par différents particuliers du voisinage qui établissoient que Pouvillon et sa femme tenoient bordel public, les contraignirent encore à se transporter. »

Cette fois ils passèrent l'eau pour venir demeurer rue de Grenelle, faubourg Saint-Germain, à « l'Orangerie Royale » où, se trouvant un peu plus à leur aise et comme dans un nouveau pays, ils reprirent leurs affaires un peu plus ouvertement.

Ils avaient alors chez eux en qualité de pensionnaire une demoiselle d'Alainville que le chevalier de Rupière, commandeur de l'ordre de Malte, avait retirée de chez la Montigny où elle portait le nom de Cadiche pour la mettre chez les Pouvillon. Par dégoût, par raison ou pour toute autre cause ce jeune homme ne la garda que six mois, ce qui obligea la demoiselle à se rendre souvent en qualité d'externe chez son ancienne pourvoyeuse la Montigny ; là, elle connut le sieur Boisseau de Romé, lieutenant garde-côte de l'île de Ré, auquel elle donna rendez-vous chez Pouvillon. Il y vint, soupa et coucha plusieurs nuits avec la demoiselle d'Alainville ; mais un beau matin qu'il ne retrouvait ni sa bourse ni sa tabatière, il fit scandale et tapage, puis porta plainte au commissaire Millon (1). Sur le conseil de Pouvillon la demoiselle en fit autant au commissaire Chenon (2) et après toutes ces plaintes, l'aventure se termina à l'amiable. Depuis, la d'Alainville fit différentes conquêtes procurées par la Montbrun entre autres le comte de Seiché, le marquis de Carraccioli (3) qui demeurait rue de Tournon à l'hôtel d'Entragues, et le comte d'Aranda (4), Grand d'Espagne, logé à l'hôtel de Treville près le Luxembourg.

Ce dernier avait chargé la Montbrun de recruter pour lui la demoiselle. Il y fut le dimanche 11 mars 1753.

« Fit deux fois son compliment à la Dlle d'Alainville, dans sa chambre, sur le lit et en présence de la femme Pouvillon

---

(1) Millon, commissaire du quartier Saint-Germain-des-Prés.
(2) Chenon, commissaire du quartier du Louvre.
(3) Le marquis Louis-Antoine de Carraccioli, littérateur.
(4) Don Pedro Pablo Abaraca y Bolea, comte d'Aranda, diplomate et homme d'Etat espagnol.

Esclandre nocturne

à laquelle il donna 6 livres la prenant pour une servante.
Quant à la Dlle d'Alainville, il lui donna 5 louis pour ses
honoraires, on ne sait si elle a ensuite partagé avec son
hôtesse. »

Peu après les Pouvillon se retirèrent dans le quartier
Sainte-Opportune où ils furent perdus de vue par l'inspecteur qui nous donne ces détails, déclarant lui-même
qu'il « ignore les aventures qui ont pu leur arriver (1). »

LA GOURDAN

DITE LA « PETITE COMTESSE »

Marchande de modes, Mlle Marguerite Stock songea
bientôt à faire un métier plus lucratif. Comme toutes
ses semblables qui veulent travailler les passions des
hommes, elle fréquenta les maisons de débauche, puis
un beau jour, mariée, à François Didier Gourdan, capitaine général des Fermes, qui mourut quelque temps
après son union (2), elle monta un établissement public,
rue Sainte-Anne en 1759 (3). Installée assez confortable-
ment, elle envoyait, le 22 avril, Mlle Martin chez M. le
Comte Dubarry pour le compte de M. le Duc de Richelieu. Ce fut la genèse de sa fortune ; M. Dubarry la pré-
vint que toutes les fois qu'elle aurait besoin de 50 louis.
elle n'avait qu'à les envoyer chercher chez lui ou chez
le Maréchal ; puis le toujours galant Richelieu fré-

(1) Bibl. de l'Arsenal, *Arch. de la Bast.*, 10.239, p. 612.
(2) *Arch. de la Seine, Lettre de ratification*, carton 975.
(3) B. N. Ms. fr. 11.358, p. 845. (*Rapport de Marais.*)

quenta chez la Gourdan, entraînant à sa suite le Duc de Chartres qui venait pour y voir la petite Baize de l'Opéra (1).

En 1763, nous la retrouvons rue Comtesse-d'Artois (2) et c'est ce séjour prolongé dans cette rue qui lui valut sans aucun doute son surnom de *Petite Comtesse* ; on peut présumer qu'à cette époque, elle était encore assez bien pour satisfaire elle-même les désirs de ses clients, et arriver ainsi à captiver le cœur d'un riche Anglais, ce qui donna lieu à cette note :

« M. Fauske, anglois, augmente tous les jours son ridicule pour l'attachement qu'il a pris pour la Dame Gourdan, tenant lieu de prostitution rue Comtesse-d'Artois. Cet Anglois non content de se satisfaire avec cette femme, qui à la vérité peut passer encore pour être aimable et fraîche, se donne tous les soins possibles pour attirer ses compatriotes et même les françois chez elle, en leur faisant entendre qu'ils seront bien traités, meilleur marché que chez Brissault et qu'elle leur fournira d'aussy jolies filles, mais comme on connoît la Gourdan pour n'avoir dans son fonds de boutique, que des échappées d'autres lieux de prostitution et qu'en payant chés elle deux ou trois louis par tête on est fort mal servi lorsqu'on veut y faire un souper, la recommandation M. Fauske n'a point encore prévalu sur la réputation de Brissault » (3).

La nombreuse correspondance de la Gourdan contient de curieuses lettres, entre autres la suivante écrite par le Marquis de Nesle :

Paris, le 28 décembre 1773.

Je ne puis m'empêcher de convenir, ma chère Gourdan,

(1) B. N. Ms. fr. 11,357, p. 33. (*Rapports de Marais.*)
(2) Actuellement partie de la rue Montorgueil entre la pointe Saint-Eustache et la rue Mauconseil.
(3) B. N. Ms. fr. 11.359, p. 361. (*Rapport de Marais*), (17 décembre 1763).

que les filles que vous avez envoyées à ma petite maison ne soient charmantes, mais elles ont fait les bégueules, et n'ont pas voulu se prêter aux fantaisies de la société. Je vous prie une autre fois de ne pas m'envoyer ces prudes-là. Jeudi, il me faudra du joli et du roué de la dernière espèce ; j'ai le duc de Fronsac et le comte de G... C'est vous en dire assez. Adieu, ma chère Gourdan, servez-moi bien, vous savez,que je suis une bonne pratique (1). »

A 45 ans, la Gourdan trouva le moyen de soutirer 3000 liv. de rente perpétuelle, à un gentilhomme picard, qui lui reconnut cette somme dans un contrat en bonne et due forme ; ce qui lui permit d'envoyer sa fille aux Annonciades de Roye (2).

La Gourdan resta rue Comtesse-d'Artois jusqu'en 1774, époque où elle vint s'établir rue des Deux-Portes-Saint-Sauveur (3). Deux ans après son installation à la fin de l'année 1775 on constate que :

« Les filles de haut style et les paillards de la capitale sont dans une grande consternation d'un arrêt rendu par le Parlement qui décrète de prise de corps, la fameuse surintendante des plaisirs de la Cour et de la Ville. La Dame Gourdan, cette femme non moins essentielle aux étrangers pour lesquels elle estoit d'une grande ressource. La mauvaise humeur des magistrats a été motivée sur ce que cette fameuse entremetteuse a recueilli chez elle la femme d'un gentilhomme de province et qu'elle favorisoit son goût pour le libertinage (4). »

La jeune femme qui venait chez la Gourdan pour donner libre cours aux excès de son tempérament amoureux, était la femme d'un ancien grand baillif d'Epée de

(1) *Le portefeuille de la Gourdan*, 1783, in-8,
(2) IMBERT, *Chronique scandaleuse*, tome V, p. 13.
(3) Aujourd'hui rue Dussoubs.
(4) *Mém. Secrets,* tome VIII, 7 septembre 1775.

Douai, nommé d'Oppy. Elle fut enfermée à Sainte-Pélagie pendant que la Gourdan et deux autres « maquerelles » étaient aussi incarcérées pour avoir favorisé son commerce adultère. (1).

Quelques mois après la dame d'Oppy fut relâchée provisoirement bien que son mari interjetât en appelant contre cette décision. Des trois maquerelles impliquées dans cette affaire, nous verrons plus loin comment la Montigny s'en sauva ; la Gourdan, grâce aux influences qu'elle possédait au Palais, put échapper à la promenade de l'âne, peine à laquelle elle était condamnée par contumace.

Cependant, son hôtel de la rue des Deux-Portes-Saint-Sauveur, resté désert, recevait la visite d'un de ces journalistes du xviii° siècle, aussi avide qu'un reporter de notre époque, de la nouvelle à sensation ; il trouva dans cette demeure le sujet d'une longue description, aussi intéressante qu'amusante, qui nous fait pénétrer dans cet antre de la luxure, où tout se trouvait disposé pour flatter et satisfaire la manie des clients habituels de ces sortes de maisons. Pidansat de Mairobert visita cette demeure en compagnie du président de la Tournelle, avec lequel il put circuler librement dans tous les recoins de l'hôtel, observer et noter soigneusement les détails de cette perquisition :

Je ne vous parle point, dit-il, du *sérail*. Le mot seul caractérise cette salle d'assemblée commune à toutes les maisons

(1) La Gourdan avait nombre de femmes en dehors de son sérail ordinaire, qu'on appelait la Légion de la *Petite Comtesse*, composée de filles des chœurs de l'Opéra, de figurantes et de danseuses de la Comédie, des débutantes, de femmes du monde dépravées. On citait : Mlles de Saint-Julien, Saint-Firmin, de Fresnay, Beaupré, Beauvoisin, etc. Théveneau de Morande. *Le Philosophe cynique*, 1778, in 8, p. 26 et VI.

de cette espèce. On y rencontre toujours ce qu'on appelle des *plastrons de corps-de-garde*, c'est-à-dire une douzaine de filles perdues, gangrenées jusqu'à la moelle des os, et dont le cœur et l'esprit encore plus corrompus les rendent propres à recevoir cette multitude effrénée de jeunes militaires, oisifs, débauchés, sans argent qui s'établissent là comme en garnison et que la police, pour éviter de plus grands désordres, oblige les abbesses de recueillir. Jugez que d'ordures doivent se débiter dans un pareil cercle ! que d'horreurs et que d'infamies doivent s'y commettre ! Ce sont cependant souvent de très jolies créatures condamnées à passer ainsi la fleur de leurs ans dans ces abominables exercices.

Je passe à la *piscine*. C'est un cabinet de bains, où l'on introduit les filles que l'on recrute sans cesse pour Mme Gourdan dans les provinces, dans les campagnes et chez le peuple de Paris. Avant de produire un pareil sujet à un amateur, qui reculeroit d'effroi s'il le voyoit sortant de son village ou de son taudis, on le décrotte en ce lieu, ou lui adoucit la peau, on la blanchit, on la parfume en un mot, on y maquignonne une Cendrillon comme on prépare un superbe cheval. On nous ouvrit ensuite une armoire où étoient les différentes essences, liqueurs et eaux à l'usage des jeunes demoiselles. On nous fit remarquer *l'eau de Pucelle* ; c'est un fort astringent avec lequel la dame Gourdan répare les beautés les plus délabrées et rend ce qu'on ne peut perdre qu'une fois. A côté étoit *l'essence à l'usage des monstres* ; c'en est une dont on fait rarement emploi ; cependant on nous dit que cette savante appareilleuse en faisoit quelquefois l'application sur de petites novices dont elle hâtoit ainsi la maturité en faveur de personnages du plus haut rang, dont la paillardise avait besoin d'être excitée par la fraîcheur, l'élasticité, l'ingénuité de l'enfance, mais chez qui la vigueur ne répondoit pas aux désirs. En revanche, nous ajouta-t-on, voici une liqueur dont il se fait ici une grande consommation. On nous montra en même temps une multitude de flacons du spécifique du docteur *Guilbert de Préval*. Il prétend qu'il est à la fois indica-

tif, curatif et préservatif du mal vénérien. On nous assura
que Mme Gourdan, très intelligente, s'en servoit dans le
premier cas, que par des injections qu'elle faisoit à une courtisane qui se présentoit chez elle, elle jugeoit bientôt si elle
n'étoit point saine, à des convulsions involontaires que la
nymphe éprouvoit sur-le-champ ; que d'autres fois, par une
expérience plus sûre encore, elle en donnoit en boisson, et
que, dans les ving-quatre heures, les symptômes les plus ca-
ractérisés se développoient sur une beauté fraîche et parais-
sant jouir de la meilleure santé ; que dans le troisième cas
enfin, elle n'avoit pas d'autre recette, celle-ci étant la plus
commode, la plus courte et la moins dispendieuse ; qu'au
moyen de cette utilité variée elle faisoit grand cas de l'in-
venteur du spécifique et avoit avec lui une intimité très
étroite (1).

Du cabinet des bains on nous conduisit dans le *cabinet de
toilette* où les élèves de ce séminaire de Vénus recevoient
leur seconde préparation. Je ne vous y retiendrai pas longtemps. Vous avez quelquefois assisté à cet exercice journalier
des femmes, et je ne vous apprendrois rien ne nouveau. Ima-
ginez-vous seulement que ce séjour est garni de tout ce qui
peut contribuer à rendre une nymphe neuve et séduisante.

La salle de bal suit après, et quoiqu'elle ne serve point
à danser, n'est pas mal nommée, parce qu'en effet c'est là
précisément où chacune reçoit son déguisement convenable,
où la paysanne étoit métamorphosée en bourgeoise et la
femme de qualité quelquefois en chambrière. On nous expli-
qua ce qui signifioient toutes les sortes d'habillemens que
nous y vîmes. Il n'est que Paris où l'on trouve de ces raffi-
nemens favorables à tant de supercheries qui s'y exercent et
si nos bagnos n'approchent pas de l'endroit dont je vous fais
la description, ceux qui les tiennent sont encore plus éloi-
gnés de l'esprit de ruse, d'intrigue et de scélératesse que

(1) Guibert de Préval demeurait rue des Deux-Portes-Saint-
Sauveur, voisin de la Gourdan. (*Arch. Nat.* Y 14.232).

possèdent si supérieurement les entremetteuses de Paris et surtout celle dont il s'agit ici. Pour mieux nous mettre au fait, le président nous fit ouvrir une armoire dans laquelle nous aperçûmes, avec le plus grand étonnement, une porte, mais sur laquelle il y avoit un scellé. Ne pouvant rompre le sceau de la justice, il nous dit que cette porte rendoit dans un appartement d'une maison voisine, où elle étoit recouverte d'une semblable armoire, en sorte que ceux qui y entroient ne se doutoient en rien de la communication : que cet appartement étoit occupé par un marchand de tableaux, de curiosités, etc., chez lequel tout le monde pouvoit entrer sans scandale, dont la maison, d'ailleurs, à porte cochère, très honnête et dans une autre rue (1), ne laissoit soupçonner en rien l'objet de la venue des personnes qui s'y rendoient. Ce marchand étoit d'intelligence avec sa voisine et c'est de chez lui que pénétroient chez elle les prélats, les gens à simarre, les dames du haut parage qui avoient besoin d'une manière ou d'une autre des services de la dame Gourdan. Au moyen de cette introduction furtive, et que les domestiques mêmes ignoroient, on changeoit comme l'on vouloit de décoration en ce lieu. L'ecclésiastique pouvoit se travestir en séculier, le magistrat en militaire et se livrer ainsi, sans crainte d'être découverts, aux honteux plaisirs qu'ils y venoient chercher. Les femmes cachant également leur grandeur et leurs titres sous la bure d'une cuisinière ou dans les cornettes d'une *Cauchoise*, recevoient hardiment les courageux assauts du rustre grossier que leur avoit choisi leur experte confidente pour assouvir leur indomptable tempérament. De son côté, celui-ci croyant caresser sa semblable se livroit sans s'effaroucher à toute l'impétuosité de son ardeur brutale.

On nous fit passer de là dans *l'infirmerie...* Que ce mot ne vous épouvante pas, milord ; il n'est point question de maladie pestilentielle, mais de ces voluptueux blasés dont il faut réveiller les sens flétris par toutes les ressources de l'art de

(1) Rue Saint-Sauveur, qui traverse la rue des DeuxPortes.

la luxure. Ce lieu ne reçoit le jour que d'en haut, ce qui le rend plus tendre ; de toutes parts on ne voit sur les murs que des tableaux, des estampes lubriques : ces attitudes, ces postures lascives inventées pour allumer l'imagination et ranimer les désirs, sont répétées en sculptures comme pour frapper davantage les amateurs : et les morceaux les plus orduriers des poètes se lisent encadrés et contribuent d'autant à enflammer le lecteur. Au fond d'une alcôve est un lit de satin noir ; le ciel et les côtés sont en glaces, et répètent non seulement les objets de ce délicieux boudoir, mais toutes les scènes même des acteurs sur ce matelas voluptueux.

En parcourant tant de choses, mes yeux se portèrent sur de petits faisceaux de genêts parfumés. Je demandai ingénument à quoi cela servoit ? Le président me rit au nez et me dit : « Votre ignorance vous fait honneur, je vous félicite de n'avoir pas besoin de ce secours ; mais comme cela pourra arriver, il faut vous apprendre l'usage de ces verges ; car c'en sont de réelles, et elles sont destinées à une flagellation, même souvent violente. Il est des paillards malheureux qui se font de cette sorte agiter le sang à tour de bras par une ou deux courtisannes : ainsi en mouvement, il se porte dans les muscles, trop paresseux organes du plaisir, et ces libertins se trouvent alors une vigueur dont ils ne se seraient pas crus capables. Il en est d'autres, ajouta-t-il, qui ont recours à un moyen moins répugnant en apparence, mais plus funeste ; le voilà. »

En même temps il tira d'une petite armoire une boîte où étaient des pastilles en forme de dragées de toutes couleurs « Il suffit, continua-t-il, d'en manger une, et bientôt après on se sent un nouvel homme. » Elles étaient étiquetées : *Pastilles à la Richelieu.* J'en demandai la raison. Il me répondit que ce seigneur en avoit fait beaucoup d'usage, non pour lui, mais pour se rendre favorables les femmes dont il avoit la fantaisie et qu'il avoit trouvées rebelles ; qu'en leur faisant manger de ces bonbons, il les avoit toutes séduites :

qu'ils avoient une efficacité telle, qu'ils excitoient le tempérament des plus vertueuses, et les rendoient folles d'amour pendant quelques heures. Je lui témoignai mon dégoût d'un secret qui humiliant l'amour-propre même du vainqueur, devoit être pernicieux à la victime, et d'ailleurs la faire périr de douleur et de rage, revenue à son sang-froid.

Le président me raconta à cette occasion la scélératesse du comte de Sade, ce gentilhomme si renommé pour ses horreurs contre les femmes, qui étant restées impunies, l'ont autorisé à en commettre de nouvelles. Donnant il y a quelques années un bal à Marseille, il avait empoisonné ainsi tous les bonbons qu'il distribuait, et bientôt toutes les femmes brûlées d'une fureur utérine, et les hommes devenus autant d'Hercules, convertirent cette fête en *Lupercales* ; et la salle de bal en un lieu public de prostitution. Je ne puis vous affirmer s'il n'est pas résulté de morts de cette débauche, mais certainement beaucoup d'hommes en ont été très malades. Vous vous doutez bien que cela n'a pas été si pernicieux à la santé du sexe. L'auteur de cette gentillesse ayant par ce secours joui de la femme qu'il convoitait, s'est enfui avec elle, et quoiqu'on ait commencé une seconde instruction, contre lui, il pourra bien dans quelque temps imaginer quelque autre galanterie de ce genre.

« Au surplus, continua le président, si sans vouloir recourir à ce stimulant il vous tomboit sous la main une femme, ou plutôt une louve trop difficile à satisfaire, voilà de quoi l'assouvir et la mettre à la raison. » Il me montra en même temps une petite boule en forme de pierre, appelée *pomme d'amour*. Il m'assura que la vertu en était si efficace, qu'introduite dans le centre du plaisir, elle entroit dans la plus vive agitation et causait à la femme tant de volupté qu'elle étoit obligée de la retirer avant que l'effet en cessât. Il ne put me dire si les chymistes avoient analysé cette pierre qui passe pour une composition dont les Chinois font grand usage.

J'observai alors en maniant un de ces instruments ingénieux inventés dans les couvents de filles pour suppléer aux

fonctions de la virilité, que sans doute les bonnes connois-
seuses négligeoient celui-ci pour l'autre : « Oui, me répondit le président ; mais comme les *pommes d'amour* ne se
cueillent pas dans ce pays-ci, que tout au plus il s'en voit
chez quelques curieux, il faut bien s'en tenir à l'ancien usage
et vous ne sauriez croire la quantité de lettres qu'on a trouvé
dans la correspondance de Mme Gourdan, a qui les abbesses
et simples religieuses s'adressoient pour êtres fournies de ce
consolateur. »

Je vis ensuite une quantité de petits anneaux noirs, mais
beaucoup plus grands que des bagues, et dont la destination
ne paroissoit pas faite pour les doigts. Je demandai ce que
c'étoit : « Encore une ressource, me dit le magistrat, pour
les paillards qui trouvant une courtisane froide, ainsi qu'il
leur arrive communément de l'être, harassées, fatiguées,
usées, comme elles sont, dans les exercices de Vénus, ont
désir de l'aiguillonner : c'est pour cela qu'on nomme ces
bagues *des aides.* On les met vous concevez où ; elles prê-
tent suivant la grosseur du cavalier. Elles sont fort souples,
mais en même temps elles sont parsemées de petits nœuds
qui excitent une telle titillation chez la femme, qu'elle est
forcée de suivre l'impulsion de l'amoureux et de prendre son
allure. »

Pour finir l'inventaire de ces curiosités du cabinet de
Mme Gourdan il ne faut point omettre une multitude de
redingottes appelées d'*Angleterre*, je ne sais pourquoi ; vous
connoissez, au surplus, ces espèces de boucliers, qu'on oppose
aux traits empoisonnés de l'amour et qui n'émoussent que
ceux du plaisir.

Nous ne fîmes que jeter un coup d'œil dans la *chambre de
la question*, c'est un cabinet où par des gazes transparentes,
des *trompe-valets*, la maîtresse du lieu et ses confidents
voient et entendent tout ce qui s'y fait et s'y dit. Il est d'un
grand secours pour la police et c'est là où les suppots de
cette dernière ont arrêtés Mme d'Oppy.

Nous terminâmes par une dernière pièce, que la concierge

appelle le *sallon de Vulcain*. Je n'y trouvai rien d'extraordinaire qu'un fauteuil dont la forme singulière me frappa.
« Asseyez-vous dedans, me dit le président, vous allez con-
cevoir son utilité. »

A peine je m'y fus jetté que le mouvement de mon corps fit
jouer une bascule ; le dos se renversa et moi aussi, je me
trouvai les jambes écartées et enlacées mollement ainsi que
les bras en croix. « Ma foi, répondis-je, les filets du Dieu de
Lemnos ne valoient pas mieux. » Le magistrat m'apprit que
ceux-ci se nommoient les *filets de Fronsac* ; qu'ils avoient été
imaginés par ce Seigneur, pour triompher d'une vierge qui,
quoique d'un rang très médiocre, avoit résisté à toutes ses
séductions, à tout son or et à toutes ses menaces, Devenu
furieux d'amour, il se porta à commettre trois crimes à la
fois pour assouvir sa passion ; il se rendit coupable d'in-
cendie, de rapt et de viol. Une belle nuit il fait mettre le feu
à la maison de cette jeune fille par des coupe-jarrets à ses
ordres : une vieille duègne, profitant du désordre qu'occa-
sionna cet accident s'empare de la demoiselle sous prétexte
de lui donner un asyle, et l'ayant soustraite aux yeux de sa
mère, la conduit dans ce repaire. Le duc de Fronsac y étoit ;
on la précipite dans ce fauteuil infernal, et là, sans égard à
ses larmes, à ses cris, à son effroi, il se livre à toutes les
infamies que peut lui suggére sa coupable lubricité. Le local
est disposé de façon que le bruit des plaintes, des sanglots,
des hurlements même, ne pourroit se faire entendre au
dehors. Ce ne fut qu'au bout de quelques jours, qu'au moyen
des recherches de la police, la mégère complice des forfaits
du duc fut obligée de relâcher sa proie. . . . .

Je vous laisse, Milord, méditer sur cet excellent traité de
morale, et vais tâcher de nettoyer ma plume souillée par tant
d'ordures qui découloient naturellement du sujet. »

Paris, ce 16 février 1776 (1).

(1) Pidansat de Mairobert. *L'Espion anglais* 1776, tome II,
p. 402-418.

Ce tableau fidèle d'une académie de filles au dix-hui-
tième siècle ne s'éloigne pas considérablement de notre
lupanar moderne, j'entends les établissements bien
achalandés ; aussi les paillards d'autrefois ne sont ni
pires ni moindres que nos débauchés d'aujourd'hui et l'on
peut conclure que le seul culte indiscutable est le culte
de Vénus.

Cependant, grâce aux hautes influences de la Gourdan, la proxénète fut mise hors la Cour pour l'affaire
d'Oppy, le 19 août 1776.

Elle revint alors rue des Deux-Portes-Saint-Sauveur
et y continua son commerce.

Simple locataire de sa maison de Paris, la Petite
Comtesse possédait une propriété au village de Villiers-
le-Bel (rue d'Aval), composée de bâtiments sur cour,
terrasse, jardins, appartenances et dépendances, l'habitation isolée entourée de bois et d'accès difficile avec
sa porte munie d'un guichet grillé, était fort utile à la
fameuse proxénète qui recueillait là les jeunes filles du
voisinage voulant s'essayer dans le libertinage ; cette
demeure servait aussi à ses pensionnaires malades qui
venaient y faire une cure nécessaire, les filles en état
de grossesse y passaient le temps de leurs couches, la
Gourdan y envoyait aussi celles que ses clients vou·
laient séquestrer, enfin la maison de Villiers-le-Bel servait à toutes les opérations clandestines de la matrone (1).

Ses combinaisons étaient multiples, rien de ce qui se
rapprochait de près ou de loin à son état ne lui était in-
différent ; fournissant des femmes aux hommes, des
hommes aux femmes, en appareilleuse consommée elle

(1) Pidansat de Mairober. *L'Espion anglais*, 1784, tome X,
p. 187.

procurait aussi des *succubes* (1) aux tribades. Les Lesbiennes les plus renommées se recommandaient auprès d'elle pour avoir de jeunes et jolies filles naïves ou vicieuses, adroites ou inexpérimentées. On n'avait qu'à parler et la Gourdan pourvoyait à tous les désirs.

Parmi les clientes de cette catégorie, connues pour avoir cette passion, il faut citer Mme de Fleury, femme d'un avocat général, ancien procureur général pendant la durée du Parlement Maupeou, à qui la célèbre entremetteuse écrivait :

« Madame,

« J'ai découvert pour vous un morceau de roi, ou plutôt de reine s'il s'en trouvait quelqu'une qui eût votre goût dépravé, car je ne puis qualifier autrement une passion trop contraire à mes intérêts ; mais je connois votre générosité qui me fait passer par dessus la rigueur que je devrois vous tenir. Je vous avertis que j'ai à votre service le plus beau clitoris de France ; en outre une franche pucelle de quinze ans au plus ; essayez-en, je m'en rapporte à vous, et suis persuadée que vous ne croirez trop pouvoir m'en remercier. Au reste comme vous ne lui aurez pas fait grand tort, si elle ne vous convient pas, renvoyez-la-moi et ce sera encore un pucelage excellent pour les plus fins gourmets.

« Je suis, etc... »

Mme de Fleury se hâta d'envoyer un rouleau de 25 louis pour les arrhes de ce marché et prit possession de la fillette qu'elle conduisit à sa petite maison.

La jeune Sapho lui plut extrêmement et fut entourée des plus tendres soins jusqu'au jour où la novice désirant autre chose que ces caresses stériles se laissa surprendre dans les bras d'un jeune et vigoureux garçon ;

(1) On donnait ce nom aux patientes dans les combats amoureux de femme à femme.

la colère de Mme de Fleury éclata, terrible ; Sapho impitoyablement chassée par son amante, écœurée de voir l'objet de son amour souillé par le mâle, devint une des filles de la Gourdan la plus cotée (1).

La Petite Comtesse exerça son lucratif état jusqu'en 1783.

Le 3 décembre de cette année on nous apprend que :

« La fameuse Gourdan, appelée la *Petite Comtesse* à la Cour où tout se peint en beau, a péri il y a quelques jours d'une mort subite et violente ; le soir où elle est tombé malade elle sortait de souper, et l'on présume qu'elle pourroit bien avoir été empoisonnée. Les rapports qu'avoit cette appareilleuse avec ce qu'il y a de plus grand, la mettoient dans le cas de se faire beaucoup d'amis et d'ennemis : il y a une émulation parmi les femmes de son espèce pour succéder à la dignité de surintendante des plaisirs de la Cour et de la Ville quelque perilleuse qu'elle soit.

« On a mis les scellés chez elle et par suite à sa maison de plaisance à Villiers-le-Bel, quand ils seront levés on saura si elle laisse une succession aussi considérable qu'on le présume (2). »

Ses biens furent partagés le 4 janvier 1788 entre ses cinq sœurs qui héritèrent chacune d'un cinquième de la succession, elles étaient la plupart mariées et occu-

---

(1) Pidansat de Mairobert. *L'Espion anglais*, 1784, tome X, p. 190-191. Mme de Fleury y est désignée sous le nom de Mme Furiel, anagramme de Fleury. (DRUJON. *Les livres à clef*, 1888, tome I, p. 48.)

L'Espion anglais cite dans l'apologie de la secte anandryne, les noms des principales tribades de l'époque, sous des pseudonymes dévoilés dans les *Livres à Clefs* de DRUJON, tome I, p. 48. On y trouve la duchesse de Villeroi sous le nom d'Urbsex, la marquise de Senecterre sous celui de Terracenes, la marquise de Luchet, appelée la marquise de Trechul, enfin la Rancourt, la Clairon, Mlle Arnould et Mlle Souck.

(2) *Mémoires secrets*, tome IX, 22 août 1776.

paient des situations honorables, on en trouve une femme d'un vinaigrier à Chamonille près de Laon, une autre mariée à un maître maçon dans la même ville et une autre avec un entrepreneur de bâtiments à Bièvre, les deux dernières n'étaient pas encore mariées (1).

La date exacte de la mort de la Petite Comtesse est le 28 novembre 1783 ; elle décéda dans la maison de la rue des Deux-Portes-Saint-Sauveur qui appartenait à Charles-François Baude.

L'exécuteur testamentaire de la proxénète, Jean-Baptiste de la Martinière, y fit aussitôt apposer les scellés et dresser l'inventaire suivant qui ne contient rien pouvant satisfaire notre curiosité.

« Chambre à coucher, premier étage. — Avons apposés nos cachets et scellés aux extrémités d'une bande de papier par nous appliquée sur les deux battants d'une grande armoire en bois de rapport que nous avons fermée... après y avoir fait renfermer deux montres d'or et de l'argenterie qui étoit en évidence à l'exception de deux cuillers et deux fourchettes d'argent que nous avons fait laisser dehors.

« Nous avons fait transporter dans un salon au même étage ayant vue sur la rue, une commode à dessus de marbre et une caisse à habits, la porte duquel salon sera cy-après scellée, comme aussi pour la description des effets garnissant deux petits cabinets en aile ayant vue sur la cour et une sortie par une porte de communication sur l'escalier d'une maison voisine (2), nous avons fait fermer ladite porte de communication, avec

(1) *Arch. de la Seine. Lettre de ratification*, carton 975.
(2) On verra dans le cours de cet inventaire plusieurs points de concordance avec la description précédente, venant prouver qu'elle n'est pas fantaisiste comme on l'a déjà fait entendre.

la clef intérieurement et derrière lad. porte, nous avons apposés les cachets et scellés, etc..... ainsi que sur les croisées de chacun des deux cabinets non garantis par des volets, mais vitrées chacune de huit carreaux. Ce fait nous sommes sortis dudit cabinet par la porte donnant dans lad. chambre à coucher, laquelle porte, vitrée de six grands carreaux, nous avons fermé avec la clef restée entre nos mains et sur lad. porte nous avons appliqué, etc...

« Nous avons apposés nos cachets, etc... sur les deux battants d'une armoire pratiquée dans un petit cabinet à droite dépendant de l'alcôve, laquelle armoire nous avons fermée avec la clef restée entre nos mains, après en avoir retiré le linge sale qui étoit placé dans un coffre faisant partie de ladite armoire. Avons laissé en évidence dans ledit cabinet une chaise de propreté et une autre de commodité.

« Avons laissé en évidence dans ladite chambre à coucher deux chenets, pelle et pincettes de fer, ornées de cuivre ; un trumeau de cheminée, quatre bras de cheminée de cuivre doré, un trumeau d'entre fenêtre de trois glaces, deux bergères couvertes de velours d'U-trech cramoisy, trois chaises, une pendule à socle de marbre, deux petits flambeaux de cuivre, un lit à deux dossiers garni d'un sommier, de deux matelats, un lit, un traversin, la tenture de l'alcôve de damas cramoisy, les rideaux de taffetas de même couleur, l'intérieur de ladite alcôve garni de quatre glaces ; deux rideaux de croisée de taffetas cramoisy, la tenture de ladite pièce de papier cramoisy.

« Pour éviter la description des effets garnissant
une chambre ayant son entrée par le cabinet de l'alcôve
et tirant son jour par une vue de souffrance sur la maison, nous avons fermé la porte avec la clef restée entre
nos mains, etc...

« Sommes ensuite passés dans un salon ayant vue
sur la rue, éclairé par deux croisées, nous avons sur
les volets des deux croisées appliqué, etc...

« Ce fait nous sommes sortis desdites deux pièces par
la porte à deux battants donnant dans l'antichambre,
laquelle porte nous avons fermé, etc...

« Dans ledit antichambre nous avons apposés les scellés
sur les deux battants d'une armoire et d'une autre petite
armoire, pratiqué dans ledit antichambre attendu qu'il
s'y est trouvé quelque verrerie, douze assiettes de por-
celaine, une nappe et treize serviettes ; avons laissé en
évidence un trumeau de cheminée de deux glaces, une
baignoire de cuivre et sa cuvette, une table et console à
dessus de marbre, une fontaine de grès.

« Sommes ensuite montés et pour éviter la description
des différents effets garnissant l'appartement sur le
devant nous avons fermé la porte avec un cadenas, etc...
pour éviter pareillement la description des meubles et
effets garnissant deux pièces sur le derrière nous avons
apposés nos cachets et scellés, etc... nous sommes sortis des deux pièces par la porte donnant sur l'escalier,
laquelle porte avons fermé, etc...

« Au troisième étage, pour éviter la description, etc...
nous en avons fermé la porte avec un cadenas, etc...
Dans deux pièces au même étage où couche la veuve
Cupis (femme de chambre) avons laissé en évidence un
trumeau de cheminée, une glace, deux petits chenets,
une armoire de bois de chêne, etc...

« Au quatrième étage chambres où couchent les laquais et le cocher et deux autres servant de débarras.

« Dans la cuisine au rez de chaussée pelles, pincettes, tourne-broche, etc.

« Sous la remise une voiture en diligence, fond lilas avec ses glaces, une paire de harnais neufs, et une de vieux, un cabriolet fond carmélite.

« Dans l'écurie deux chevaux ongres sous poils noirs.

« Dans les greniers trente bottes de foin.

« Dans les caves deux et demi quart de vin rouge et sept cent bouteilles de pareil vin, quarante bouteilles de bordeaux, quatre vingt trois bouteilles de champagne. Dans la loge du portier. Un lit de sangle etc... (1) »

Le commissaire qui vint faire cet inventaire se sauva de tous les détails scabreux que pouvait comporter une pareille demeure avec la phrase « pour éviter la description » et c'est ainsi que nous sommes privés d'en connaître toutes les merveilles par acte authentique.

Les oppositions sur les biens de la Gourdon se montèrent au nombre de vingt-quatre, parmi lesquelles nous trouvons le propriétaire de la maison, réclamant un terme dû, soit 600 livres à raison de 2400 livres par an.

LA MONTIGNY

Mlle Dupuis, dite Montigny était originaire d'Amiens, lorsque toute jeune elle fut séduite par un garde du corps, il l'obligea de venir à Paris où elle logea rue

(1) *Arch. Nation.*, Y 13.135. Papiers des commissaires.

Git-le-Cœur, à l'hôtel Montauban. Au bout de quelque temps, les amants se succédèrent dans le lit de la jeune fille. Elle eut tour à tour, un docteur, un financier, un mousquetaire et même un abbé, l'abbé Coquet qui ne craignait pas de pécher contre la luxure.

Après cette vie agitée elle songea à monter un établissement solide et dont la nouveauté devait attirer les bons paillards de la capitale.

Elle imagina un sérail où 50 houris, plus charmantes les unes que les autres, se distinguaient « par quadrilles » selon la couleur de leurs rubans, cet essaim de jolies filles était à la discrétion du client qui n'avait qu'à consulter le tarif pour savoir le prix de leurs charmes. Cet « hôtel Montigny » s'élevait rue du Ponceau. Les orgies les plus lascives, les tapages les plus redondants se déroulaient dans cette maison, paradis terrestre, accessible à tous ceux dont la bourse était bien garnie (1).

Elle aussi, avait une petite maison située à la barrière Sainte-Anne qui fut l'objet d'une étrange confusion :

« Hier, 21 janvier 1754, deux carrosses d'hommes et de femmes, sans valets ; volets levés, arrivèrent à la barrière Saint-Anne à la Nouvelle-France. Les cochers aux quels on avait simplement dit de prendre cette route, arrêtèrent à la porte de la Montigny, jugeant vraisemblablement, que ceux qu'ils menoient étoient gens de bordel, on vint pour les recevoir croyant que c'étoient des pratiques ; mais un valet de ce mauvais lieu, vit bien à la figure de ces femmes que les cochers se trompoient. En effet, c'étoit M. de Bear accompagné de quelques amis qui alloit se marier avec la demoiselle Vve de Castre, à la chapelle Sainte-Anne, annexe de

(1) Les sérails de Paris, réimp. 1886, in-8, p. 175-176.

Montmartre, une autres femmes étoit la maîtresse du sieur Philippe, receveur des droits. Après la célébration du mariage on se sépara (1). »

La méprise des fiancés était des plus bizarre quoi qu'en ces lieux si opposés, lupanar ou église, on y passait pour le même acte voluptueux.

Abandonnant l'hôtel de la rue du Ponceau, la Montigny vint résider, rue Saint-Honoré avec son mari le Sr Saint-Louis, lequel ne se gênait pas pour courir les filles, profitant de ses bonnes fortunes pour achalander la maison tenue par sa femme.

« Le Sr Saint-Louis vit une jeune fille, la Dlle Brébant, et après en avoir joui, l'amena à sa femme qui la trouvant jolie, lui inspira vivement les idées de coquetterie de son métier. La Montigny avait l'honneur de fournir à M. le maréchal de Duras (2), des amusements de débauche, ne manqua pas de lui présenter sa nouvelle acquisition ; ce seigneur devint amoureux sur le champ et capitula avec la Courtière pour se l'approprier. Dix louis de présents déterminèrent la Montigny à qui il fut ordonné de garder à vue et avec probité le bijou confié ; qui, au bout de huit jours était conduite dans une communauté à Rueil, comme filleule du Maréchal où elle resta 2 ans, venant de temps en temps à l'hôtel amuser Monseigneur (3). »

La Montigny transporta ses pénates rue de Vendôme (4), elle avait à cette époque (1762) un amant qu'elle entretenait généreusement ; c'était un jeune homme nommé Le Moul Dubouloir, et comme elle avait

(1) Arsenal, *Arch. de la Bast.*, 10.241, p. 39.
(2) Le duc de Duras, 1684-1770.
(3) B. N. Ms. fr. 11.358, p. 13-14. *(Rapport de Marais)*.
(4) Aujourd'hui rue Béranger.

été auparavant la maîtresse de M. le duc de Montmorency (1), elle obtint pour son amant, par la faveur du
duc, de le faire entrer dans les gendarmes de la garde.
Mais M. de Montmorency mourut : et Dubouloir qui
faisait un médiocre soldat fut congédié, on lui conseilla
même de « prendre son party ailleurs. » Il vint conter
ses malheurs à la Montigny et en ayant obtenu 40 louis
il se fit « maquignonner » à son insu un fort bon mariage avec la fille d'une nommée Mme de Vilaine, riche
veuve, demeurant rue Courtauvillain (2), qui donnait
24,000 livres à sa fille.

La Montigny, on le pense, fut fort attristée de ce mariage, surtout ayant déjà dépensé plus de 12,000 livres
pour le « soutenir dans les grands airs qu'il avait
pris. »

Le sieur Dubouloir devant emmener sa femme à
Avallon, osa venir proposer à la Montigny de la revoir
lorsqu'il reviendrait à Paris chercher un état.

« Cette proposition a fait frémir cette femme d'horreur.
La vertu peut se trouver partout, elle s'en prend à ses yeux
et se reproche sa mauvaise conduite (3). »

Cependant son établissement prospérait, la Montigny
ne négligeant pas ses intérêts pour ses affaires de cœur
et parmi les nombreuses combinaisons auxquelles elle
se livrait, celle-ci est à remarquer.

« *Du 27 avril 1764.* — M. de Rohan-Chabot est venu chez
la Montigny lui faire une proposition qui lui a paru fort
extraordinaire. Ce seigneur après avoir exigé d'elle un secret

(1) M. le duc Anne de Montmorency, prince de Robecque.
(2) Aujourd'hui partie de la rue de Montmorency qui va de la
rue Baubourg à la rue du Temple.
(3) B. N. Ms. fr. 11.358, p. 768 (*Rapports de Marais*),
juin 1762.

inviolable, lui dit qu'il falloit qu'elle lui trouve un homme jeune, sain, grand, fort et vigoureux, qui ne fût point connu, pour avoir affaire à une dame de la première condition, fort aimable, qui n'avoit jamais communiqué qu'avec son mari, mais qui étoit curieuse de goûter des plaisirs d'un autre homme. La Montigny lui a demandé pourquoi il ne la contentait pas lui-même, il lui a répondu : cela ne se peut, elle a bien voulu se confier à moi, il y a même des raisons pour cela, et il faudra que celui que tu nous trouveras consente que je vienne le prendre le soir chez toi et que je l'emmène les yeux bandés dans une maison où sera cette dame, et qu'il la satisfasse en ma présence, surtout qu'il ne soit ni garde du roi, gendarme, mousquetaire, ni soldat aux gardes parce qu'il pourroit reconnoître cette dame lorsqu'elle va à la cour. Je voudrois que ce fût un homme de la lie du peuple, et qui arrivât, si faire se peut, de province : au reste il sera bien payé ; et toi tu peux être sure que tu seras plus que contente : car cette dame sait bien que c'est à toi que je dois m'adresser, mais aussi si tu commets la plus légère indiscrétion tu es une femme perdue sans ressource. La Montigny lui a promis le secret, et de lui donner ses soins pour lui trouver un homme tel qu'il le demandoit, mais qu'il lui falloit un peu de temps pour y parvenir. M. de Chabot est déjà revenu quatre fois, mais elle n'a rien voulu faire sans m'en communiquer, dans la crainte où elle est qu'on ne détruise son *étalon*, et que pour ensevelir le mystère, on ne lui fît à elle-même un mauvais parti. J'ai demandé à la Montigny si elle ne se trompoit pas et si elle connoissoit bien M. de Rohan-Chabot, elle m'a répondu qu'elle étoit sure de son fait, que ce M. Chabot avoit la livrée de Rohan, qu'il avoit été cy-devant colonel de grenadiers de France, qu'elle le croyoit aujourd'hui maréchal de camp, qu'il pouvoit avoir tout au plus trente ans qu'il était blond de cheveux, le visage fort maigre et les joues creuses, en outre qu'elle ne pouvoit pas s'y tromper parce qu'il avoit eu accointance avec elle du temps qu'il étoit encore aux grenadiers de France. Je soupçonne que cette dame est dans l'impuissance d'avoir des enfants avec son mari : qu'il lui est intéressant ainsi qu'à son mari d'en avoir ; que c'est peut-être même la femme de M. Rohan-Chabot, et que ne voulant point commettre sa réputation par une intrigue galante, ils sont d'accord (1).

L'histoire est assez claire et il ne faut pas être grand clerc pour comprendre que M. de Rohan-Chabot voulait un héritier. En effet, Louis-Marie-Bretagne-Dominique de Rohan-Chabot, né le 17 janvier 1710, pair de France, brigadier des armées du roi, s'était marié en 1735 avec Charlotte-Rosalie de Chastillon, âgée de 22 ans. Il eut de ce mariage deux enfants qui moururent tous deux en 1757 ainsi que leur mère. L'année suivante, il se remaria avec Charlotte-Emilie de Crussol ; ce mariage resta stérile. Six ans après ce nouveau mariage, se voyant sans héritier, il avait quelque raison de faire cette démarche auprès de la Montigny. Cependant sa combinaison ne dut pas réussir car il mourut à Nice, sans postérité, le 28 novembre 1791 (2).

La Montigny était encore très bien et se sacrifiait elle-même assez souvent, quand le client en valait la peine, elle faisait même des conquêtes de bon rapport :

La Montigny a passé une nuit des plus lucratives pour une femme de son état et de son âge ; le sieur Cordier, procureur au Châtelet, avait contre elle une lettre de change de 600 liv. par elle cy-devant accepté en faveur et pour le nommé Dubouloir, alors son guerluchon. Ce procureur s'étant présenté pour en recevoir le montant est tombé amoureux de cette

(1) Manuel. *La Police dévoilée.* 1791, in-8, tome I, p. 243.
(2) Anselme, *Généalogie des pairs de France,* p. 533. La Chesnaye-Desbois, *Dict. de la Noblesse,* tome IV, p. 993.

femme et lui a remis, pour l'acquit, des complaisances qu'il a exigées d'elle (1).

En 1775, elle fut impliquée dans l'affaire de Mme d'Oppy, en compagnie de la Gourdan et de la Varenne.

La dame d'Oppy qui aimait fort « l'acte de Vénus » portait ses appétits sensuels dans les maisons de débauche où elle trouvait satisfaction à ses désirs.

Le mari de cette grande dame la fit surprendre pour la faire condamner comme adultère; elle fut saisie et emprisonnée ainsi que les matrones qui facilitaient ses exploits (2).

La Gourdan put échapper à la justice, mais les autres furent condamnées à la promenade de l'âne, avec l'écriteau infamant de MAQUERELLE. Pour se soustraire à cette sentence, la Montigny paya 300.000 liv., ce qui la plongea dans la misère.

Elle échoua alors rue du Figuier, paroisse Saint-Paul, dans une maison à petite porte au premier étage, sous le nom de son mari, Saint-Louis. Elle fournissait, dans cette demeure, des filles aux prêtres lubriques qui venaient chez elle se livrer à de joyeuses priapées. Malgré leurs précautions, la surveillance active de l'Inspecteur réussissait à les surprendre et c'est chez la Saint-Louis qu'est rédigé le plus amusant rapport sur un cas de perversion singulier.

Le sieur Pichonniez, clerc tonsuré du diocèse de Bayeux et étudiant en philosophie, âgé de 17 ans, vint chez la Saint-Louis le 14 octobre 1765 pour s'y amuser et se trouva surpris avec la Dlle Lebel,

(1) B. N. Ms. fr. 11.358, p. 855-68. (*Rapports de Marais*).
(2) *Correspondance de Métra*, tome III, p. 169-195.

un peu tard il est vrai, car il déclara s'être amusé avec elle et l'avoir vue « charnellement jusqu'à parfaite copulation » (1).

Quelques jours après, le 26 octobre 1765, à 4 heures de l'après-midi, un chanoine régulier de l'ordre de Saint-Augustin était interrompu également dans une curieuse expérience. Lors de l'arrivée de l'inspecteur Marais, flanqué du commissaire du quartier Mutel, ils trouvèrent le bon père en compagnie des nommées Félix et Julie, filles de prostitution, il était vêtu d'habits de femme, consistant en jupon, « manteau de lit », chemise, tablier, mouchoir de cou, mantelet et bonnet monté, avec du rouge et des mouches au visage ; sur une chaise, gisaient les habits religieux du Révérend. Il déclara se nommer Honoré Regnard, âgé de 53 ans, être chanoine régulier et profès depuis trente-quatre ans de l'ordre de Saint-Augustin et procureur actuel de la maison de Sainte-Catherine, à Paris, et ajouta être venu deux fois dans la maison tenue par la Saint-Louis.

Préssé par les questions de l'Inspecteur pour savoir ce qui s'était passé et pourquoi il se trouvait sous cet accoutrement, il répondit :

« Que le jour d'hier il s'est amusé avec la dite Félix en la faisant déshabiller nue, et en a examiné les parties externes de la génération, lesquelles il a seulement touchées avec la main enveloppée dans le bout de son manteau ; qu'il a ensuite mis sur sa tête le bonnet monté de la dite Félix ; que cejourd'hui, par un mouvement de curiosité, et pour connoître plus parfaitement les parties extérieures de la génération de la femme, et pour savoir quelle figure il avait en habits de femme, il est revenu dans le dit lieu de débauche, a levé les jupes et les chemises des dites Félix et Julie, a examiné

(1) *La chasteté du clergé dévoilée,* 1790, tome II, p. 317.

leurs parties de la génération et distinctives du sexe, et a quitté ses habits et s'est revêtu des habits de femme, qui lui ont été prêtés par les dites Félix et Julie, et qu'il s'est fait appliquer par elles du rouge et des mouches sur le visage ; qu'il y a plusieurs années qu'il étoit tourmenté de ces différentes idées, et qu'il ne s'étoit point trouvé jusqu'à présent à portée de les satisfaire comme il a fait aujourd'hui (1). »

Le R. P. Regnard si ridiculement affublé, dut signer le procès-verbal de cette confession singulière ; après quoi, lorsqu'il se fut revêtu du froc régulier, l'Inspecteur Marais se chargea de le conduire au Lieutenant général de police pour en ordonner ce qui lui plairait.

Le plus souvent on les remettait entre les mains du supérieur de leur couvent après une sérieuse admonestation. Quant à la matrone qui laissait surprendre ainsi les ecclésiastiques, elle avait bien mérité de la police et pouvait compter sur la protection de l'Inspecteur Louis Marais, friand de ces petits scandales lui permettant d'exercer dans ses rapports, sa verve littéraire.

Cependant celle qui avait été la maîtresse du duc de Montmorency, la Courtière d'amour qui avait vu défiler toute la Cour dans ses salons, fourni des filles aux grands seigneurs en rut et des étalons aux femmes de la noblesse, finit sa vie dans la plus basse débauche et termina sa carrière dans l'état le plus obscur ; on la trouva morte un jour dans un grenier de la rue de Rohan (2).

---

(1) *La chasteté du clergé dévoilée*, 1790, tome II, p. **323-324**.
(2) Les sérails de Paris 1802, réimp. 1885, p. **176**.

LA DUBUISSON

Françoise Ballot connue sous le nom de guerre de Dubuisson exerçait son métier interlope, rue du Battoir (1), au premier étage d'une maison faisant le coin de la rue Mignon, appartenant au chevalier de Chamoy. Elle avait aussi une clientèle de prêtres sur lesquels le célibat pesait, ils venaient chercher là les joies défendues, à leurs risques et périls du reste. Le 21 juillet 1756, Antoine Rouxelin d'Arcy, âgé de 43 ans, prêtre de Paris, avoua au commissaire avoir eu « habitation charnelle avec la Dubuisson » ; quant à la demoiselle Manon, présente à la perquisition, il se récria contre le soupçon des exempts, « cette demoiselle n'étant point visible pour cause ordinaire à son sexe », seulement la matrone en avait envoyé chercher une autre en ville (2).

Le 27 juillet 1758, fut surtout fructueux pour l'Inspecteur Marais qui arriva juste à minuit rue du Battoir et y trouva François Deshailliers de la Houssaye, prêtre de Saint-Pol en Basse-Bretagne, « couché nu avec la fille Désirée qui ne l'a amusé que par des attouchements. »

Dans une autre chambre Pierre Gorostiagos, prêtre couché « nu avec la nommée Rousseau » et toujours dans la même maison de débauche et à la même heure, le père Guillaume Lescarff, prêtre de Saint-Pol, couché avec Henriette Dubois (3).

(1) Actuellement rue Git-le-Cœur.
(2) *La chasteté du clergé dévoilée, rapports sur la débauche des prêtres*, 1791, in-8, tome I, p. 31.
(3) *La chasteté du clergé dévoilée, rapports sur la débauche des prêtres*, 1791, in-8, tome I, p. 148, 151, 152.

Le mois suivant Marais y découvre encore un clerc minoré du diocèse de Troyes avec la nommée Labarre.

La Dubuisson eut beau déménager et venir habiter rue de Clery ; le 9 juillet 1759, l'abbé commanditaire de l'abbaye Saint-Benoît au diocèse de Metz était trouvé chez elle en compagnie de la Dlle Julie (1).

Dès lors, la clientèle ecclésiastique bouda la maison de la Dubuisson que nous retrouvons, en 1761, rue du Ponceau.

L'appareilleuse est signalée comme « femme du monde fournissant au marquis de Chisse-Caron, neveu de Mme La Riviére, un appartement commode il où pouvoit recevoir trois fois la semaine une femme de condition. » (2)

Après cette aubaine. la Dubuisson procura à M. le marquis de Hallay, officier dans le régiment du roi et à M. Bonfils, ami du marquis, les demoiselles Courcy sœurs, ses pensionnaires ; à la charge qu'ils fourniraient à tous leurs besoins et leur donneraient 6 livr. de pension à chacune, que les Dlles Courcy occuperaient des chambres séparées dans la maison et qu'elles ne seraient vues de personne jusqu'à leur départ pour l'armée. Ce marché conclu n'empêchait pas la rusée matrone de se servir des demoiselles à l'occasion. (3)

A part les affaires d'amour, la Dubuisson avait parfois d'autres clients aimant mieux les cartes que les femmes et qui jouaient gros jeu chez elle. Seulement, comme les agents de M. de Sartine étaient toujours en éveil et surveillaient avec soin tout ce qui se passait chez

____

(1) *La chasteté du clergé dévoilée, rapports sur la débauche des prêtres*, 1791, in-8, tome I, p. 165-237.
(2) B. N. Ms. fr. 111.358, p. 389. (*Rapports de Marais*).
(3) B. N. Ms. fr. 11.358, p. 402. (*Rapports de Marais*).

ces dames, elle fut prise ainsi qu'il ressort du rapport suivant :

« *Décembre 1761.* — Le 9 du mois M. de Saint-Ouin, officier des grenadiers de France, et M. de Ramuse, jeune homme de 18 ans, chevau-léger de la garde, sont venus chez la Dubuisson, rue du Ponceau et lui ont demandé une chambre lui disant qu'ils avoient à parler d'affaires ; ils se sont mis à jouer au piquet avec des cartes qu'ils avoient apporté, ils ont commencé un petit écu le cent et ont finy à jouer 20 louis la partie, enfin M. de Ramuset a perdu 1000 écus sur sa parole et a fait son billet à M. de Saint-Ouin payable dans un an. J'ai fort réprimandé la Dubuisson d'avoir souffert cette partie chez elle, et je lui ai promis qu'elle iroit à l'Hôpital si cela arrivoit encore, elle s'est excusée en me disant qu'elle en ignoroit les conséquences puis qu'elle m'en rendoit compte de bonne foy et qu'elle avoit cru bien remplir son devoir en ayant attention à la perte et à la nature des engagements ; mais que de plus elle n'auroit pas été maîtresse de les empêcher de jouer puis qu'elle leur avoit fait les plus fortes représentations pour les faire cesser lorsqu'elle avoit vu que la perte devenoit considérable et qu'ils n'y avoient eu aucun égard (1) .»

L'hôtesse en fut heureusement quitte pour cette verte semonce et depuis il n'est plus question de la Dubuisson dans les rapports de police.

LA EUDES

Qualifiée de « courtière sous le manteau », la Eudes commença son commerce en 1760, rue des Prouvaires. Ses affaires ayant prospéré elle loua, rue du Four-

(1) B. N. Ms. fr. 11.358, p. 598. (*Rapports de Marais*).

Saint Honoré, l'hôtel La Chesnaye où elle tint garni. Là elle reçut les amoureux en quête d'un endroit pour goûter quelques heures de tête à tête, fournit aux solitaires des compagnes d'un moment et aida de son savoir et de ses démarches les soupirants trop timides, pour se déclarer eux-mêmes. C'est ainsi que :

« M. Pissard, fils d'un marchand de draps à l'enseigne du *Château-Couronné*, rue Saint-Honoré ayant aperçu à la Comédie Françoise, le Dlle Noirterre, vieille Laïs, est devenu éperdument amoureux d'elle et ne sachant comment s'y prendre pour lui faire connoître son amour s'est adressé à la Eudes, femme du monde, tenant en garny, l'hôtel de la Chesnay, rue du Four-Saint-Honoré, cette femme d'intrigue a effectivement réussi à découvrir cette demoiselle Noirterre à Belleville, village près de Paris, où elle vivoit avec un vieux pêcheur. Après lui avoir fait part du goût de M. Pissard pour elle, elle l'a déterminé à se trouver avec luy chez elle, rue du Four ; les propositions brillantes que lui fit M. Pissart ne l'ont point laissé en balance pour quitter son vieux ; il a été traité en l'instant qu'elle prendroit un appartement garni dans l'hôtel de la Eudes, qu'elle occupe présentement, où M. Pissart la comble de bienfaits, il doit incessamment la meubler. En entendant, de son côté, il a quitté aussi la Dlle Huot, limonadière, rue Saint-Honoré derrière la barrière des sergents, avec laquelle il vivoit depuis un an (1). »

Dans l'hôtel la Chesnaye, la Eudes recevait aussi des visites mystérieuses et malgré le grand soin que prenaient ces gentilshommes pour dissimuler leur personnalité, ils laissaient toujours percer un peu de leur incognito et beaucoup de leur bourse.

« *Le 11 janvier 1762*. — M. Ficher (2) avec un monsieur, dont les domestiques portent grande livrée, qu'on soupçonne

(1) B. N. Ms. fr. 11.358, p. 561. (*Rapports de Marais*).
(2) Le baron Fischer.

être le duc de Grammont, ont soupé chez la Eudes, rue du Four à l'hôtel de la Chesnay avec les Dlles Neele et Cuvexe (1). »

La maison prospéra tellement que l'année suivante, la Eudes s'adjoignit une femme de confiance, nommée Boquinston qui occupa pour elle un appartement rue Platrière, où elle envoyait ses clients lorsque les chambres manquaient à l'hôtel de la rue du Four. Là, M. Godeau, lieutenant criminel, de robe courte, y mit en pension la Dlle Leclercq, épouse de M. Leclercq, premier commis du Trésor Royal. Cette dame trompait son mari, non sans de grandes précautions.

« Elle faisoit son entrée vers 4 heures 1/2 après midi, son amant y étoit déjà depuis une demie heure, ils restoient jusqu'à six heures, six heures et demie du soir. La Demoiselle remontoit en fiacre, comme elle étoit venue, ayant un de ses domestiques derrière, qui apparemment est dans le secret. M. Godeau restoit après elle.

« Malgré le soin de la Eudes et de la Boquinston, elles ne parvinrent pas à voir le visage de cette demoiselle qui pouvoit être âgée de 40 ans, grande et bien faite, bien de figure, mais elle avoit soin de se tenir le visage couvert dans sa coeffe (2). »

La Boquinston opéra ensuite pour son compte et s'établit en 1776, rue de Bourbon, à la Villeneuve, laissant la Eudes continuer seule, ses opérations clandestines.

(1) B. N. Ms. fr. 11.358, p. 632.
(2) B. N. Ms. fr. 11.359, p. 250-1. (*Rapports de Marais*).

LA HECQUET

Ayant vécu longtemps dans un libertinage effréné, Charlotte-Geneviève Hecquet s'occupa, sur le tard, de son sort à venir. Très économe, elle put, grâce à ses épargnes, édifier une succursale d'amour pour la jeunesse mitoyenne qui, sans être d'épée, ni de la haute robe, avait aussi des sens à satisfaire. Des prêtresses subalternes, toujours actives dans leurs fonctions, étaient à la discrétion du citadin qui avait 6 liv. et même 3 liv. à donner à la matrone de cet antre de débauche.

Au bout de quelque temps elle réussit si bien qu'elle put alors choisir une clientèle plus distinguée, elle alla s'installer cul-de-sac Saint-Fiacre et achalanda une autre maison dans le faubourg Saint-Laurent, n° 40. De fins soupers avaient lieu chez elle ; les assidus, le marquis de Villette, M. de Jumilhac, le comte de Vintimille, le comte de la Coste, le chevalier de Coigny, le marquis de Vaudreuil, le marquis de Choiseuil, le marquis de Marigni, des officiers de marine y venaient faire des parties avec les Dlles Henriette l'Etoile, Montensier, Vaugland, Lucile et Julie la Hollandaise, ses pensionnaires recherchées (1).

La Hecquet avec son embonpoint, son œil vif, était d'un caractère charmant et surtout très bonne envers son personnel. On la voit même refuser de se rendre chez l'inspecteur Meusnier, au jour indiqué par celui-ci, pour ne pas priver ses demoiselles de la sortie qu'elle leur avait promise ce jour : elle répondit au policier en ces termes :

(1) B. N. Ms. fr. 11.358, p. 602, 603, 612, 632, 698, etc.

« Vous m'avez fait dire d'aller aujourd'hui chez vous, je vous prie de vouloir bien remettre à demain, à midi, si c'est mieux votre commodité, je vous en fait mes excuses, mais j'ai promis depuis plus de trois mois de mener promener ma petite famille, moyen de leur manquer, je mettrais la désolation dans tous les esprits (1). »

A un âge très avancé, elle fut atteinte d'une passion effrénée pour un de ces jeunes coupe-jarrets qui ne vivaient que des dupes qu'ils pouvaient faire ; la Hecquet se laissa monter la tête par ce jeune filou, qui n'eut pas de peine à lui arracher ses économies. Ses meubles devinrent la proie des créanciers et, réduite à l'état le plus déplorable, vieillie par la débauche encore plus que par les années, elle termina sa carrière à l'Hôpital (2).

La maison qu'elle avait tenue jusqu'en 1768, rue Feydeau. fut reprise le 25 janvier de cette année par la dame Bonfils (3).

LA PRÉVILLE

Rue de Richelieu, près de la rue Feydeau, la dame Préville avait son couvent qu'en bonne mère-abbesse elle dirigeait, vers 1760, avec toute la célérité et la discrétion nécessaires à ce genre de profession.

Chez elle, débuta la Dlle Marie-Louise Prévost sous le nom de Daubigny qui, après avoir été violée, se réfu-

(1) Arsenal, *Arch. de la Bast.* 10.253. *Dossier de la Hecquet.*
(2) Les Sérails de Paris, 1802, réédit. 1885. p. 156.
(3) B. N. Ms. fr. 11.358, p. 24.

gia chez la Préville. Au bout d'un mois, sa mère ayant appris sa retraite, fut trouver Marais pour que la Daubigny réintégrât le logis familial ; mais la jeune fille donna tant « de tintoin » à sa mère, qu'elle la laissa s'échapper de nouveau sans cette fois chercher à la faire rentrer.

Mme Préville reçut encore cette Demoiselle, laquelle prit « ses exercices », mais au bout de quelque temps, devenant enceinte, elle fut à la charge de la maison et s'y endetta.

Heureusement, un M. de Courchamp, habitué de la maison la trouva de son goût et prit arrangement avec la patronne. Il lui donna 10 louis d'or d'argent comptant et obtint que la Daubigny ferait un billet de 5 autres louis payable le mois suivant pour achever de s'acquitter (1).

La Préville avait aussi à cette époque la Dlle Cheron, dite Victoire qui, tout en étant bien entretenue par M. Bailly, Portugais, capitaine de vaisseau, ne pouvait s'empêcher de venir chez la maquerelle, ce qui fait faire cette réflexion à Marais, philosophe à ses heures :

« C'est un singulier bétail que nos femmes de débauche, celle-cy se trouve être entretenue en mauvais lieux car il lui donne quoique rentrée dans tous ses exercices chez cette Préville, environ 15 louis par mois et lui fait journellement quelques petits présents, sans que pour cela elle veuille se passer de faire teste aux libertins qui se présentent. Peut-être que le temps viendra qu'elle se repentira d'avoir si mal profité de la bonne occasion qu'elle avoit de se retirer sinon du vice, du moins de la cohue libertine dans laquelle elle se trouve actuellement (2). »

(1) B. N. Ms. fr. 11.358, p. 164-5. (*Rapports de Marais,* 25 juillet 1760).

(2) B. N. Ms. fr. 11.358, p. 158. (*Rapports de Marais,* 25 juillet 1760,

A quelque temps de là, Mme Préville eut la rare bonne fortune de rencontrer M. Ogier, auditeur des comptes, rue Neuve-Saint-Paul, qui se prit pour elle de la plus forte passion ; pourtant la matrone n'était pas ce qu'on peut appeler bien jolie, loin de là, elle pouvait plutôt passer parmi les laides si son portrait est exact.

« C'est une grosse coche, d'environ trente-cinq ans, de poil roux et dont le visage tout couturé de la petite vérole a quelque chose de dégoutant ; mariée en outre au nommé Duplessis, marchand de chevaux avec lequel elle fait mauvais ménage depuis plusieurs années et qui est par lui-même un fort mauvais sujet. Elle joint encore à toutes ces belles qualités, un tempérament désordonné qui ne lui permet pas de refuser quoi que ce soit, mais n'importe telle que la voilà dépeinte dans le vray elle plaît à M. Ogier qui pour lui témoigner sa tendresse lui a fait présent il y a un an de 8000 livres comptant, dans l'espérance qu'avec cet argent elle loueroit une boutique de marchande de modes et qu'elle quitteroit l'état de fille publique ; mais elle a consommé les fonds et a toujours continué son métier de débauche, jusqu'au dernier voyage de Fontainebleau dont elle s'est fait chasser par le scandale qu'ont occasionné les filles qu'elle y avoit mené (1). »

Cette conduite n'éloigna pas M. Ogier qui, soit faiblesse, soit imbécillité, jugea à propos de faire un dernier effort en sa faveur. Pour cet effet, il prit le parti de lui confier pour six ans un remboursement de 60.000 livres que devait lui faire le sieur Duplasse, notaire, place des Barnabites (2), vis-à-vis le Palais. Avec cet argent, elle devait prêter sur gages et tout le

(1) B. N. Ms. fr. 11.358, p. 580. (*Rapports de Marais.*)
(2) Aujourd'hui, place du Palais de Justice.

profit lui en rester, espérant par cette voie se faire par
année un revenu au moins de 12.000 livres. M. Ogier
lui en passa l'obligation chez le susdit notaire qu'ils
signèrent réciproquement.

« Mais malgré cette précaution jamais argent n'a été
remis en des mains moins sûres, car cette femme n'a rien à
elle, l'appartement qu'elle occupe et qui est proprement
meublé n'est pas loué en son nom mais à celui du sieur Sommelin, chef d'office de Mme la comtesse de Peyre, son ancien
amant, c'est cet homme qui a paru chez le sieur Dupuis,
notre confrère (1), et qui s'est annoncé pour avoir des fonds à
faire valoir, mais il n'est que le courtier de M. Ogier ou pour
mieux dire celui de la dame Préville. »

Aussitôt le sieur Sommelin trouva occasion d'exercer
son nouveau métier de prêteur sur gages, il remit ses
effets chez sa maîtresse et s'y fixa. Combien dura cette
existence ? c'est ce qu'on ne peut savoir, nous ne la
retrouvons que quelques années après tenant maison,
rue Mazarine, avec cette mention :

« Femme du monde, chez laquelle des dames de condition viennent faire des passades (2). »

(1) Dupuis, inspecteur de police du quartier Saint-Denis, il
demeurait rue du Petit-Lion-Saint-Honoré.
(2) B. N. Ms. fr. 11.359, p. 320. (*Rapports de Marais*,
30 mars 1764.

LA SURVILLE

DITE LA « MULE »

Veuve d'un garde de la Connétablie, la Surville fut d'abord ouvreuse de loges à l'Opéra-Comique, puis cumula ses fonctions avec les intrigues que pouvait lui procurer cette place, s'entremettant pour les seigneurs auprès des Demoiselles qui fréquentaient le théâtre. C'est ainsi qu'elle rendit visite à la Dlle Longpré pour lui proposer M. Dubarry, père, lequel offrait à la jeune femme « des meubles et de la vaisselle d'argent (1) ».

Ensuite elle vint habiter rue du Mail, où elle passait pour revendre à la toilette, mais son vrai métier fut connu par Marais de la façon suivante :

« Malheureusement elle s'est adressée à la Dlle Maisonville, que je connois beaucoup, pour la donner à M. de Sainte-Foix, trézorier de la marine, j'en ai été informé aussitôt et après avoir fait le bec et lui avoir conseillé de ne pas faire la cruelle j'ai été instruit de la marche de Mme La Mule, que j'ai mandé à l'instant et l'ayant convaincue de son commerce je l'ai obligé de me faire une confession générale. Elle m'a avoué que ses pratiques ordinaires étoient MM. les Maréchaux de Duras et de Richelieu, M. le duc de Coigny, M. de Sainte-Foix, M. de la Lande et M. de Villemur ; mais que M. de Richelieu étoit la meilleure et que le même jour, six de ce mois *(Janvier 1766)* elle devait conduire à son pavillon la Dlle Sainte-Foy, cy-devant maîtresse du marquis de Duras.

(1) B. N. Ms. fr. 1—357, p. 53.

«Effectivement cela a été exécuté et le maréchal lui a donné
10 louis d'or. La Dame la Mule m'est aussy convenue qu'elle
avoit conduit pendant plus de six mois et ce, au moins deux
fois par semaine la Dlle Le Blanc qui est entretenue par
M. de La Lande et par M. Pasquier fils, conseiller au Parlement qu'elle lui faisoit passer pour la femme d'un avocat et
que chaque fois il luy donnoit six louis ; j'ai sçu aussi par
cette femme qu'elle voyoit très peu présentement M. le
duc de Coigny parce qu'il étoit attaché à Mme de Neukerque
dont elle est très fachée, ce seigneur était très généreux. (1) »

La Surville ou plutôt *La Mule*, avait à la disposition
de ces gynécolâtres les Dlles Le Blanc, Maisonville,
Delisle, Saint-Yon, Durfé, d'Arsonville, Vernouillet,
Devaux et la Lacour de l'Opéra ; par la suite elle uti-
lisa aussi la Dlle Sainte-Foy que sa première affaire avec
le duc de Richelieu avait satisfaite. Du reste le principal titre de la Mule était d'être la pourvoyeuse principale des plaisirs secrets de M. le Maréchal duc de Richelieu.

LA VARENNE

ET LA DESHONGRAIS

En 1746, dans une lettre adressée à Meusnier, rue
des Canettes chez le vitrier au 2e ; la Varenne déclare
demeurer le 13 avril, rue de la Jussienne, dans la mai-

(1) B. N. Ms. fr. 11.360. (*Rapport de Marais.*)

son qui fait le coin de la rue Soly (1) au troisième chez
Mme Labarre et se plaint que l'on veut lui donner
congé, rapport à un esclandre que la Lafosse vint faire
chez elle à onze heure du soir pour corriger la Dlle Li-
zette. Elle signe cette lettre Devaraine (2).

En 1758, nous la revoyons rue Feydeau exerçant toujours son métier de procureuse. En janvier 1760, elle fut
sollicitée par une nommée Godeau, dont la fille était
figurante dans les ballets de l'Opéra-Comique, pour lui
rendre le service de trouver un entreteneur sérieux à
cette jeune personne, prétextant ne pouvoir vivre sans
ce secours. La jeune fille en question était âgée de
15 ans, grande, bien faite, la peau un peu brune, les
cheveux noirs, l'œil vif, les dents assez belles et sa
mère qui avait constamment servi les filles de spectacles
les quitta lorsqu'elle vit sa progéniture en état de pouvoir à son tour monter sur les planches et avoir besoin
d'être secondée, conseillée sur le choix à faire pour le
premier amant. La Godeau insista plusieurs fois auprès
de la matrone qui en parla à plusieurs de ses connaissances et arriva à en donner l'envie au marquis de Chailleux, officier de dragons dans le régiment d'Orléans.
La dame Godeau fut avertie et vint chez la Varenne au
jour et heure indiqués avec sa fille, elles y trouvèrent le
marquis bientôt séduit par les charmes de la demoiselle,
surtout quand la mère lui eut assuré que l'enfant était
encore vierge. Le marché se fit sur le champ, M. de
Chailleux proposa 12 louis par mois sans les présents,
et une fois le marché conclu il se chargea de recon-

(1) Rue supprimée en 1883, commençait rue de la Jussienne,
finissait rue des Vieux-Augustins (Rue d'Argout, actuelle).
(2) Bibl. de l'Arsenal, *Arch. de la Bast.*, 10.252 (Lettre originale).

duire ces dames en laissant, avant de sortir, quatre louis d'or à la Varenne (1).

A quelque temps de là, le 3 novembre 1761 la Varenne alla passer quatre mois à la Salpétrière sous la rubrique « maquerelle » (2).

En revenant de ce stage forcé dans *les Petites-Maisons* la Varenne recontinua son commerce dans la même rue Feydeau, jusqu'en octobre 1762 ; alors elle céda son bail, valable encore pour deux ans, à la nommée Deshongrais, pourvoyeuse émérite, ayant déjà exercé dans la rue du Coq en 1757 ; rue des Deux-Ecus en 1760. Elle vint échoir rue Feydeau ; avec la renommée d'avoir toujours été remplie d'ordre dans son intérieur. En arrivant elle, dut d'abord tirer la Varenne de la prison de Saint-Eloy où elle était enfermée pour une somme de 7 louis qu'elle devait, ayant pour tant gagné pendant les cinq dernières années près de 150.000 livres qu'elle s'était fait manger par les « greluchons ».

Les Deshongrais s'installa définitivement, renouvela tout le personnel jusqu'aux domestiques, rajeunissant ainsi la maison qui reprit avec prospérité sous cette direction habile.

(1) B. N. Ms. fr. 11.358, p. 61-62. (*Rapports de Marais.*)
(2) Arsenal, *Arch. de la Bast.*, 12.695. *Entrées à la Salpétrière.*
(3) B. N. Ms. fr. 11.358, p. 855. (*Rapports de Marais.*)

III

AUTRES MATRONES

III

AUTRES MATRONES

LA NAMUR

La dame Olivier, dite Namur, occupait, en 1754, une petite maison à la Barrière du Temple (1) ; ayant toujours quelques pensionnaires pour recevoir les clients, elle fournissait aussi en ville lorsqu'on lui promettait de se bien conduire ; il arrivait pourtant quelquefois que ces seigneurs se conduisaient comme le dernier des « greluchons ».

Le marquis de Breteuil (2) se comportait généralement de cette façon. Le merdredi 9 janvier 1754, il vint seul chez la Namur où il 'ne fit qu'entrer et sortir, mais le surlendemain, à 2 heures de l'après-midi, il lui députa son domestique avec son carrosse pour qu'elle lui fournisse deux filles, sous parole d'honneur de les lui ramener. Devant cette promesse formelle, la matrone lui envoya les Dlles Eléonore et Agathe.

(1) A la hauteur de la rue Saint-Maur.
(2) François-Victor le Tonnelier de Breteuil, né le 25 août 1715, sous-lieutenant de la compagnie des chevaux légers Dauphin. mort le 4 décembre 1775.

Le marquis les emmena à Saint-Denis où elles furent détenues jusqu'au samedi suivant à l'hôtel du *Lion d'Or*. Pendant ce temps, M. de Breteuil avec un de ses amis causèrent un scandale épouvantable en ville, se promenant la nuit par les rues, nus, seulement recouverts d'une couverture et l'épée à la main. Le curé, en ayant été instruit, leur fit dire par un brigadier de la maréchaussée d'avoir à cesser leur tapage ou de se retirer, sinon qu'il les ferait arrêter. Devant cette menace, ils s'inclinèrent et renvoyèrent les demoiselles dans la même voiture qui était venue les chercher, mais dans quel état ! la demoiselle Agathe toute meurtrie des coups reçus et Eléonore blessée d'un coup de couteau. A l'égard de leur rémunération il n'en fut pas question (1).

A quelque temps de là, Mme Namur abandonna la Barrière du Temple, et occupa un appartement au deuxième, situé rue Froidmanteau.

Déjà, à cette époque, Meusnier avait commencé la chasse aux ecclésiastiques, sur lesquels devait tant s'acharner son successeur. Le 2 juillet 1756, il s'annonça inopinément, accompagné du commissaire, pour surprendre, chez la Namur, le père J.-B Girard, capucin. Il le trouva en compagnie de deux filles de débauche « qu'il avait fait déshabiller toutes nues et lequel s'étoit aussi déshabillé », il s'amusait ainsi avec elles dans ce costume primitif lors de l'arrivée des exempts.

Quinze jours après, la Namur ayant changé encore une fois de domicile, pour venir demeurer rue Guénégaud, laissa encore interrompre, par Meusnier, la partie que commençait Dom Louis Musier, prêtre religieux feuillant, avec la Dlle Moulinard, fille de débauche, qui furent surpris en galante attitude (2).

(1) Ravaisson, *Arch. de la Bast.*, 1882, tome XII, p. 411.
(2) *La chasteté du clergé dévoilée*, 1791, in-8, tome I, p. 23-27.

LA CARTON

Après avoir chanté tout l'été de sa vie, la Carton songea à tirer parti des connaissances qu'elle avait de la vie de théâtre.

Cette femme fréquentait l'Opéra depuis trente ans. En 1730 elle avait succédé à Mlle Lecouvreur dans le cœur du Maréchal de Saxe, elle était alors chanteuse à l'Opéra ; ses amants se multiplièrent depuis, mais la pauvre cigale n'amassa pas de quoi pouvoir subsister. Elle resta néanmoins à l'Opéra, donnant des conseils qu'elle n'avait pu suivre ; on venait toujours la consulter et on était certain que ses avis seraient justes et bons à suivre. Dans quelques cas on la prenait pour arbitre ; ainsi, un jour de décembre 1740, un étranger ayant fait marché pour avoir le pucelage de la Dlle Dazincourt, danseuse à l'Opéra, il ne trouva pas avec cette jeune fille ce qu'on lui avait promis ; le seigneur réclama disant que le marché ne pouvait être valable ; après bien des différends on s'en rapporta à la Carton qui décida, ayant entendu les parties, que l'homme devait savoir que quand la toile est levée on ne rend pas l'argent (1). Cette réplique eut un grand succès et la Carton resta depuis comme l'oracle de ces demoiselles de l'Académie royale de Musique, toujours consultée et toujours écoutée. La demoiselle La Blottière n'eut aussi qu'à se louer de ses conseils dans une aventure assez curieuse :

(1) BARBIER, *Journal*, 1863, in-8, tome I, 305 : II, 277.

M. le marquis de Chimène, ayant grand envie de coucher avec la Dlle La Blottière, de l'Opéra, lui mit, dans les coulisses du théâtre, 25 louis dans la main. La Blottière les prit, comme de raison, mais comme elle devait coucher le soir même avec le petit Labbé, violon de l'Opéra, dont elle est folle, elle se trouva fort embarrassée d'être retenue cette nuit même par le marquis.

Dans cette incertitude, elle s'adressa à Carton, conseillère, née dans ce tripot, et cette matrone lui dit de mettre un tampon entre ses cuisses et de faire comme si elle avait ses ordinaires. Le soir, le marquis vint, la gueule enfarinée, pour l'emmener coucher et souper dans sa maison ; elle lui fit le compliment que Carton lui avoit soufflé et lui fit voir ce dont il étoit question, et le remit à un autre jour. Le marquis ne se paya point de ses raisons, il voulut avoir son argent ou la fille, et on ne voulut lui accorder ny l'un, ny l'autre, ce qui mit le marquis tellement en fureur qu'il lui donna plusieurs coups de plat d'épée.

Le petit Labbé, qui étoit à remonter dans le cabinet voisin, voyant qu'on maltraitoit sa maîtresse, accourt l'épée à la main et désarma le marquis qui fut conduit avec un torrent d'injures de chez La Blottière ; il voulut menacer mais on lui fit entendre que cela ne lui serviroit qu'à se faire moquer, et l'aventure finit par une lettre que notre infortuné marquis lui écrivit, par laquelle il marquoit à cette demoiselle qu'il la prioit de garder les 25 louis à condition de ne dire mot sur la scène du jour passé (1).

La Blottière empocha l'argent et la Carton eut une renommée consacrée par cette aventure.

LA DUFRESNE

Rue Saint-Louis, près les Tuileries, chez l'orfèvre, au deuxième étage, habitait la Dufresne qui nous a laissé

(1) Arsenal, *Arch. de la Bast.*, **10.235**.

quelques notes sur son genre de commerce, ne nous cachant même pas qu'au besoin :

Elle s'immole, elle-même, avec le commandant de Rupière, écuyer du roy (12 juin 1753).

La fille d'amour que j'ai chez moi s'appelle Marguerite, elle est de Ploërmel, en Bretagne, elle est connue chez moi sous le nom de Victoire.

Le 27 juin 1753, M. Bossort, lieutenant-colonel des carabiniers du Roy, âgé de 60 ans, chevalier de Saint-Louis, s'est fait fouetter très fortement par Victoire. Entré à 11 heures, sorti à midi.

Le 2 juillet, Bossort, chevalier de Saint-Louis, s'est fait fouetter par Victoire.

Le 2, l'abbé Berthillac avec Victoire.

Le 6, le comte de Saint-Maur, chevalier de Saint-Louis, maréchal de camp des armes du roy, s'est fait b... par Victoire.

Le 12, le comte de Charollais a rencontré la Dufresne au Palais-Royal, l'a accostée et est venu chez elle ; il l'a vue deux fois.

Le 14, M. Daugier, fermier général, âgé de 50 ans, s'est fait b... par Sophie.

Le 23 août, M. Chevalier, chanoine de Saint-Marcel, âgé de 80 ans, demeurant rue d'Orléans, s'est fait b... par Victoire.

M. le grand chambellan du roi de Pologne, demeurant faubourg Saint-Honoré, a envoyé chercher la Dufresne par son valet de chambre ; elle y a été de 8 heures du matin, sortie à 10 heures.

(1) Arsenal, *Arch. de la Bast.*, 10.253.

LA DUPONT

La lettre suivante, datée du 5 juin 1751, pourrait bien être le commencement de la carrière de Mme Dupont, propriétaire alors d'une maison rue du Pont-aux-Choux.

Monseigneur,

J'ai l'honneur de vous faire observer qu'une dame épouse de M. Lambert, banquier rue des Saints-Pères, est venue par le canal d'un nommé Cambert qui étoit cy-devant banquier chez elle et son favori, et sous prétexte de parler vu qu'il est en campagne, en la conversation, m'a fait la proposition de lui céder un appartement dans ma maison au Pont-aux-Choux pour y faire quelques parties secrètes, de jour à autre ce que j'ai accepté ; de sorte que le 22 du mois dernier et le 31 elle est venue ; et un quart d'heure après est arrivé le curé de Giroflé (*sic*) (1), commandeur du Christ, avec lequel elle a fait collation et ont resté environ deux heures. Il n'y a encore que la moitié de mon monde à la maison du Pont-aux-Choux, vu que l'on y travaille encore, mais je crois, Monseigneur, que dans peu j'yserai tout à fait domicilière, tous mes meubles en partie y ont été transportés.

J'ai l'honneur d'être,

Votre très humble et très soumise,

Dupont (2).

En 1758, nous la retrouvons rue Froidmanteau, offrant abri et lit garni à Pierre Bauve qui « s'est amusé jusqu'à parfaite copulation avec la Dlle Zéphire, dite

(1) Le curé de Viroflay.
(2) Arsenal, *Arch. de la Bast.*, 10.252.

Désirée » (1) et au sieur Violot, prêtre du diocèse de Chartres, qui s'y amusait « manuellement sans avoir pu parvenir à pollution parfaite » (2), interrompu par l'arrivée des limiers de la police des mœurs ; quelques jours plus tard un jacobin, nommé Michel y fut également pris en compagnie de plusieurs particulières avec lesquelles il fêtait Vénus (3).

Puis la Dupont changea encore de domicile pour venir s'installer rue Saint-Honoré, le 18 mars 1760, suivie des odalisques de son sérail (4).

LA LEMOINE

Courtière d'amour et dépravée, la Lemoine gâtait son métier par le sentiment excessif qu'elle ressentait pour la Dlle Dumesnil avec qui elle « vivait manuellement » dans son appartement de la rue Bourg-l'Abbé.

Ces tribades obscènes sacrifiaient tout à leurs appétits sensuels d'androgynes. La Lemoine perdait la santé devant les ardeurs lubriques de la Dlle Dumesnil, âgée de 28 ans, de jolie figure, les cheveux couleur chatain-brun, de jolis yeux, de forte taille, la gorge bien plantée, la peau blanche et douce, la jambe admirablement tournée et le pied mignon.

C'était la véritable bisexuée, aimant les hommes avec passion, négligeant même ses intérêts pour y satisfaire.

(1) *La chasteté du clergé dévoilée*, 1791, in-8, tome I, p. 19.
(2) *La chasteté du clergé dévoilée*, 1791, in-8, tome I, p. 89.
(3) *La chasteté du clergé dévoilée*, 1701, in-8, tome I, p. 90.
(4) *La chasteté du clergé dévoilée*, 1791, in-8, tome II, p. 10.

« Fille d'un nommé Mario, qui avoit jadis tenu l'hôtel de l'*Ecu de France*, qu'il avoit quitté pour avoir bien fait ses affaires et en mariant sa fille lui avoit cédé son fonds qu'elle n'a pas fait profiter par sa négligence, aussi a-t-elle été obligée de quitter cet établissement et de se retirer dans un appartement assez propre seul debry de toute sa fortune et a vécu pendant six mois avec un nommé M. Tensin banquier il y a de cela dix-huit mois, mais son tempérament libidineux ne s'accordant pas à un si petit ordinaire, elle y joignit les services d'un sieur de Maisonrouge, officier dans le Régiment Royal Vaisseau dont elle a tiré beaucoup d'argent et du sieur de Bourges garde du Roy. Ensuite elle a fait succéder à tous ces messieurs le sieur de Gatigny, gendarme de la garde, fort sur l'article et assez bien muni en argent ; malgré toutes ces offrandes elle rend de fréquentes visites à la nommée Lemoine, courtière sous le manteau, rue Michel-le-Comte, connue pour être Tribanne (*sic*), avec laquelle elle couche souvent et qu'elle aime à la fureur, il y en a beaucoup de cette espèce qui s'aiment à la rage et qui se battent même lorsqu'elles se font des infidélités, on prétend que la Dlle Dumesnil ne veut plus d'entreteneurs, elle tire souvent des bottes d'argent à son père, qui l'a toujours idolâtrée, qu'elle dépense généreusement avec sa *Bonne*, car c'est le nom de la complaisante dans ces sortes de mystères ; la servante de la Lemoine assure que si on n'y met ordre, la Dumesnil fera mourir sa maîtresse, que depuis qu'elles se fréquentent elle n'a plus que la peau et les os (1). »

L'histoire ne dit pas comment finirent ces amours perverses et si la Lemoine succomba réellement dans cet assaut de luxure.

(1) B. N. Ms. fr. 11.358, p. 194-196. (*Rapports de Marais*, 22 août 1760.)

HENRIETTE POISSY

Ronde comme une boule, presque sans taille, la figure
« nègre » mal embouchée et jurant à tout propos, d'une
avarice extrême, telles étaient les qualités d'Henriette
Poissy.

Née à Poissy, elle parvint à monter une boutique de
filles, rue du Pélican, où elle resta pendant quinze ans.
Les recruteurs du quai de la Feraille (1) furent longtemps les principaux champions de cette académie lu-
brique. Son avarice bien connue suscitait des scènes
plutôt désagréables ; les jeunes gens prenaient plaisir
à briser tout chez elle, afin, disaient-ils, de la forcer à
mettre en circulation ses louis d'or ; les pauvres filles
ayant le malheur de vivre avec la Poissy, se désolaient
bientôt de s'être fourvoyées dans un pareil repaire où
les mauvais traitements abondaient sous forme de coups,
cris, injures et menaces, toujours suivis de violences.
Parfois de jeunes mousquetaires en liesse y faisaient
dans la nuit des descentes en fiacre, avec une suite de
douze à quinze flambeaux comme escorte et un détache-
ment de filles, misérables barboteuses ramassées au
coin des rues ; alors ils improvisaient des orgies bur-
lesques, brisant les meubles, cassant les vitres et finalement le guet arrivait suivi de la foule ameutée, mais
bien souvent la milice parisienne était bravée et bafouée,
traitée de *tristes à pattes*. Le lieutenant de police se
fâchait cependant quelquefois, mais grâce à de hautes
recommandations, l'incident n'avait pas d'autres suites

(1) Actuellement quai de la Mégisserie.

pour les jeunes gens bien nés, on se contentait d'enfermer Henriette Poissy à la Salpétrière ; ce qui arriva le 8 mars 1761. Elle resta emprisonnée jusqu'au mois d'octobre de la même année ; après quoi elle reprit sa vie rue du Pélican (1).

LA MONTBRUN

Rue la Platrière (2), chez la première fruitière à droite en entrant par la rue Coquillière, habitait la Montbrun avec un nommé Girel, ayant été garçon de café, puis garçon marchand de vins, finalement en était arrivé à tenir de mauvais lieux avec sa sœur à Bruxelles. De retour à Paris, il rencontra la Montbrun et vécut avec elle, faisant « le métier d'intrigant sur le pavé de Paris ».

Le couple vivait d'expédients et faillit attraper la grosse somme en la personne d'un riche Espagnol, nommé Don Juan Manuel Frison, demeurant rue Saint-André-des-Arts, à l'hôtel de Pologne. Ce Seigneur :

« N'ayant pas cru la Montbrun, femme du monde, allo se ruiner pour elle et avoit commencé par promettre de payer une montre d'or que la Montbrun s'étoit fait prêter à ce dessein par une marchande à la toilette ; l'espagnol a su ce qu'étoit la Montbrun et a cessé de la voir, la Montbrun ayant besoin d'argent avoit mis la montre en gage pour quelques louis ; il a fallu que cette marchande donne du sien pour la ravoir et il a fallu qu'elle alla trouver l'espagno

(1) Arsenal, *Arch. de la Bast.*, 12.695. *Entrées à la Salpêtrière.*
(2) Actuellement, rue Jean-Jacques Rousseau entre les rue Coquillère et Montmartre.

pour qu'il lui en donne aussi, ce qu'il a fait parce qu'il avoit
promis de le donner et parce qu'il vit bien que l'on avoit eu
confiance en la Montbrun que par rapport à lui (1). »

La Montbrun inaugura en 1752 son nouveau logement rue Montorgueil, où elle emménagea le 1er avril.
Le chevalier de Boëme, chevalier de Saint-Louis, vint
l'étrenner et pour une première visite les obligea à un
singulier travail.

« Il ne voit point les filles, il vient toujours seul et aime
beaucoup à être fouetté, ensuite il les fouette et finit ses plaisirs dans l'intervalle des deux culs fouettés. Il a pris la Des-
glands ce jour-là de l'âge de 45 ans (2). »

La clientèle de la Montbrun s'étendit ; et, en 1760, on
voyait figurer parmis ses assidus, le prince de Nassau
Sarbruck, le duc d'Orléans et Voyer d'Argenson, auxquels elle procurait filles et passades (3).

LA PRÉVAL

Les quelques notes qui suivent, indiquent claire-
ment l'état de la Préval et les personnages fréquentant
son logis.

« M. de la Vrillière (4) a passé le lundi avec la Gentilhomme, chanteuse de l'Opéra, il la voit toutes les fois qu'il

(1) Arsenal. *Arch. de la Bast.*, 10.253.
(2) Arsenal, *Arch. de la Bast.*, 10.253. *Dossier Montbrun.*
(3) B. N. Ms. fr. 11.358, p. 268. (*Rapports de Marais.*)
(4) Louis Phelypeaux, comte de Saint-Florentin, fils du marquis
de la Vrillière, succéda à son père en 1725, dans le département
des affaires générales de la religion réformée.

vient à Paris. Le Marquis de Salints est de la manchette et voudrait avoir pour bardache un petit garçon qui joue du violon dans l'orquestre de l'Opéra qui s'appelle Mareschal. L'on ne dit rien de la retraite de Voltaire, c'est-à-dire de l'endroit où il est, j'ai été chez plusieurs de ses amies sans pouvoir rien découvrir. Le bruit court à Paris que la reine vient à Notre-Dame, mardy. M. le Comte de Clermont a quelqu'envie de la petite Carbon, nouvelle danseuse à l'Opéra et c'est un nommé Delahaie qui est son amant, c'est un homme d'affaires (1). »

Malgré ses rapports confidentiels, la Préval ne fut pas épargnée par le commissaire de son quartier qui la fit enfermer à Saint-Martin, à tort, il est vrai, d'où elle ne sortit que grâce à la bienveillance de l'Inspecteur Meusnier auquel elle écrivit :

27 août 1744.

« Monsieur,

« J'ay l'honneur de vous informer que le 25 du présent mois, à 8 h. 1/2 du matin ; Françoise Bellencour, surnommée Pélagie, se seroit sauvée de chez moi vêtue depuis les pieds jusqu'à la tête de mes habits tout neufs ce qui m'a donné lieu de le faire rechercher ; dans ma recherche je me flattois toujours qu'elle reviendroit, ce qui est cause que je n'ai point lu l'honneur de vous en écrire. Ce jourd'hui à 8 heures du matin, un monsieur de mes amis et mon domestique ayant trouvé la mère et la grand'mère de la dite Pélagie, leur ayant parlé et le dit Monsieur qui m'obligeoit ayant reconnu que la grand'mère avoit chez elle les effets et ce qu'elle a confessé au dit Monsieur et que le reste étoit vendu, le dit Monsieur et mon domestique a fait chercher la garde et les a fait conduire chez M. le Commissaire Cadeux (2) qui m'a envoyé chercher pour avoir justice de mes effets ; je demeu-

(1) Arsenal, *Arch. de la Bast.*, 10.253.
(2) Le commissaire Cadot.

rois tout stupéfaite, après avoir déduit toutes mes raisons que M. le Commissaire pour toute justice m'ait envoyé à Saint-Martin où je suis présente, dans l'innocence j'ai recours à vos bontés et suis une femme perdue si vous ne me regardez pas d'un œil favorable ; je connois votre crédit auprès de ce magistrat et encore plus votre charité, j'ai envoyé cette lettre à Mme Namur pour que vous ayez la bonté de lui donner des ordres sur le chemin que je dois tenir sur une pareille injustice (1). »

Meusnier avant tout équitable, devant les justes raisons de la prisonnière, fit libérer la Préval un mois après.

LA FLORENCE

Un riche vieillard, passionné et coureur de filles quoique goutteux, lorgna un jour dans la rue Saint-Denis une charmante lingère, le vieux céladon entra dans le magasin et sous prétexte d'emplettes à faire causa quelques instants avec la demoiselle. Se sentant pris par Cupidon il dépêcha vers la jolie lingère une appareilleuse bien stylée qui insinua adroitement dans l'esprit de la jeune fille l'idée du luxe et des plaisirs, Césarine Florence se laissa prendre aux belles paroles de l'entremetteuse et le dimanche suivant elle acceptait de venir dîner chez le vieillard. Un peu d'or, quelques bijoux savamment offerts à la fin du repas furent les frais de la séduction. Un lit surhaussé de siamoise, fut l'autel où le goutteux parvint à amener

(1) **Arsenal**, *Arch. de la Bastille*, 10.253.

la jeune Césarine ; hélas ! au moment du sacrifice, malgré ses désirs et le spectacle de cette belle jeunesse qui s'offrait à son amour sénile, la nature refusa son concours au vieillard et Mlle Florence était trop jeune pour savoir ranimer les feux amoureux d'une nouvelle ardeur. Déconfit, il ne renonça pas pourtant à Césarine et la revit quelquefois sans plus de succès ; cependant il avait un neveu qui ayant appris l'aventure s'empressa d'aller voir l'appareilleuse qui le mit en rapport avec la Florence, dès ce jour il répara amplement les torts de son oncle et Césarine renonça au commerce du linge. Comme elle avait une taille élancée, une tournure élégante, de beaux yeux bleus, une gorge splendide et surtout une forêt de cheveux d'une telle longueur qu'ils faisaient deux fois le tour de son corps, elle trouva une succession d'acquéreurs séduits par tant d'appas, elle passa de mains en mains et bientôt devint fille galante jusqu'au jour, où sentant venir les ans et ses charmes diminuer, elle en arriva à faire le trafic pour le compte des autres.

La maison bien achalandée se transporta dans plusieurs quartiers de Paris, entre autres rue Cadet, puis rue Jean-Saint-Denis. Elle se brouillait bien quelquefois avec la police ; elle avait alors, dans ce cas, recours à des sommes réservées à cet effet et l'affaire était étouffée.

Gérant son établissement avec beaucoup d'ordre, très indépendante et sans greluchon, elle acheta vers la fin de sa vie une petite maison aux environs de Paris et y vécut en honnête femme, rendant même le pain bénit (1).

(1) Arsenal, *Arch. de la Bast. La chasteté du clergé dévoilée,* 1791, tome I, p.256. *Les sérails de Paris,* 1802, réimp.1885, p. 41.

LA DUCLOS

Dans le curieux procès-verbal qui suit on pourra se rendre compte comment Marais s'acquittait de ses fonctions et le plaisir malin qu'il prenait à se faire supplier par les ecclésiastiques pris en flagrant délit du péché de luxure.

« *Procès-verbal au sujet de Jean Guithon, aumônier des mousquetaires noirs (1), trouvé dans un lieu de prostitution.*

    Du 28 mars 1760.

    (*Commissaire Rochebrune. — Marais inspecteur.*)

« L'an mil sept cent soixante, le dimanche 23 mars, onze heures du soir, en notre et par devant nous Ignace-Philippe-Michel de Rochebrune, avocat au Parlement, commissaire enquêteur et examinateur au Chatelet de Paris.

« Est comparu le Sr Louis Marais, conseiller du Roi, inspecteur de police à Paris.

« Lequel nous a dit qu'il vient d'être instruit qu'un ecclésiastique étoit dans un lieu de prostitution, au premier étage d'une maison síse à Paris, rue des Nonandières (2) et dont la dame Duclos est principale locataire, et qu'il est nécessaire que nous nous y transportions à l'instant pour constater le fait et en dresser procès-verbal et a signé en notre minute.

« De quelles comparution et requisition ci-dessus, nous

(1) La caserne des Mousquetaires noirs se trouvait située dans la rue de Charenton.
(2) Aujourd'hui rue des Nonnains-d'Hyères.

commissaire susdit, avons donné acte au dit Sr Marais et en conséquence sommes transportés avec lui susdite rue des Nonandières, dans la maison sus désignée et étant montés au premier étage, et entrés dans une chambre, ayant vue sur la dite rue des Nonandières, et sur la cour de la dite maison, nous y avons trouvé une particulière qui nous a dit se nommer Marie Paré, âgée de 42 ans, native du village de Dognon, paroisse de Saint-Maurice, diocèse de Limoges, veuve de François Meton, bourgeois de la Souterraine, même diocèse, et occupant la dite chambre, et un ecclésiastique vêtu en manteau court, lequel s'est mis à nos genoux en nous priant de ne pas le perdre et que c'étoit la première fois qu'il lui arrivoit de venir dans de pareils lieux, qu'il nous prioit de le laisser aller sinon que nous le perdions d'honneur, de réputation et de fortune ; qu'il avoit composé un ouvrage en quatre volumes, que Monsieur l'Archevèque de Paris devoit présenter à l'Assemblée du Clergé (1) ; et qu'il avoit voulu après des attouchements charnels mettre son membre viril sur la gorge de la dite veuve Meton présente ; laquelle nous a dit au contraire que cet ecclésiastique vouloit qu'elle mit le membre viril dans sa bouche pour le sucer, et le dit ecclésiastique interpellé de nous déclarer ses noms, surnoms, âge, pays, qualités et demeure, nous a dit se nommer Jean Guithon, âgé de quarante ans, natif de Brioude, en Auvergne, diocèse de Saint-Flour, prêtre du dit diocèse et aumônier des mousquetaires noirs demeurant rue de Charenton, à l'hôtel desdits Mousquetaires noirs.

« Dont et de tout ce que dessus avons fait et dressé procès-verbal, pour servir et valoir ce que de raison et ayons remis le dit S^r abbé Guithon au dit Sr Marais pour vérifier les faits et si les noms, qualités et demeure déclarés par le dit Sr Guithon sont véritables, et le dit Sr Marais les ayant vérifiés en notre présence, il a relaxé le dit Sr Guithon, qui a

(1) Quérard ne mentionne rien au nom **de Guithon dans la** *France Littéraire*

signé en notre minute avec le dit Sr Marais et nous commissaire susdit (1). »

La Duclos, principale locataire de cette maison et
tenant magasin de filles, demeura aussi quelque temps
dans la rue Richelieu.

MADAME RICARD

Outre les proxénètes régulières il y avait à Paris une
quantité de femmes faisant ce métier à l'occasion surtout lorsqu'elles avaient des filles dont elles voyaient
qu'elles pourraient tirer parti, les propositious se passaient alors dans la rue, sur les places et de préférence
où le monde affluait, les exempts avaient beau faire la
chasse à ces mégères, toujours elles se laissaient prendre avides avant tout de placer avantageusement leur
progéniture ou les jeunes filles qu'on leur confiait.

Telle était la dame Ricard, dont le dossier adressé à
M. Hérault, lieutenant général de police, par Guillotte,
forme un curieux document pour l'histoire des mœurs
et de la dépravation existant à cette époque.

« Il y a environ six mois que j'observe au marché aux
chevaux, une femme, une jeune fille et un homme, la femme
m'a aujourd'hui accostée comme je me promenois avec un
de mes amis le long des blés derrière les murs de la Salpétrière, après avoir lié conversation ensemble, elle m'a dit se
nommer Ricard, que la jeune personne que je voyois étoit
sa fille, qu'elle étoit âgée de 17 ans ; il est bon d'observer

____

(1) *La chasteté du clergé dévoilée*, 1791, in-8, t. II, page 14.

icy, monsieur, que la fille conversoit séparément avec mon ami, qu'un homme qui se promenoit quelques pas devant nous étoit son mary et propre père de sa fille (*sic*).

«Après m'avoir étalé les agréments de sa fille et sa grande jeunesse, en effet elle paroissoit avoir 17 ans au plus ; elle m'a dit que M. Renard, directeur de la Monnoye (1) luy avoit voulu donner 900 liv. pour avoir son pucellage, que cette somme lui plaisoit beaucoup ainsy qu'à son mary, mais que sa fille n'a jamais voulu accorder cette faveur au sieur Renard qu'elle trouvoit trop laid, qu'il se contentoit seule ment de lui têter ses petits têtons à qui il avoit formé le bout en perfection (ce sont les propres termes de cette infâme mère)et de différens attouchements de part et d'autre.

« En continuant ces infâmes propositions elle m'a offert le pucellage prétendu de sa fille,que c'étoit un morceau à ne pas laisser échaper, qu'il n'y avoit que quinze jours qu'elle avoit ses règles, que depuis ce tems elle étoit extrêmement amoureuse, qu'elle en étoit beaucoup plus aimable.

« Enfin, Monsieur, voulant connoître à fond l'iniquité du père j'ay feint d'accepter ce qu'elle venoit de m'offrir, mais qu'il n'y avoit qu'une chose qui m'embarrassoit qui étoit de scavoir ce que diroit son père quand j'irois voir leur fille, elle m'a sur le champ tiré de mon prétendu embarras en me disant que son mary étoit doux comme un mouton qu'il vivoit comme un Saint et que ce seroit lui-même qui concluroit le marché, que j'ay verbalement conclu avec la mère 300 liv. et 400 liv. si j'étois bien content, que cette somme serviroit à avoir d'abord quelques meubles et habits à l'usage de sa fille, en présence de qui ainsy que de mon amy le marché a été ratifié, qu'elle achèteroit d'abord un lit pour ne plus coucher leur fille avec eux, qu'une jeunesse avec de la vieillesse pouvoit amener des humeurs ; en continuant sa conversation elle m'a dit qu'elle connoissoit parfaitement les perfections

(1) M. Renard de Petiton,directeur particulier de la Monnaie, demeurant à l'hôtel même de la Monnaie.

du corps de sa fille, que cependant elle ignoroit si elle avoit beaucoup de poil, qu'elle avoit fait nombre de tentatives dans le lit pour la manier, que c'étoit une petite morveuse, qui étoit trop chatouilleuse qu'elle n'avoit jamais voulu, mais qu'elle ne doutoit pas qu'elle n'en fut garni joliment, j'ay pris le parti avec mon amy de les laisser, si le voleur de louis d'or avoit fait une pareille rencontre, je suis persuadé, monsieur, qu'il n'auroit pas marchandé si bien que moy.

« Je suis, etc...

« GUILLOTTE.

« Ce 11 may 1729. »

L'affaire se poursuivit, du consentement du lieutenant général de police Herault, jusqu'au moment où Guillotte ayant joué son rôle jusqu'au bout fut en possession de la permission écrite et signée du père, ce qui fut fait deux jours après. En voici le texte :

« Je soussignez François Ricard et Perrine Boette femme François Ricard, promettons à M. François Jacques Guillotte, ne le point chagriner des enfants qu'il pourroit avoir avec Marie-Anne Ricard, notre fille cadette âgée de 18 ans, consentons qu'il en jouisse comme si elle étoit sa femme pourvu néanmoins qu'il nous paye la somme de trois cens livres d'avance avant que de coucher avec elle ce qu'il fera tant bon luy semblera, en lui fournissant son entretient, sa nourriture et tout ce qu'elle aura besoin ainsi qu'à nous qui sommes déjà âgés, sçavoir : Moi François Ricard et ma femme de 62 ans chacuns, et qu'il se charge des enfans du commerce qu'il aura avec notre fille, fait à Paris de notre commun consentement, le 13 may mil sept cent vingt neuf.

« RICARD (1). »

(1) Arsenal, *Arch. de la Bastille*, 11.069. *Dossier Ricard.*

Muni de cette lettre, Guillotte s'empressa d'en faire part à Herault, et, le 20 may, le sieur Ricard et sa femme, furent arrêtés en vertu d'un ordre du roy, pour les punir d'avoir vendu leur fille. Enfermés à l'hôpital ils y restèrent peu de temps, leur cas malheureusement trop fréquent, trouvait toujours une grande indulgence.

MAISONS DE DÉBAUCHE

Comme tous les commerces qui prospèrent, les lieux de débauche étaient innombrables à Paris, et donner l'histoire de chaque tenancière deviendrait non seulement monotone, car leur vie se ressemble à peu de chose près, mais augmenterait sans raison cet ouvrage.

Une liste des noms, adresses, suivis de quelques notes, renseignera sommairement sur le nombre et sur les rues de Paris plus particulièrement affectées à ces secrètes spéculations.

La Aimée. — Rue Platrière tenait un appartement garni. Le 5 janvier 1758, le sieur Seguin d'Aubignon, prêtre de l'évêché d'Orange, y vint pour s'amuser, et de fait « il a fait déshabiller nue la nommée Zéphire, fille de prostitution qu'il a polluée », après quoi sa prostration fut interrompue par les exempts (1). La dame Aimée demeurait à la fin de la même année rue des Frondeurs (2).

(1) *Chasteté du clergé dévoilée*, 1791, tome I, p. 76-193.
(2) Rue des Frondeurs, supprimée, commençait rue Saint-Honoré et finissait rue de l'Anglade (supp. à la Fontaine, Molière.)

La Aubert. — Rue Pavée, au Marais, 4 octobre 1757, « femme du monde procurant des passades avec d'assez bonnes connaissances (1). »

En 1760, elle logeait rue du Colombier.

La Bailli. — Rue Saint-Honoré, en 1760 (3).

La Baron. — Rue Basse, porte Saint-Denis (4), en 1759 ; puis rue de Seine au fond de l'allée du jeu de paume (5) en 1760 (6).

La Beauchamp. — Rue des Deux-Portes-Saint-Sauveur en 1773 (7).

La Beaulieu. — Rue de Seine, vis-à-vis l'hôtel de la Rochefoucauld, en 1758 ; puis, en 1763, rue Pagevin, dans une maison à petite porte (8).

La Bergeron. — Rue Saint-Honoré, près les pères de l'Oratoire ; le 29 janvier 1758, on y arrêta le sieur Dumeny, prêtre, trouvé en compagnie de filles et de femmes de mauvaise vie (9).

La dame Christine Bergue, chez laquelle le 6 mars 1761, Marais surprit Stanislas Tascher de la Pagerie, prêtre du diocèse de Blois (10).

---

(1) B. N. Ms. fr. 11.358, p. 284-286. (*Rapports de Marais.*)
(2) Rue du Colombier, actuellement partie de la rue Jacob, entre les rues de Seine et Bonaparte.
(3) Manuel, *La police dévoilée*, 1794, tome I, p. 361
(4) Actuellement boulevard Bonne-Nouvelle.
(5) En face la rue Visonti.
(6) *La chasteté du clergé dévoilée*, 1791, in-8, tome I, p. 235, 271, 296.
(7) Manuel, *La police dévoilée*, 1794, tome I, p. 361.
(8) *La chasteté du clergé dévoilée*, tome I, p. 199, tome II, p. 161.
(9) *La chasteté du clergé dévoilée*, tome I, p. 125.
(10) *La chasteté du clergé dévoilée*, tome II, p. 39.

La Boitard. — Rue des Ecouffes-Saint-Anloine, le 25 janvier 1758 ; à la fin de l'année elle se transporta rue du Grenier-Saint-Lazare (1).

La Bonneau. — Rue Saint-Honoré, près celle d'Orléans ; femme tenant maison de femmes de débauche de bas aloy (2). (25 janvier 1760.)

La Brezé. — Rue Saint-Anne, cette femme qui donnait des filles reçut un jour la visite d'une Dlle Marie Dascher, accompagnée de sa mère, qui demanda à la matrone de lui trouver quelque grand seigneur. La Brezé s'imagina que la fille était assez jolie pour être produite à Louis XV. Aussi, à la Saint-Louis 1759, la mère et la fille partirent pour Versailles, la demoiselle habillée en cauchoise et le plus galamment attifée, afin de donner dans l'œil du monarque ; elles se promenèrent longtemps dans la galerie, enfin l'espoir fait battre leur cœur, Sa Majesté les a aperçues, hélas ! il ne parut pas faire plus d'attention que d'ordinaire, aux charmes savamment exposés de la demoiselle, qui cependant était entourée de différents seigneurs, entre autres, le marquis de Villeroy « qui à ce que l'on croit fit une passe avec elle ». La Dlle Dascher revint quinaude, de Versailles et se « mit à débiter chez les connaissances que la Brézé lui faisait faire » (3).

La Briaux. — Rue Pagevin, femme tenant lieu de débauche en 1763 (4).

La Brisset. — Rue Richelieu (1764) (5).

(1) *Id.*, tome I, p. 111,187.
(2) B. N. Ms. fr., 11.358, p. 20
(3) B. N. Ms. fr., 11.358, p. 35.
(4) *La chasteté du clergé dévoilée*, tome II, p. 163,213.
(5) Manuel, *La police dévoilée*, 1794, tome I, p. 361.

La Brunet. — Porte Montmartre (1764) (1).

La Cadet. — Rue des Vieux-Augustins (1764) (2).

La Cadiche. — Rue Saint-Honoré (1764) (3).

La Cathinon. — Rue Saint-Honoré, dans une maison à petite porte (20 oct. 1763) (4).

La Cazin. — Rue de la Savonnerie (5) dans une maison à petite porte dont la boutique était occupée par un voiturier. La patronne servait elle-même au sieur Jean Galzard, prêtre du diocèse de Reims, « qui lui faisait des attouchements sur la gorge et par laquelle il se faisait fouetter (6). »

La Constantin. — Rue de l'Evêque (7), en chambre garnie (8).

La Custer. — Rue Pagevin en 1764 (9).

La Dalon. — Rue Saint-Honoré, près l'Oratoire, ce quartier plaisait fort, paraît-il, aux bons pères, la Dalon en recevait et en fit aussi surprendre quelques-uns dont : le sous-diacre du diocèse de Castre, avec deux filles, le 9 janvier 1758. En juillet 1758, rue du Chantre, c'est le sieur Lenoir, du diocèse de Beauvais,

---

(1) Manuel, *La police dévoilée*, 1794, tome I, p. 361.
(2) Manuel, *La police dévoilée*, 1794, tome I, p. 361.
(3) *La chasteté du clergé dévoilée*, tome II, p. 271.
(4) *La chasteté du clergé dévoilée*, tome II, p. 225.
(5) Rue supprimée, commençait rue Saint-Jacques-de-la-Boucherie, finissait rue de la Heaumerie.
(6) *La chasteté du clergé dévoilée*, tome II, p. 237.
(7) Supprimée, commençait rue de l'Anglade, finissait rue des Orties,
(8) Arsenal, *Arch. de la Bast.*, 10.252. *Dossier de la Baudoin.*
(9) Manuel, *La police dévoilée*, 1794, tome I, p. 361.

surpris avec la fille Aurore « qu'il avait fait déshabiller ».

Se transportant rue Grenelle-Saint-Honoré, elle y reçut François-Ango Trouvé, vicaire de Verrières, qu'on trouva attablé avec la Dlle Lère, et Louis Chornel, chanoine d'Arras, avec Eléonore. L'année d'ensuite elle occupa le deuxième étage d'une maison rue des Fossés-Monsieur-Le-Prince (1).

La Decroix. — Rue Plâtrière, coin de la rue Montmartre, femme de débauche (2).

La Denerville. — Rue Saint-Honoré. Le 2 mai 1766 :

« Elle conduisit à M. le maréchal duc de Biron (3) deux jolies filles savoir : la Dlle Lenoir et la Dlle Testar, dite Angélique, dont la plus vieille n'a pas 17 ans, ce seigneur les a trouvé trop âgées, il exige de cette femme des pucelles de 14 à 15 ans et ne veut donner que 60 liv. par visites. La Denerville trouve le jeu trop risquable pour elle et se propose de renoncer à son service (4). »

La Désirée. — Rue Saint-Honoré, vis-à-vis l'Opéra ; le 21 avril on trouva chez cette matrone le sieur Lespicier, prêtre de Saint-Jean-en-Grève, avec la Désirée et Rosalie, *sa fille d'amour*, « qu'il a faite déshabiller nues, sur lesquelles il a fait différents attouchements et lesquelles il a manualisé (5). »

---

(1) *La chasteté du clergé dévoilée*, 1791, tome I, p. 81, 144, 175, 190, 241.

(2) *La chasteté du clergé dévoilée*, 1791, tome I, p. 101.

(3) Louis-Antoine de Gontaut, duc de Biron, né le 2 février 1700, nommé maréchal de France en 1757, mourut le 29 octobre 1788.

(4) B. B. Ms. fr., 11.360, p. 82. *Rapports de Marais*.

(5) *La chasteté du clergé dévoilée*, 1791, tome II, p. 60.

La Desmoulins. — Enclos du marché des Quinze-Vingts en 1765 (1).

La Desportes. — Rue du Chantre, elle tenait trois dépôts de filles dans différents quartiers pour lesquels « elle faisait raccrocher publiquement (2). »

La Devilliers. — Rue Saint-Honoré, près l'Oratoire (3).

La Drumelle. — Rue Sainte-Nicaise, en 1760 (4).

La Duchesne. — Rue de l'Arbre-Sec (5).

La Duclos. — Rue Richelieu (6).

La Ducoudray. — Porte Saint-Martin (1776).

La Dumas. — Sortant de la Salpêtrière le 1er mai 1757 où elle était enfermée depuis le 20 juin 1756 sous la rubrique « Maquerelle » (7), la Dumas reprit maison et nous la voyons en 1762 rue Montmartre, près de la rue Tiquetonne; en 1743 cul-de-sac de l'Oratoire, en 1765 rue du Pélican (8) et en 1766 rue Tiquetonne (9).

La Dupré. — Rue Saint-André-des-Arts, au 3e (10).

La Duranneau. — Rue des Vieux-Augustins (1760) (11).

(1) Près la rue Valois. *Id.* tome II, p. 307.
(2) Arsenal, *Arch. de la Bastille*, 10.252. *Rapports de la Baudoin*.
(3) *La chasteté du clergé dévoilée*, 1791, tome II, p. 106.
(4) *La chasteté du clergé dévoilée*, 1791, tome I, p. 273.
La rue Saint-Nicaise commençait rue Rivoli, finissait rue Saint-Honoré.
(5) *La chasteté du clergé dévoilée*, 1971, tome I, p. 183.
(6) *Chronique scandaleuse*, 1791, tome V.
(7) Arsenal, *Arch. de la Bastille*, 12.695.
(8) *La chasteté du clergé dévoilée*, 1791, tome II, 132-193.
(9) B. N. Ms. fr., 11.360, p. 127.
(10) *La chasteté du clergé dévoilée*, 1791, tome I, p. 127.
(11) Manuel, *La police dévoilée*, 1794, tome I, p. 361.

La Durozoys. — Rue Saint-Honoré, en face celle de Jean-Saint-Denis. Le 10 septembre 1758, l'inspecteur Marais trouva le Révérend père Félibien, religieux carme, chez cette femme du monde ; il était attablé avec plusieurs filles de débauche, buvant du vin, mangeant des poires, ayant encore donné 36 sols à la servante pour aller chercher des pêches et du vin, il déclara s'être amusé seulement par des « caresses préliminaires et des baisers sur la bouche avec les nommées Zéphire et Delondre, filles de prostitution, deux de celles avec qui il étoit attablé » (1).

La Duval. — Rue Montorgueil (1752) (2).

La Fayard. — Rue Bar-du-Bec (3) (1758) (4).

La Forville. — Rue de l'Arbre-Sec (1772) (5).

La Fouquet. — Rue Froidmanteau, place du Palais-Royal, dans ce lieu de débauche on surprit, le 22 juillet 1763, M. Rouvray de Saint-Simon, clerc tonsuré ; il s'était travesti pour la circonstance et portait habit vert et culotte de drap gris, bas noirs et cheveux courts cachés dans un filet, il avait l'épée au côté et savourait les baisers de la Dlle de Beaumont, pensionnaire de la Fouquet (6).

La Garnier. — Rue de l'Egout-Saint-Martin.

La Garon. — Rue des Vieux-Augustins, au Roy de France.

---

(1) *La chasteté du clergé dévoilée*, 1791, tome I, p. 171.
(2) Arsenal, *Arch. de la Bast.*, 10.252.
(3) Rue Bar-du-Bec actuellement rue du Temple, entre les rues de la Verrerie et Saint-Merri.
(4) *La chasteté du clergé dévoilée*, 1791, tome I, p. 179.
(5) *Chronique scandaleuse*, 1791, tome V.
(6) *La chasteté du clergé dévoilée*, tome II, p. 176.

La Gaudin, dite la Bouquetière. — Rue Montorgueil (1).

La Granjean. — Rue aux Ours, vis-à-vis la rue Quincampoix ; marchande de chapeaux, donnant des filles, elle quitta la rue aux Ours pour s'établir complètement rue Geoffroy-l'Anier, en 1771 (2).

La Guérin. — Rue Saint-Honoré, jusqu'en octobre 1763 ; elle vint ensuite rue de Beauvais (3). Un an plus tard, on la retrouve rue de l'Oseille, au Marais (4) dans une maison à petite porte. Enfin, en 1766, elle tenait maison publique rue de Richelieu (5).

La Guy. — Rue des Fossés-Saint-Germain-des-Prés, Puis rue Beaurepaire, en 1758 (6).

La Héricourt (7). — Tenancière, chez laquelle on venait passer quelques moments avec une série de gentilles pensionnaires qui se tenaient chez elle en 1755. Ses recrues, cette année, se composaient de Marguerite Moulaine, Marie-Noelle Lenoir, Marie-Louise Hukaut, 18 ans, aux sourcils noirs amplement fournis, la mignonne Françoise Mille, dite l'Ecrevisse, Anne-Michel

(1) *La chasteté du clergé dévoilée*, tome II, p. 75.
(2) Manuel, *La police dévoilée*, tome I, p. 361.
(3) Commençait rue du Champfleury et finissait rue Froid-manteau.
(4) Actuellement rue de Poitou, entre les rues de Turenne et Vieille-du-Temple.
(5) *La chasteté du clergé dévoilée*, 1791, tome I, p. 185, 190, 216, 274 et B. N. Ms. fr., 11.360, p. 23.
(6) *La chasteté du clergé dévoilée*, 1791, tome I, p. 161.
(7) La Héricourt tenait encore maison en 1781, comme on peut le voir par la dédicace du livre suivant : *Portefeuille d'un dragon ou recueil galant à l'usage des filles de la rue Saint-Honoré, dédié à Madame d'Ericourt, mère du sérail militaire de Paris*, Londres, in-8, rare. (Gay, *Bibliographie des articles relatifs à l'amour*, 1872, in-8, tome VI, p. 116.)

Adam, Anne Meignez, dont le frais visage était garni d'un signe affriolant au côté droit, Rose Lapierre, Marie-Françoise Oggodez, dont le blanc visage faisait ressortir le noir de ses yeux bien fendus, Marianne Derosier, Marianne Brulé, dite Tourville, agréable quoique un peu grêlée, Jeanne Jeannelle, charmante avec ses deux petits signes près de l'oreille droite. Ce sérail si bien monté s'ouvrit tour à tour rue des Boucheries (1), à l'hôtel du Saint-Esprit et rue du Chantre (2).

La HERMAND. — Rue Pavée (1773) (3).

La HERVIEUX. — Rue Mauconseil (1776) (4).

La HUGON. — Place du Palais-Royal. Le 3 juillet 1760, Samson, prêtre de Chartres, de séjour à Paris, vint y passer quelques moments avec la Préville, fille d'amour, « qui l'a manualisé et qu'il a manualisée », interrompu par l'entrée intempestive du commissaire (5).

La HUMBERT. — Rue des Prouvaires (1774) (6).

La LABORDE. — Rue de Seine, au premier étage d'une maison qui a pour enseigne « la Porte Dorée ». Cette femme du monde payait de sa personne quand elle fut surprise par Marais avec l'abbé Claude, âgé de 60 ans, qui « s'est fait manualiser par ladite Laborde » (30 janvier 1758).

(1) Actuellement partie de la rue Saint-Roch, entre les rues Saint-Honoré et des Petits-Champs. Elle porta le nom de rue Neuve-Saint-Roch, puis pendant la Révolution, rue de la Montagne.
(2) Arsenal, *Arch. de la Bast.*, 10.253. *Dossier Héricourt. La chasteté du clergé dévoilée*, 1791, tome I, p. 106, tome II, p. 218,231.
MANUEL, *La Police dévoilée*, 1794, tome I, p. 361.
(3) *Id.*
(4) *Id.*
(5) *La chasteté du clergé dévoilée*, 1791, tome I, p. 262.
(6) MANUEL, *La police dévoilée*, 1794, tome I, p. 361.
(7) *La chasteté du clergé dévoilée*, 1791, tome I, p. 30.

La LAGARDE. — Rue des Prêtres Saint-Séverin (1).
Le 18 octobre 1762, les policiers trouvèrent le nommé
Boulard, religieux de la Charité, en compagnie de deux
filles, se comportant envers « Julie avec des attouchements pendant que Victoire le manualisoit » (2).

La LAPIERRE. — Rue Mazarine, au deuxième (1756) (3).

La LASSALLE. — Rue Jean-de-Beauvais.

La LAURENT. — Rue Saint-Thomas-du-Louvre, en
1758 ; puis rue Sainte-Nicaise, en 1759 ; en 1760, rue
des Deux-Portes-Saint-Sauveur, et quelque temps après
rue du Chantier, où on arrêta le frère Lortal mettant
en pratique la maxime de Virgile :

Nudus ara, sere nudus (4).

La LEBLANC. — Rue Beaurepaire (1771) (5).

La LEBRUN. — En 1757, rue Macon (6), à l'hôtel
d'Anjou, de là elle logea rue Jean-Saint-Denis, et enfin
rue Plâtrière, en 1777 (7).

La LECLERC, dite *Dubois*. — Fut incarcérée à la
Salpêtrière par un ordre du 24 septembre 1755 et relâchée la même année pour avoir tenu, avec scandale, un
lieu de prostitution (8), elle reparut sur la place et
reconstitua une maison rue Pavée.

(1) Actuellement rue du Pot-de-Fer.
(2) *La chasteté du clergé dévoilée*, 1791, tome II, p. 131.
(3) *Id*. tome I, p. 33.
(4) *Id*. tome I, p. 137-227 et MANUEL, *La police dévoilée*, 1794,
in-8, tome I, p. 295.
(5) MANUEL, *La police dévoilée*, 1794, tome I, p. 361.
(6) Commençait rue Saint-André, finissait rue de la Harpe.
(7) *La chasteté du clergé dévoilée*, 1791, tome I, p. 61, tome II,
p. 46 et MANUEL *La police dévoilée*.
(8) Arsenal, *Arch. de la Bast.*, 10.135, p. 21.

La Lefebvre. — Monta maison publique en 1757 rue Thevenot, nous la retrouvons en 1759 rue Platrière et en 1760 à la barrière Sainte-Anne où parmi ses filles on remarquait Zaïre âgée de 17 ans. Au milieu de l'année 1762 elle occupait appartement rue de Bourbon à la Villeneuve en qualité de courtière sous le manteau, enfin vers 1764 elle s'établit rue Sainte-Anne (1).

La Legal. — Rue d'Orléans-Saint-Honoré (2).

La Legrand. — Rue Saint-Honoré (1776) (3).

La Lesourd. — Rue Macon, paroisse Saint-Séverin (1765) (4).

La Loiseu. — Rue Saint-André-des-Arts (1758) (5).

Marie-Anne-Madon. — Femme du monde, rue Tiquetonne, en une maison où pend pour enseigne le Grand Courrier, au deuxième sur les jardins (1758) (6).

La Maisonneuve. — Rue d'Argenteuil (1777) (7).

Marguerite Mallet. — Tenait un lieu de prostitution publique soutenu par l'Orphelin, lorsque vint l'ordre de la conduire à l'hôpital le 10 septembre 1755 (8). En 1760 on la retrouve rue Tiquetonne (9).

<hr>

(1) *La chasteté du clergé dévoilée*, tome I, p. 60-208. B. N. Ms. fr. 11.358, p. 117, 249, 738.
(2) Manuel, *La police dévoilée*, 1794, tome I, p. 361.
(3) *Id.*
(4) *La chasteté du clergé dévoilée*, 1791, tome II, p. 312.
(5) *Id,.* tome I, p. 103.
(6) *Id,.* tome I, p. 134.
(7) Manuel, *La police devoilee*, 1794, tome I, p. 361.
(8) Arsenal, *Arch. de la Bast.*, 10.135, p. 19.
(9) *La chasteté du clergé dévoilée*, 1971, tome II, p. 28.

Marie-Louise Blanc-Pied, dite Manon. — Femme
du monde tenant un lieu de prostitution, chez qui le
prêtre Blaise Messier, âgé de 50 ans, venait passer de
galants moments. Elle fut prise par Marais « couchée
sur le lit pour satisfaire cet ecclésiastique qui a débou-
tonné sa culotte et fait l'intromission par le coït sans
qu'elle puisse dire que l'éjaculation se soit faite » (1).

La Mathieu. — Rue Aubry-le-Boucher (1759) (2).

La Martin. — Rue Montmartre (1759) (3).

La Miller. — Rue Tiquetonne (1764) (4).

La Millet. — Rue Mazarine (1766) (5).

La Mitoire. — Rue Saint-Nicaise (1760-1861) (6).

La Montpellier. — Rue Froidmanteau vis-à-vis la
place du Palais-Royal. Femme tenant maison publique
sous le nom de la *Duchesse* où fréquentaient nombre
de paillards (1758-1760) (7).

La Mouton. — Rue Mazarine, en 1764 ; puis l'année
suivante, rue Montmartre, jusqu'en juillet ; enfin rue
de Grenelle, paroisse Saint-Eustache (8).

La Nautrelle. — Femme du sieur Nautrelle, inven-
teur des falots publics, coiffeuse de profession et se
mêlant d'intrigues (1763) (9).

---

(1) *La chasteté du clergé dévoilée*, tome II, p. 244.
(2) B. N. Ms. fr., 11.358, p. 302.
(3) Manuel, *La police dévoilée*, 1794, tome I, p. 361.
(4) *Id.*
(5) B. N. Ms. fr., 11.360, p. 121.
(6) *La chasteté du clergé dévoilée*, 1791, tome I, p. 306-312.
(7) B. N. Ms. fr., 11.358, p. 15.
(8) *La chasteté du clergé dévoilée*, tome II, p. 265, 300, 310.
(9) B. N. Ms. fr., 11.359, p. 277.

Marguerite Paulmier. — Femme du monde, rue des Deux-Portes, dans une maison appelée le Grand cerf (1755) (1).

La Petit. — Rue Plâtrière en une maison où pend pour enseigne le Petit Pépin (1760) (2).

La Petitpas. — Rue Saint-Honoré (1776) (3).

La Philippe. — Rue Montorgueil (1759) (4).

La Piron. — Femme du monde demeura rue du Chantre en 1758, puis rue du Pélican dans une maison à petite porte dont elle était principale locataire en 1765 (5).

La Quernet. — Rue de Richelieu (1112) (6).

La Raucourt. — Rue Saint-Honoré (7).

La Regnault. — Rue de l'Ozeille au Marais (8).

La Richard. — Rue Meslay (1752). Chez laquelle, la Dlle Delorme, danseuse à l'Opéra, venait faire des passades (9). La Richard servit plus tard de procureuse et même d'amoureuse aux passagers des Missions étrangères du Faubourg Saint-Germain ; installée dans le quartier elle recevait les prédicateurs, écrivains ecclésiastiques, jeunes abbés, évêques et prélats de conséquence. Chez elle on trouvait la double cuirasse de crin

(1) *La chasteté du clergé dévoilée*, 1791, tome II, p. 208.
(2) *Id,.* tome II, p. 19-22.
(3) *La Chronique Scandaleuse*, 1794, tome V.
(4) B. N. Ms. fr., 11.358, p. 302.
(5) *La chasteté du clergé dévoilée*, 1791, tome II, p. 295.
(6) Manuel, *La police dévoilée*, tome I, p. 361.
(7) *Id.*
(8) B. N. Ms. fr., 11.358, p. 294.
(9) Manuel, *La police dévoilée.*

parsemée en dedans d'une infinité de pointes de fer arrondies par le bout ; instrument de pénitence, converti en instrument de luxure avec lequel la Richard se chargeait de ranimer les vieillards et les natures les plus rebelles ou les plus blasées sur les plaisirs d'amour (1).

La Roisin. — Veuve Ropra, devint, en 1756, femme du monde, et tint maison rue du Foin, au premier étage sur le devant ; ayant pour pensionnaires les Dlles Mouron, dite Rozette ; Duchesne et Louise Blet, dite Julie (2).

La Rosalie dite l'Anglaise. — Rue Montorgueil (3).

La Roussel. — En 1758 demeura rue du Chantre, jusqu'en 1761, pour rester ensuite rue Baillif, où elle procurait à M. Jacquier de Vielmaison, conseiller au Parlement, la Dlle Richer marchande d'étoffes, comme personne très difficile, bien qu'on pût se la procurer à discrétion pour un louis (4).

La Saint-Romé. — Rue Saint-Honoré (1774) (5).

La Satin. — Prit pendant cinq ans de 1756 à 1761 des pensionnaires rue de Grenelle-Saint-Honoré (6).

La Sauvage. — Rue des Deux-Ecus (1771) (7).

La Signerolles. — Rue Plastrière, vis-à-vis l'hôtel

---

(1) Pidansat de Mairobert, *Espion anglais,* 1784, tome X p. 311.
(2) *La chasteté du clergé dévoilée,* tome I, p. 54, 128, 115.
(3) *Id.*, tome I, p. 18.
(4) B. N. Ms. fr., 11.358, p. 480.
(5) Manuel, *La police dévoilée,* 1794, tome I, p. 360.
(6) *La chasteté du clergé dévoilée,* 1794, tome I, p. 117. B. N. Ms. fr. 11.358, p. 24.
(7) Manuel, *La police dévoilée,* 1794, tome I, p. 36.

de Bullion, où elle tint maison publique de 1758 à 1760 ; malgré les nombreuses surprises que Marais faisait aux ecclésiastiques qu'elle recevait et attirait avec ses pensionnaires âgées de 14 ans.

La SIMON. — Rue Saint-Honoré, à côté du café Dupuy, fut arrêtée en 1750, le 29 octobre, et conduite à la Salpêtrière avec quatre de ses filles. Elle reste à l'Hôpital jusqu'au 21 mai 1752 (1).

La TASSARD. — Rue Froidmanteau (1758) (2).

La VAUCOURT. — Rue du Dauphin (1764) (3).

La VAUDREUIL. — Rue Saint-Honoré en 1765 et rue Poissonnière en 1776 (4).

La VAUDRY. — Rue de Champfleury, puis en 1759 rue Croix-des-Petits-Champs ; elle avait pour pensionnaire la Dlle Faillon, dite Laforest, qui y attrapa la grande maladie dans toutes les formes, la Vaudry la renvoya avec peu de hardes « comme il est d'usage chez ces sortes de femmes ». Elle y était encore en 1780 (5).

La VICTOIRE. — Rue Froidmanteau, sur la place du Palais-Royal en 1759 (6).

La VIERVILLE. — Rue d'Argenteuil où elle avait

(1) Arsenal, *Arch. de la Bast.*, 12.695.
(2) *La chasteté du clergé dévoilée*, tome I, p. 71.
(3) MANUEL, *La police dévoilée*, tome I, p. 361.
(4) *Id.*
La chasteté du clergé dévoilée, tome II, p. 303.
(5) Id. p. 141 et B. N. Ms. fr., 11.358, p. 189.
(6) *Id.*, p. 232.

pour client l'archevêque de Cambrai sur qui elle fit cette confidence à Marais, qui la rapporte en ces termes :

« M. l'archevêque de Cambrai, toujours occupé de la contemplation, a écrit une lettre le 20 de ce mois à la Verville, qu'elle m'a fait voir par laquelle il lui marque de continuer à lui faire voir de la chambre qu'il lui a fait louer sur le pont Marie, des parties conjointes d'hommes et de femmes ; qu'il considère de son boudoir avec un télescope. La Verville, pour satisfaire promptement Son Eminence, a envoyé dans cette chambre, deux femmes dont l'une avoit prise une chemise d'homme, qui ont imaginé entr'elles toutes sortes de postures lubriques, mais Mgr n'en a point été la dupe et lui a prouvé par une lettre que son télescope ne pouvoit le tromper, puisqu'il avoit très bien remarqué qu'il manquait quelque chose de fort essentiel à l'un des deux champions et qu'il la prioit très fort sous peine de perdre sa confiance, de lui faire voir à l'avenir, un véritable étalon en chantier. Ce reproche a persuadé la Verville que le télescope de Mgr étoit excellent (1).»

La Villeneuve. — Rue de l'Arbre-Sec (1762) (2).

La Villette. — Catherine Rozoy, dite la Villette, habitait rue Tire-Boudin (3) ; dans une salle en bas recevait les clients vers 1755 Meusnier y ayant fait fit quelques rafles ; elle se transporta rue de la Harpe, vis-à- vis la rue Poupée, toujours pistée par l'inspecteur de police ; elle revint alors rue Saint-Honoré en 1758. Cette fois ce fut Marais qui la pourchassa ou tout

(1) B. N. Ms. fr., 11.368, p. 525. (*Rapports de Marais.*)
(2) *La chasteté du clergé dévoilée*, 1791, p. 87.
(3) Aujourd'hui rue Marie-Stuart,

au moins qui vint souvent contrarier sa clientèle religieuse ; enfin en 1760 elle se fixa quelque temps rue du Chantre, puis continuant sa vie nomade à travers ce quartier, rendez-vous de la débauche publique, elle retourna en 1763 rue Saint-Honoré, conservant partout ses habitués religieux qui préféraient son lupanar à leur monastère (1).

La Vitry. — Rue du Foin (1760) (2).

LES MATRONES PENDANT LA RÉVOLUTION

Le règne de Louis XVI ne diminua en rien la licence effrénée qui existait à Paris ; la vie, la conduite légère, le désordre immoral de Marie-Antoinette et de son entourage, ne firent que donner un nouvel élan à la débauche. Les maisons publiques continuèrent à recevoir les personnalités les plus diverses et cette fois avec plus de tranquillité, débarrassées de cette surveillance occulte que leur avait imposée le précédent règne. En effet, après l'avènement du nouveau roi, les rapports cyniques et épicés des agents de police, cessèrent, aussi bien sur les tenancières que sur les actrices et les filles de grand air.

Moins curieux, moins dépravé et surtout d'une nature très peu sensuelle, Louis XVI interdit ces délations indiscrètes, ne prenant aucun plaisir aux détails intimes touchant la vie secrète des gentilshommes et

(1) *La chasteté du clergé dévoilée*, 1791, tome I, p. 10, 35, 47, 188, 203, 205, tome II, p. 12, 267, 139.
(2) *Id.*, tome II. p. 25.

des femmes à la mode. On se contenta d'éviter le scandale et de le réprimer sévèrement lorsqu'il dépassait les murs et les portes closes.

Le mouvement révolutionnaire qui suivit n'apporta, on s'en doute, aucun changement aux vices et aux excès de l'ancien régime. Malgré l'agitation de la rue, lupanars et filles publiques continuèrent leur commerce mais bien plus ouvertement, sous prétexte de liberté, criant haut et fort lorsqu'on cherchait à ramener un peu de pudeur et de décence.

Les plaquettes sont nombreuses qui relatent leurs doléances ; puis, les facéties s'en mêlèrent, quelques-unes amusantes comme la « *Réclamation des courtisanes parisiennes adressée à l'Assemblée Nationale, concernant l'abolition des titres déshonorants tels que garces, putains, toupies, maquerelles, etc., etc.* », qui parut au moment de l'abolissement des titres nobiliaires (1).

Une autre pièce, sous prétexte d'un plan de salubrité adressé à l'assemblée, consacre ses dernières feuilles aux maisons recommandables et curieuses, ce qui va nous permettre de donner quelques renseignements sur les Maisons Closes pendant la Révolution.

L'auteur signale d'abord les maisons où l'on court le moins de risques (2).

« Un b....l de négresse. — Chez Mme Isabeau, ci-devant rue Neuve-de-Montmorency, aujourd'hui rue de Xaintonge, maison de M. Marchand, prêteur sur gages. Le prix n'y est point fixe, la négresse, la mistise (*sic*) et la mulâtresse y sont

______

(1) Maurice TOURNEUX, *Bibliographie de l'histoire de Paris pendant la Révolution*, 1901, tome III, p. 949.

(2) *Les Bordels de Paris*, 1790, in-8, B. N. Enfer, 607.

marchandées, comme on marchande les femmes d'une caravane.

« B....l de pucelles. — Quoique la plupart des pucellages ne soient qu'illusoires, on peut s'adresser en toute confiance, chez la dame Morgan à l'entrée du faubourg Montmartre, elle en a de tout préparés et l'on peut le choisir à poil brun ou à poil blond.

« B....l des élégantes. — Chez Mlle Dervieux, rue Chantereine, elle reçoit de la part des hommes de quoi donner des soupers splendides, où sont invitées avec décence, et nos actrices, et nos danseuses, et nos courtisanes de premier ordre, traînant équipage ; les hommes opulents y sont seuls admis, et même indistinctement ; c'est là que se font les conventions et les assortiments ; et c'est de là qu'on sort pour aller consommer l'ouvrage (1).

(1) Mlle Dervieux, ancienne actrice à l'Opéra, avait eu sous l'ancien régime un nombre considérable d'amants parmi ses notoires contemporains, dont les principaux furent Mgr le prince de Conti qui prit la suite de son coureur ; le Sr François, lequel fut le premier qui posséda la belle Dervieux, ensuite nous voyons tour à tour faire partie de ses familliers, un Magnat polonais, lord Bintinck, Anglais, M. de Sartines. Mais l'homme par excellence auquel Mlle Dervieux a dû sa plus grande splendeur, fut M. Lenoir, Sous le règne de cet amant elle était la dispensatrice des grâces, la police lui était subordonnée, on fait monter à plus 800.000 livres les sommes que cet amant accorda à cette courtisane.

Elle fit élever rue Chantereine, aujourd'hui rue de la Victoire, au n° 34, un splendide hôtel qui pouvait rivaliser avec celui de cette célèbre courtisane de Memphis dont chaque pierre employée avait été fournie par un de ses amants. C'est dans cette habitation que la Dervieux, mariée avec l'architecte Bellanger, habitait encore après la Révolution. On y jouait à la roulotte au biribi, et la Dervieux, par caprice, après avoir connu tant d'hommes, voulut connaître les délices de l'autre sexe ; Mlle Raucourt, fort initiée dans cet art, pleine de désirs pour la nouvelle adepte, devint son maître ; on vit souvent la tragédienne s'évader furtivement toutes les nuits des bras de la charmante Dervieux par la petite porte de la bibliothèque, donnant sur le grand escalier, pour regagner sa voiture, déguisée en homme, dont elle remplissait le rôle chez sa tendre amie. *Chronique Arétine*, 1790, in-8, p. 61.

L'hôtel de la Dervieux devint la propriété du banquier belge,

« B....l des bourgeoises. — Chez Mme Ducrai, fille de M. Cailloux, rue d'Amboise ; elle est d'une adresse admirable et remplit son état sans compromettre personne. Avec 2 louis d'or on dîne chez elle, on y couche depuis 3 heures de l'après midi jusqu'à neuf heures du soir avec la bourgeoise que l'on a demandé, et qui rentre chez elle comme si elle revenoit du spectacle. On voit par là que tout est comédie dans le monde.

« B....l des grisettes et des marchandes. — Chez Mlle André, au Palais-Royal, dans sa boutique de modes, elle assortit depuis 6 livres jusqu'à 12 et ne prend que 3 liv. de pot-de-vin pour sa peine ; on n'y couche jamais, parce que selon ses principes, la nuit tous les chats sont gris. Mme Grosset, ancienne, on peut s'adresser au Cirque National (?).

« B..d..l des provinciales. — Chez Mme Delaunay, rue Croix-des-Petits-Champs, maison du foureur. On trouve chez elle, des cochoises (*sic*), des Arlanques (sans doute pour Arlésiennes) et des flamandes dans leur costume national et parlant le jargon de leur département. Douze francs pour un caprice passager, 15 livres pour une nuit entière.

« B....l des paillards. — Chez Mme Laferrière, rue de Richelieu, maison du boulanger ; elle y donne des boissons échauffantes et possède le grand art d'exciter les vieillards, jusqu'à leur causer une ardeur sudorifique, qui les fait écumer par l'effort que font leurs nerfs agacés : c'est cet agacement qui fait leur jouissance. Elle tient des assortimens de verges dont les plus fameuses sont celles à poinçon, à nœud, à panache.

« B....l mixte. — Chez Mme Blondy, illustre maquerelle, tenant deux maisons dont l'une est située rue Bonne-Nouvelle, au coin du Boulevard ; et l'autre au Palais-Royal, ar-

Villain XIV, qui le vendit à Louis Bonaparte, grand connétable de l'empire ; dans la suite la légation des Etats-Unis de l'Amérique Septentrionale y fut établie. (GIRAULT DE SAINT-FARGEAU. *Dict. géographique et historique de la France*, 1845, tome III, p. 174.)

cade et n· 29 ; on trouve dans l'une et l'autre maison de cette matrone, des filles et des femmes tant nationales qu'étrangères, tant jeunes que trentenaires, tant passables que passées, et l'on y accommode depuis 3 jusqu'à 24 livres. C'est une fois.....

« On peut encore s'adresser chez Mme Magnard au Palais-Royal, rue Croix-des-Petits-Champs.

« Chez Mme de Sainte-Foix au Palais-Royal, arcade n· 102.

« Chez Mme d'Estainville au Palais-Royal, du côté de la rue Neuve, n· 74.

« Mme Louis, rue de Lancry, suivant le nouveau spectacle.

« Chez Mme Saint-Maurice, hôtel de Genève, n· 29 à l'entresol.

« Chez Mme Gautier, au coin de la rue de Rohan, au Grand-Balcon.

« Chez Mlle Pinotte au Palais-Royal, n· 50 au premier.

« Et chez Mme Augear, rue du Coq.

« Voilà les lieux où l'on peut s'adresser sans façon, mais non sans argent à fin d'y recréer le petit naturel que chacun sent de la providence, dont nous implorons les influences bénignes ; pour que nos frères soient toujours dans un état robuste et propres à répondre dignement aux désirs qu'ils font naître et qu'ils éprouvent dans la basse sphère de la moralité.

Vive la liberté !
Vive la liberté !

« Mme Marandier ne fait que des pratiques en ville, en son absence il faut s'adresser à M. Marandier, ci-devant clerc à Paris et présentement copiste à soupe au bureau des révolutions de Brabant, rue du Théâtre-Français. Il est l'auteur de l'*Etrenne des grisettes* et de la *Nouvelle liste des Cocus.* On est surpris que sa modestie l'ait empêché d'accepter la place de président dans cette dernière liste.

« Mme Thérèse, allemande de nation, rue Jacob, allée du

Boucher, au premier cette personne nous a été recommandée par sa douceur et sa complaisance.

« Mlle Devillier, rue Greneta, 30.

« Mme Pranqué, rue Basse-des-Ursins, quartier de la Cité, n· 7, prix 3 et 6 livres. Ce petit bordel est recommandable par les petites ouvrières de 'tous les états et on peut y aller sans crainte, s'adresser à l'abbesse du lieu.

« Mme de Vallemont, au Palais-Royal, n° 88.

« Mme Jolly au Palais-Royal, n° 36.

« Mme Dubignon, rue Saint-Honoré en face celle de Valois.

« Mme Julliotte, cour Saint-Guillaume, rue de Richelieu.

« Mme Marseille, rue de Bourbon-Villeneuve.

« Mme Le Cler, rue Montorgueil, vis-à-vis celle de Tire-Boudin.

« Mme la Baronne, rue Grenelle-Saint-Honoré, vis-à-vis la barrière des Sergents.

« Mme Duval, illustre macquerelle, rue Saint-Martin vis-à-vis la rue Grenier-Saint-Lazare, au café d'Apollon.

« Mme Emilie, ancienne femme de chambre, n° 50 au Palais-Royal.

« Mme Galland, rue Saint-Joseph.

« Mme Saint-Julien, rue de Rohan.

« Mme Lebrun, rue Saint-Honoré, au coin de la rue de Rohan, au balcon.

« Mme Saint-Paul, rue de Valois.

« Mme Jourdan, rue de Chartres entre l'épicier et le bottier.

« Mme Petit, successeur de Mme Boileau, rue de Grenelle vis-à-vis les fermes.

« Mme Bruau, rue des Deux-Portes-Saint-Sauveur.

« Mme Duhamel, rue Saint-Jacques.

(1) *Les Bordels de Paris*, 1790. in-8, Bibl. Nat., Enfer, 607.

« Mme Leblanc, rue Saint-Jacques au coin de la rue du Plâtre.

« Mme Legrand, rue Saint-Honoré, vis-à-vis l'Oratoire.

« Mme Rivière, rue Tiquetonne. »

*
* *

Cette liste assez longue est cependant incomplète et grâce à l'extrême liberté le nombre des tenanciers n'avait pas diminué ; maisons publiques, maisons de passe, magasins aux arrière-boutiques galantes affluaient dans tous les quartiers. Le Palais Royal ou Jardin de l'Egalité comprenait à lui seul 1500 filles « bien habillées, bien pomponnées, bien logées à bouche que veux-tu, qui ne font rien de leurs doigts, qu'à regarder les passans. »

Les *couvents* étaient ordinairement composés « d'une mère abbesse, une marcheuse, un aumônier à la mère abbesse, six filles de 12, 14, 15, 16, 18 et 20 ans, deux à l'entrée de la porte, les quatre autres dans le boudoir (1). »

Depuis, bien que tendant actuellement à disparaître pour faire place de nouveau au proxénétisme secret, les maisons closes sont sorties des rues obscures, des allées tortueuses où elles dérobaient aux regards leurs façades.

Aujourd'hui la tolérance les admet dans les grandes voies, dans les quartiers du centre ; on voit ces bâtiments aux volets fermés, aux portes massives intriguer le badaud toujours curieux de savoir ce qui se passe dans ces asiles mystérieux ; gynécées où Lesbos fait concurrence à Cythère.

Gaston Capon.

6 mars 1902.

FIN

(1) *Les nouvelles amours*, S. D. (vers 1795), in-12, p. 11.

TABLE ALPHABÉTIQUE

DES NOMS PROPRES

TABLE DES MATIÈRES

I

LA POLICE ET LA DÉBAUCHE

II

COURTIÈRES D'AMOUR

III

AUTRES MATRONES

Achevé d'imprimer le 9 février 1882

sur les presses de F. DEVERDUN, à Lagny,

pour H. PARAGON, libraire, à Paris.